# Serie Historia y Ciencias Sociales

## Editor General: Greg Dawes

### Editor a cargo de la serie: Carlos Aguirre

# El movimiento obrero y las izquierdas en América Latina

## Experiencias de lucha, inserción y organización

### Volumen I

### Hernán Camarero

Instituto Ravignani – CONICET / Universidad de Buenos Aires

y

### Martín Mangiantini

Instituto Ravignani – CONICET / Universidad de Buenos Aires

*Editorial*

A *Contra corriente*

Raleigh, NC

Library of Congress Control Number: 2017907338

Library of Congress Cataloging-in-Publication Data: pending

ISBN-10: 0-9909191-7-X (Vol. I)
ISBN-13: 978-0-9909191-7-9 (Vol. I)

ISBN-10: 1-945234-14-8 (Vol. II)
ISBN-13: 978-1-945234-14-9 (Vol. II)

Corrección y edición por María Rodríguez y Diana Torres
Diseño de interior por Diana Torres
Diseño de tapa por SotHer

Imagen de cubierta "Obreros de la construcción" (1921), s/a; disponible en *Memoria Chilena*, colección de la Biblioteca Nacional de Chile; dominio público.

Esta obra se publica con el auspicio del Departamento de Lenguas y Literaturas Extranjeras de la Universidad Estatal de Carolina del Norte.

This work is published under the auspices of the DEPARTMENT OF FOREIGN LANGUAGES AND LITERATURES at NORTH CAROLINA STATE UNIVERSITY.

# Contenido

INTRODUCCIÓN A LA OBRA: UN RECORRIDO LATINOAMERICANO POR LA
HISTORIA DE LAS IZQUIERDAS Y EL MOVIMIENTO OBRERO

Hernán Camarero
INSTITUTO RAVIGNANI – CONICET / UNIVERSIDAD DE BUENOS AIRES
Martín Mangiantini
INSTITUTO RAVIGNANI – CONICET / UNIVERSIDAD DE BUENOS AIRES

El movimiento obrero y las izquierdas recorren la historia de América Latina desde hace un siglo y medio. Casi no existen dimensiones de la sociedad, la economía, la política, la cultura o el campo intelectual de la mayor parte de los países del subcontinente que puedan comprenderse sin la intervención de algunos de estos dos actores claves, siempre que sean entendidos en su necesaria amplitud y complejidad. Durante más de cien años, el tema ha merecido una enorme cantidad de estudios, constituyendo un campo historiográfico con derecho propio. En una primera etapa, primaron los trabajos escritos desde una perspectiva militante, comprometida directamente con los sujetos implicados. En las últimas cinco o seis décadas, avanzaron las investigaciones provenientes del ámbito académico, no sólo desde la historia, sino también desde la sociología, la ciencia política, la antropología, la filosofía, así como los estudios de género, culturales, literarios, étnicos, nacionales y raciales. La diversidad en el uso de enfoques, categorías y argumentaciones fue enriqueciendo el análisis de modo notable. El presente libro pretende ser una contribución en este terreno. Constituye una aproximación a las más recientes elaboraciones en torno a estos tópicos, reuniendo una variedad de textos, elaborados por calificados investigadores. El objetivo es ofrecer, de manera conjunta y comparativa, elementos que aporten a una visión global y renovada sobre la evolución del movimiento obrero, las clases trabajadoras y las izquierdas en la región, a partir de estudios de casos en los cuales se abordan problemáticas comunes.

Una de las hipótesis que articula esta obra y anima el sentido de muchos de sus capítulos, es una firme convicción: ni el movimiento obrero ni la izquierda pueden ser cabalmente entendidos si se encaran como fenómenos históricos disociados, pues hacerlo sería mutilar la comprensión de ambos sujetos. No puede vislumbrarse al primero como una posición objetiva en la que no incide de manera decisiva el actor político-ideológico como tampoco es posible dar cuenta de la izquierda como si se tratara de ideas, identidades o estructuras políticas que flotan desencarnadas de cualquier entramado social. Ello implica un distanciamiento efectivo de los determinismos objetivistas en el análisis de la clase y de los subjetivismos culturalistas o politicistas en el de las izquierdas. La clave, pues, está en indagar los lazos orgánicos establecidos entre el movimiento obrero y la izquierda. Esto no supone renunciar a la exploración de los aspectos específicos que distinguieron a cada uno, sino apostar al notable enriquecimiento de un enfoque teórico, metodológico e historiográfico que se consigue al colocar el examen relacional y el doble objeto de estudio como marco de referencia; incluso, intentando descubrir los distintos modos en los que ambos coadyuvaron a su constitución. Como podrá advertirse en las páginas que siguen, en donde delineamos un balance historiográfico sobre estos temas, esta forma de abordaje ha ofrecido ya algunas obras muy valiosas, a las que ubicamos como puntos de referencia de nuestro relevamiento. Se trata de una producción que ha adoptado mayoritariamente un perfil de estudios de casos locales, sobre alguna corriente ideológico-política en particular o acerca de cierto período o proceso específico. Lo que se sigue extrañando aún es la existencia de una mayor elaboración de perspectiva continental.

Resulta útil hacer algunas precisiones sobre las dos categorías que están en la base de los propósitos de este libro. La primera de ellas, la de movimiento obrero, posee una larga tradición en el campo historiográfico y, más en general, en las ciencias sociales. Presupone la conformación de los trabajadores como clase e introduce, deliberadamente, la existencia de un sujeto consciente, distinguible e históricamente determinado. Si un recurrente debate tiende aún a problematizar el peso que adquieren las determinaciones estructurales o las experiencias subjetivas en la constitución de la clase trabajadora, es obvio que la referencia al movimiento obrero implica la asunción de un nivel de análisis más maduro: da por sentada la existencia del proletariado (como sujeto de explotación del capital), la resistencia a la opresión por parte de los "que viven del trabajo" y el reconocimiento de los intereses propios que éstos asumen, en oposición a los apropiadores de la riqueza social. Aquí resulta clave la interrelación entre dos dimensiones, la lucha de clases y la conciencia de clase, sobre la cual una tradición historiográfica marxista aportó reflexiones claves (Thompson, 1984; Hobsbawm, 1987). Las formas políticas que aquellas adoptan signan la conformación y el devenir del movimiento obrero en la historia, que nunca puede pensarse como una voluntad indeterminada de la acción del capital y el Estado. Ello no implica desatender todos los procesos que incidieron en los trabajadores en su condición de productores, explotados, ciudadanos o consumidores atravesados, a su vez, por conflictos de género, étnicos y raciales. Es también obvio que el movimiento obrero, en términos historiográficos y teóricos, no puede ser confundido con los liderazgos o las representaciones que hablan en su nombre o reducido a una exclusiva configuración sindical. Al mismo tiempo, resulta vital escapar de toda visión hagiográfica y conformista, apelando a la fertilidad del análisis crítico, que no necesariamente está reñido con la rigurosidad científica ni con el compromiso militante (Haupt, 1986).

En este sentido, muchas de las historias globales que pretendían dar cuenta de su existencia lo hicieron desde una visión primordialmente institucionalista (Poblete Troncoso, 1946; Alba, 1964; Alexander, 1967) que, en ciertos casos, logró ser compensada con enfoques sociológicos que pudieron expandir el ángulo de análisis (Rama, 1967; Godio, 1979). En verdad, el movimiento obrero fue y, en buena medida, sigue siendo, un movimiento social de amplias incumbencias y atributos políticos, culturales, intelectuales e ideológicos, que debe ser comprendido desde la perspectiva de una generosa historia social, la cual debe asumir todos los desafíos implícitos en la crisis de sus viejos relatos e interpretaciones (Eley y Nield, 2010). Desde luego, para que esta empresa tenga una auténtica visión total, es imprescindible que sea un registro completo que incorpore en equilibrio a todos sus casos nacionales—ese fue el extraordinario aporte, aunque en forma de *collage*, de la obra en cuatro tomos compilada por Pablo González Casanova, 1984-1985—y que ofrezca un examen comparativo—en este sentido fue encomiable la contribución de Ricardo Melgar Bao (1988), quien, además, intentó calibrar el particular y abigarrado mosaico etnoclasista que conformó un proletariado mixto en el continente, posible de ser entendido como una heterogénea clase subalterna. Desde otra perspectiva, Michael HallHobart Spalding (1991) introdujeron la virtud del estudio de síntesis.

En todos los sentidos posibles, la izquierda es la tradición política más estrechamente vinculada a los avatares del movimiento obrero. Ella alude a un concepto aún más lábil e impreciso. Puede entendérselo bajo el significado de una cultura de oposición e intento de superación de la realidad social imperante, históricamente emergida en un proceso de delimitación y confrontación con la moderna sociedad burguesa, y por ello, inicialmente definida por un horizonte socialista. Si bien es una categoría singular (poseedora de ciertos rasgos distinguibles y relativamente homogéneos), no puede olvidarse la heterogeneidad que la recorrió desde sus comienzos. Uno de los objetivos de esta obra es iluminar esa riqueza y variedad a lo largo de la historia, en la que se presentan una gran cantidad de objetos de análisis: ideologías, programas, estrategias y tácticas, discursos, polémicas, formas organizativas, modalidades de intervención, prácticas socio-culturales, influencias y liderazgos políticos e intelectuales. La diversidad, sin embargo, aún reconociendo que constituyó un estímulo para promover el debate y la confrontación de ideas y proyectos, muchas veces, casi podría decirse de manera recurrente, fue acompañada por un divisionismo exacerbado. En efecto, el registro histórico de las izquierdas del continente quedó surcado de escisiones y rupturas, de expulsiones de disidencias, de sanción a "herejes" y "traidores", de conductas endógenas y excluyentes, que acabaron afectando la capacidad de erigir un poderoso movimiento socialista de masas y con vocación hegemónica. El sectarismo fue la contracara, pero también el complemento, para otra constante: la tendencia a la mimetización y el oportunismo para con las expresiones políticas de la burguesía.

Más allá de las diferencias históricas de actores y contextos, en América Latina la relación entre las izquierdas y el movimiento obrero nos permite referir a algunos aspectos comunes que pueden ser rastreados en un análisis de larga duración. Independientemente de las particularidades políticas, ideológicas o sociales de cada corriente, del momento coyuntural específico en el que se desarrollaron y de las singularidades regionales existentes, las diversas izquierdas pretendieron influir en los trabajadores con el fin de convertirse en su dirección política, sindical o cultural. Partiendo de esta premisa, pueden reconocerse sendas estrategias para forjar esa presencia determinante en el mundo de los trabajadores. Para comprender el sentido de esta experiencia, una serie de conceptos, tales como "inserción", "influencia", "penetración" e "implantación", se nos presentan de manera inevitable. Todos ellos fueron y son utilizados indistintamente y con frecuencia, para referirse a acontecimientos o procesos en los que una tendencia de izquierda actuó con orientaciones propias en el movimiento obrero. Resulta válido preguntarse cómo analizarlos en términos cuantitativos y cualitativos, y qué variables deberían ser tomadas en cuenta. De un modo u otro, en la mayoría de los textos que siguen se brindan pistas para pensar estos problemas. Nos interesa ahora presentar sus principales aportes, en el contexto histórico e historiográfico, a sabiendas de que dicha exploración es indefectiblemente parcial y no agota la amplitud de las temáticas en consideración ni el balance de la totalidad de la producción en torno a estas problemáticas.

## I

Desde finales del siglo XIX, la clase trabajadora y el movimiento obrero de América Latina se convirtieron en actores significativos. Dada la matriz primario-exportadora mayoritaria en la región, ambos reunieron características que los alejaron de los modelos más "clásicos", propios del capitalismo europeo. La posición estratégica de ciertos sectores del mundo del trabajo, tales como los ferroviarios, los portuarios o los mineros, hizo que, en ciertas oportunidades, se vieran sometidos a un control gubernamental pero, al mismo tiempo, su papel clave en el marco de una matriz económica dependiente y exportadora posibilitaba la obtención de mejores márgenes de negociación. En economías con desarrollo minero, como la chilena (y, en menor medida, la peruana y mexicana), fueron las organizaciones de estos trabajadores las que dieron forma a un embrionario movimiento obrero (Flores Galindo, 1974; Rodríguez Ostria, 1991). Los ferroviarios de casi todos los países de la región pudieron montar sólidas estructuras sindicales para forjar las correspondientes negociaciones con los aparatos estatales. Al mismo tiempo, los estibadores y trabajadores portuarios en Brasil y Argentina se convirtieron en sujetos con capacidad de organización y presión (Cueva, 1977; Melgar Bao, 1988; Hall y Spalding, 1991).

Este rasgo del movimiento obrero latinoamericano no suponía la inexistencia de un proletariado dedicado a diversas actividades relativas a la producción de manufacturas, bienes y servicios. Trabajadores de la construcción, empleados gráficos, numerosas ramas de la alimentación, industrias textiles y del calzado, trabajadores del vidrio, empresas metalúrgicas, constructores de muebles, plantas preparadoras de carne, entre otros, daban forma a un numeroso y heterogéneo mundo del trabajo de notoria consideración. El carácter más artesanal de la producción y de las unidades productivas, identificadas en muchos casos como pequeños talleres, no impidió el despliegue de herramientas organizativas de lucha por parte de sus trabajadores. En algunos países, estos rasgos artesanales se complementaban con la característica de la estacionalidad del empleo lo que daba cuenta de una importante rotación de trabajadores sin especialización específica quienes alternaban entre diversas ramas de la economía. Lejos de manifestarse como debilidad, en diversas oportunidades ello operó como un modo de vinculación entre los trabajadores de diversas profesiones que evitó la tendencia hacia la segmentación y organización por oficio, tal como ocurrió en el caso argentino (Falcón, 1984; Poy, 2014).

Las primeras décadas del movimiento obrero latinoamericano, al mismo tiempo, son coincidentes con respuestas represivas por parte de poderes estatales imbricados con las burguesías exportadoras. Entre muchos otros ejemplos, pueden señalarse las sangrientas intervenciones del estado durante el primer decenio del siglo XX en Chile (donde cientos de trabajadores murieron en las huelgas y manifestaciones de Valparaíso, Santiago, Antofagasta e Iquique), en el México de Porfirio Díaz (con la masacre de un centenar de trabajadores en la huelga textil de Río Blanco en 1907) o en Argentina (con los trágicos eventos de la Semana Roja y el Centenario, en 1909-1910). Simultáneamente, estas iniciativas se conjugaron con otras metodologías igualmente efectivas. Prohibiciones a la actividad sindical, utilización y protección de agrupaciones que proveían de rompehuelgas a los conflictos, creación de sindicatos dirigidos por las propias patronales o leyes de expulsión de inmigrantes por actividades políticas fueron frecuentes en países como Argentina, Brasil, Chile y Uruguay (Hall y Spalding, 1991).

Una característica inherente a una parte significativa de la clase obrera latinoamericana recae en su elevada composición inmigrante. En Argentina, Uruguay, Chile y, en menor medida, Brasil, se hizo sentir con fuerza la presencia de trabajadores provenientes de Europa (principalmente italianos y españoles). Ello fue analizado como un elemento que explicaría, en parte, la rápida organización político-sindical en el mundo del trabajo dadas las experiencias de lucha preexistente que traían estos inmigrantes. En otras ciudades latinoamericanas, la descendencia de la esclavitud africana fue también un componente importante. Por su parte, estuvo el peso de la población aborigen. En países como Perú, Bolivia, México y Guatemala, bajo un discurso reformista liberal, se eliminaron las propiedades comunales aún existentes (CardosoyPérez Brignoli, 1979; Halperín Donghi, 1983). Ello trajo, a su vez, un nuevo fenómeno: el proceso migratorio de campesinos a la ciudad que, en determinadas regiones, se convirtió en un elemento de peso del proletariado urbano y que reforzó la relación entre una identidad étnica complementada luego con otra clasista (Vitale, 1998).

## II

La relación entre la clase obrera latinoamericana y las corrientes ideológico-políticas anticapitalistas provenientes de Europa fue temprana. Ya desde las décadas de 1840-1850, las variantes del socialismo utópico hallaron adeptos en ciertas partes del continente. Veinte años después comenzó la recepción de las ideas del marxismo (Tarcus, 2007). Ella no fue necesariamente fácil. Como señalara Aricó (2010), quienes en América Latina se referenciaron en la tradición de Karl Marx y Friedrich Engels experimentaron una primera incomodidad por ciertas observaciones que éstos plasmaron con respecto a la región. Más aún, advirtieron que esta última quedaba como una realidad soslayada o menospreciada en las configuraciones iniciales del materialismo histórico. Si bien las consideraciones acerca del continente fueron asistemáticas, alcanzaron, no obstante, a expresarse en una cantidad de apuntes y artículos periodísticos. Entre ellos estuvieron el muy negativo perfil sobre la figura del libertador Simón Bolívar y el referido a la invasión norteamericana de México de 1848. Varios de esos textos parecen hacer gala de un desinterés o falta de comprensión hacia procesos de enorme trascendencia histórica ocurridos en la primera mitad de siglo XIX, como lo fueron el de la independencia de las antiguas colonias iberoamericanas y la construcción de los nuevos estados nacionales. En escritos posteriores de Marx y Engels hubo un cambio evidente de muchos de sus puntos de vista sobre las geografías extraeuropeas, sobre todo, incorporándose la dimensión de la explotación colonial e imperial, y reconociéndose la multiplicidad del movimiento emancipatorio. De un modo u otro, el marxismo fue echando raíces en el continente, debiendo asumir el desafío de interpretar las realidades locales y de conectarse con el naciente mundo de los trabajadores.

Fue desde las últimas décadas del siglo XIX cuando se verificó un vínculo más estrecho entre las izquierdas y ese universo laboral. El anarquismo pudo desarrollar esta experiencia con especial ahínco. Dicha corriente no se caracterizó por su homogeneidad. De hecho, a la ya existente división internacional entre los defensores del colectivismo que seguían los preceptos teóricos de Bakunin y los exponentes del denominado comunismo anárquico, inspirado en la figura de Kropotkin, se le sumaron debates particulares sobre las formas de organización de los trabajadores y las estrategias de lucha. Diversos núcleos anarquistas se manifestaron reticentes a la participación en sindicatos, caracterizados como herramientas reformistas, e impulsaron la conformación de agrupamientos de los "explotados" que duraron simplemente el tiempo de extensión de un conflicto específico o una acción a realizar, sin recaer en liderazgos definidos ni reglamentaciones internas sobre su funcionamiento. Otros sectores ácratas, con el tiempo, preponderantes, defendieron la necesidad de llevar a cabo una inserción en los sindicatos como un medio útil para propagandizar las ideas y lograr una influencia que convirtiera las luchas sindicales en revolucionarias. En América Latina, entre finales del siglo XIX y principios del XX, se utilizó el concepto de anarcosindicalismo para referirse a esta tendencia (Gómez, 1980). Defensores de la metodología de la acción directa (la huelga, el boicot o los sabotajes), manifestaron su rechazo a todo tipo de herramienta partidaria y apostaron a la construcción política de los sindicatos como principal instrumento de lucha en vías a la concreción de una huelga general revolucionaria que derribara el orden burgués.

Los anarquistas se caracterizaron por su pretensión de transformar a las estructuras sindicales o a sus agrupamientos específicos no solo en herramientas de lucha sino también en espacios para la formación, la educación y la concientización del trabajador. Así, pusieron en práctica numerosas iniciativas editoriales y extensas actividades culturales tales como obras de teatro, poesía, representaciones musicales, bibliotecas e, incluso, intentos de formar espacios de educación para los hijos de los trabajadores alternativos a los sostenidos tanto por la Iglesia católica como por los estados (Viñas, 1983; Suriano, 1991). Paralelamente, esta corriente fue pionera en la defensa de reivindicaciones igualitarias entre hombres y mujeres y en las campañas antimilitaristas (oponiéndose férreamente a los servicios militares obligatorios). Logró cierta inserción no sólo en los sectores artesanales y en el proletariado urbano sino también en las zonas mineras, en el campesinado y entre los habitantes de los barrios populares, como lo ilustran, entre otros, los casos de México y Brasil (Maram, 1979; Hart, 1980; Batalha, 2000).

En Argentina, el anarquismo alcanzó uno de los niveles de inserción más altos del continente. La Federación Obrera Regional Argentina (FORA), durante la primera década del siglo, se convirtió en una poderosa organización, que agrupó miles de trabajadores y los condujo a la lucha por sus demandas y contra el estado (Oved, 2013). En su V Congreso, de 1905, la federación se embanderó en los principios del comunismo anárquico. El periódico *La Protesta Humana* se transformó en uno de los más importante difusores de este ideario. Primero, por la aguda represión gubernamental, y luego, por el despliegue de un nuevo régimen político en el país que habilitó una serie de mecanismos de integración social y política, la influencia del anarquismo disminuyó. También, debido a su incapacidad para interactuar con una clase obrera industrial más concentrada, moderna y demandante de formas de organización más centralizadas.

Otro de los países donde el anarquismo logró una influencia importante en el mundo del trabajo fue Chile (Heredia, 1981; Grez Toso, 2007). Iniciado a fines del siglo XIX, con el desarrollo de corrientes de inspiración colectivista, su crecimiento se experimentó con la creación de las sociedades de resistencia y las mancomunales (un tipo de organización que combinaba mutualismo y sindicalismo), la difusión de una prensa ácrata de relieve y la conformación, en 1906, de la Federación de Trabajadores de Chile (FTCH). Paulatinamente, se hizo fuerte también en sectores de la intelectualidad, especialmente en poetas y novelistas y, principalmente, en el movimiento estudiantil. En el capítulo 1, "Los primeros anarquistas de la 'región chilena'. Perfiles humanos (1893-1920)", Sergio Grez Toso rastrea esta militancia detrás del impulso de huelgas, edición de periódicos, libros y folletos, fundación de sociedades de resistencia y ateneos obreros y desarrollo de una resistencia cultural caracterizada como contrahegemónica. Como señala el autor, estas prácticas supusieron la adopción de un perfil humano y político que lo diferenció de las otras corrientes coexistentes en este período. El anarquismo chileno enfrentó mayores obstáculos que en otros países, no sólo por la represión estatal, expresada por ejemplo en la Ley de Residencia de 1918, sino también por un más temprano desarrollo de una corriente marxista, dirigida por Luis Emilio Recabarren, que disputó, a partir de la fundación del Partido Obrero Socialista, en 1912, la conducción del movimiento obrero (Vitale, 1998).

También en Uruguay los anarquistas fueron, desde finales del siglo XIX, la principal corriente del movimiento obrero. Como señala Rodolfo Porrini en el capítulo 3, "Izquierdas internacionales y organizaciones de trabajadores en Uruguay (1870-1973)", fueron fundamentales en la creación de sociedades de resistencia y de cooperativas articuladas en torno a un oficio o actividad. En 1905 dirigieron la huelga general portuaria, en 1918 la de los frigoríficos y, un año después, el conflicto marítimo. La impronta anarquista predominó en la creación y el desarrollo inicial de la Federación Obrera Regional Uruguaya (FORU). Al igual que en Chile, la influencia socialista en el movimiento obrero sirve como explicación de la pérdida de influencia libertaria pero, a su vez, el ascenso al poder de un gobierno que practicó ciertas reformas sociales, como el de José Batlle y Ordóñez, interrumpió los niveles de radicalización antes señalados.

Por su parte, Kauan Willian dos Santos en "A disseminação do anarquismo e suas estratégias políticas e sindicais entre os trabalhadores em São Paulo (1890-1920)" (cap. 2), ilustra con el ejemplo regional paulista la importancia del movimiento libertario en Brasil. También atravesado por debates internos entre organizadores y antiorganizadores, fueron impulsores de importantes publicaciones y, al mismo tiempo, destacados anarquistas formaron parte de los orígenes de la Central Obrera Brasileña (COB), imprimiendo su ideario teórico y sosteniendo campañas, como las del rechazo al servicio militar obligatorio y las luchas para impedir la expulsión del país de obreros extranjeros. Según el autor, hasta la década de 1920, el anarquismo tuvo un peso considerable en el movimiento obrero brasileño incluyendo la dirección de la gran huelga de 1917 en San Pablo y Río de Janeiro. La represión gubernamental, las leyes de expulsión de extranjeros y el paulatino ascenso del comunismo fueron algunas de las causantes de la pérdida de inserción entre los trabajadores.

Esta corriente también se desarrolló en México, no sólo en el movimiento obrero, sino también en el campesinado, donde se destacó la figura de Ricardo Flores Magón como parte de la oposición al porfiriato (Hernández Padilla, 1984). Este dirigente experimentó una trayectoria política que, proveniente del liberalismo, adoptó paulatinamente parte del ideal libertario (por ejemplo, el respeto al colectivismo de las comunidades aborígenes) transformándose en uno de los numerosos sectores de oposición preexistentes al proceso revolucionario mexicano (Mires, 1989). También en Bolivia el anarquismo tuvo peso hasta los años veinte en el marco de la Federación Obrera Local (FOL); en Ecuador tuvo relevancia en ciertas ramas laborales (como en el proletariado del cacao) y parte activa en la huelga general de Guayaquil de 1922. Por su parte, en Cuba fue protagonista en el movimiento obrero en las dos primeras décadas del siglo XX entre los trabajadores tabacaleros, la rama de la construcción y el proletariado de los ingenios azucareros. Como se desprende del trabajo de Barry Carr, "Mill Occupations and Soviets: The Mobilization of Sugar Workers in Cuba, 1917-1933" (cap. 5), aún en los años treinta, y más allá del peso ya existente del comunismo, el anarquismo aún jugaba un papel en las luchas que llevaron a la caída de la dictadura de Machado. Simultáneamente en Colombia, aunque opacado por el socialismo y por la menor inmigración europea, hasta la primera década del siglo XX, el anarquismo influyó en los trabajadores portuarios, obreros de la construcción y ferroviarios, entre otros rubros.

El socialismo fue la otra tendencia político-ideológica de peso, que disputó con el anarquismo la dirección de la clase obrera entre finales del siglo XIX y principios del XX. Como ocurrió en otras regiones del mundo, en Latinoamérica, el desarrollo de esta tendencia se encontró asociada al derrotero experimentado por la II Internacional. El proceso de formación de partidos socialistas adquirió mucha importancia en países como Argentina, Uruguay, Chile y Puerto Rico, y con menor relevancia, en Brasil, Cuba, Bolivia y México. Sus inicios se vieron atravesados por una serie de tensiones: el esfuerzo de los partidos por sintonizar cierto discurso marxista, con una actividad parlamentaria y electoral en países con sistemas fraudulentos y restrictivos; la necesidad de congeniar las exigencias nacionales de cada país (de los cuales adoptaron sus legados simbólicos) con la prédica internacionalista;

y la aspiración a participar en el sistema político preservando su autonomía e identidad (Geli, 2005). A su vez, estos partidos estuvieron marcados por contradicciones en cuanto a sus modos de relacionamiento con el mundo de los trabajadores. Las direcciones socialistas caracterizaron que la militancia gremial no debía suponer una estrategia partidaria específica ni entablar necesariamente una estrecha relación entre la esfera partidaria y las organizaciones sindicales (un posicionamiento que no se produjo sin debates internos y que, en ocasiones, derivó en rupturas y divisiones). Esto se manifestó especialmente en Argentina (Camarero, 2005), país abordado en el texto de Diego Ceruso, en el capítulo "Las corrientes de izquierda y la militancia fabril en la Argentina de entreguerras". Allí se da cuenta de la inserción del PS en ciertas ramas laborales tales como la industria del calzado, los trabajadores textiles y los gráficos. Pero asimismo muestra la ausencia de una política sistemática del partido en los gremios en donde ejercía cierta influencia, razón por la cual resulta dificultoso otorgarle una estrategia específica de militancia en los sitios de producción, lo que daba como resultado un activismo fabril existente pero inorgánico. En todo caso, el PS argentino fue uno de los de mayor desarrollo en el continente, logrando a partir de la reforma electoral de 1912 un creciente peso electoral e influencia cultural; aunque no pudiera erigirse como una dirección clara del movimiento obrero (Walter, 1977; Tortti, 1989; Barrancos, 1991; Aricó, 1999; Godio, 2000).

El ya mencionado capítulo de Rodolfo Porrini analiza el proceso de conformación del socialismo uruguayo desde finales del siglo XIX, sobre todo, en sus intentos de inserción en las sociedades de resistencia y en las luchas. El proceso estuvo signado por una paulatina fusión de diversos grupos socialistas, que derivó en su estructuración partidaria como corriente. Por su parte, en "Socialistas, artesanos y obreros en Colombia (1909-1929)" (cap. 4), Renán Vega Cantor indaga sobre la influencia del socialismo en la conflictividad obrera y popular de Colombia en los albores del siglo XX. La producción de este autor colabora en la comprensión del ideario de esta corriente en Latinoamérica, tanto desde el análisis programático (que impulsaba la intervención estatal, la promoción del trabajo de los artesanos, la elección de representantes socialistas para participar en los cuerpos legislativos, el impulso de leyes laborales, entre otras) como desde sus expresiones culturales distintivas (discursos, rituales, etc.), todo lo cual fue dando lugar a la gestación de una identidad particular dentro del movimiento obrero (Vega Cantor, 2002). Por otro lado, puede afirmarse que el Partido Obrero Socialista (POS) de Chile, fundado en 1912 por Luis Emilio Recabarren, adoptó un ideario más radicalizado que sus pares latinoamericanos, obtuvo un apoyo significativo de parte del proletariado e influyó en brindarle a la Federación Obrera de Chile (FOCH) un clivaje anticapitalista. No obstante, esta mayor inserción obrera no redundó en la obtención de éxitos electorales.

Aunque de modo colateral, todos estos trabajos mencionados refieren a la importancia de la prensa y de las publicaciones editadas por las mismas corrientes como un elemento de trascendencia en la historia sobre las izquierdas en su búsqueda de penetración en el proletariado. *La Protesta Humana* y *La Vanguardia* en Argentina; *El Trabajador, El Oprimido, El Proletario y El Alba* en Chile; *La Lucha Obrera* y *El Defensor del Obrero* (luego, *El Grito del Pueblo*) en Uruguay; *A Plebe* y *L'asino Humano* en Brasil, entre otros ejemplos mencionados en los artículos, son solo algunas de las centenares de experiencias de inserción, agitación y propaganda editadas por diversas corrientes revolucionarias. Ello se convierte en un insumo invaluable para el abordaje de estas trayectorias y, a su vez, en una temática de estudio en sí misma (Grez Toso, 2007; Lobato, 2009).

Los años posteriores a la primera posguerra mundial fueron intensos en cuanto a la conflictividad obrera. La suba del costo de vida y la desocupación que trajeron consigo las interrupciones en el comercio internacional como resultado del conflicto bélico dieron lugar a importantes huelgas y acciones de masas por parte de los trabajadores. La huelga general de San Pablo y Río de Janeiro de 1917; las sangrientas movilizaciones y acciones huelguísticas que tuvieron lugar en la Argentina bajo el gobierno de Hipólito Yrigoyen entre 1917-1921; los masivos conflictos experimentados en Santiago de Chile y Valparaíso; la oleada huelguística en Colombia entre 1918 y 1920; o los conflictos de algunas ramas laborales en Perú y Ecuador son solo algunos de los ejemplos de esta radicalización. Todo ello fue acompañado por un fortalecimiento de grandes confederaciones o centrales obreras. Entre otros, ese fue el caso de la FORA (desde 1915 bajo dirección sindicalista) en la Argentina (Bilsky, 1985) o de la Confederación Regional Obrera Mexicana (CROM) (Carr, 1976; Ruiz, 1978).

El salto en la conflictividad y la organización obrera fue acompañado por un proceso de radicalización político-ideológico de amplios sectores militantes en América Latina, influidos por el triunfo de la Revolución Rusa y por el ascenso revolucionario que se abrió en Europa y otras regiones del mundo, el cual adquirió especial intensidad en Alemania, Italia y Hungría. La fundación y el desarrollo de la III Internacional o Internacional Comunista (IC) fue una de sus expresiones. La experiencia soviética provocó redefiniciones y replanteos en toda la izquierda, cuestionando las concepciones reformistas del anterior socialismo y la ausencia de una perspectiva consecuente o eficientemente revolucionarias en el anarquismo y el sindicalismo. Se sucedieron las estructuras partidarias construidas según el modelo del bolchevismo y la adhesión a las veintiuna condiciones manifestadas por la IC para la admisión en su seno. Latinoamérica no quedaba al margen de la expansión del leninismo como paradigma para la construcción de una herramienta revolucionaria a partir de la cual pugnar por la disputa de la dirección de la clase obrera, proceso en el que la IC intervino fuertemente (Alexander, 1957; Caballero, 1987; L. Jeifets, V. Jeifets y Huber, 2004).

En ese marco, se produjeron las divisiones en el PS argentino y uruguayo, dando lugar a la creación, en 1918 y 1920, respectivamente, de los embriones de sendos partidos comunistas. Precisamente, Porrini, en su aludido capítulo, describe el proceso de debate interno que experimentó el PS uruguayo en torno a su ingreso a la III Internacional lo que redundó en la posterior fractura de la organización y el surgimiento del PC. En Chile, el Partido Obrero Socialista se convirtió en PC en 1922. En Brasil, se fundó el PC ese mismo año, integrado centralmente por dirigentes provenientes del anarcosindicalismo y simpatizantes del proceso revolucionario ruso. Por su parte, en 1928, en Perú, diversos grupos confluyeron en un Partido Socialista, dirigido por José Carlos Mariátegui; tras la muerte de éste, la organización adoptó en 1930 el nombre de PC, cayendo en un proceso de regimentación cominterniano que lo alejó de las heterodoxas posturas de su fundador (Aricó, 1978; Flores Galindo, 1980). En Ecuador, el PC surgió a finales de la década del veinte como escisión del PS. En Paraguay se creó en 1928 y en Venezuela en 1931. En Cuba, con Julio Antonio Mella a la cabeza, sectores obreros, estudiantiles e intelectuales dieron origen al PC. En el capítulo de Renán Vega Cantor dedicado a Colombia se explica cómo, bajo el influjo de la revolución bolchevique, se perfilaron diversas tendencias en el seno del socialismo: la de aquellos que buscaban organizar un PC reconocido por la IC y la de quienes pretendían continuar con el ideario socialista destacando el peso de las particularidades locales. En este país se creó, finalmente, el Partido Socialista Revolucionario que acabó ingresando en el seno de la IC. En México, se creó el PC en 1919 con presencia en la zona petrolera y urbana. Por su parte, en Centroamérica se formaron los respectivos partidos comunistas de Panamá (1922), Guatemala (1923), Honduras (1928), Costa Rica (1929), Haití (1930), República Dominicana (1932) y El Salvador, donde tuvo su mayor explosión bajo el liderazgo de Farabundo Martí, entre 1925 y 1933.

No siempre la retórica y las estrategias de los comunistas eran las mismas de un país a otro, sobre todo en sus primeros años. Con el paso del tiempo, las distintas secciones fueron regimentadas y homogeneizadas en términos políticos y organizativos por la IC. No fue un proceso sencillo, incluso, lo fue conflictivo y desigual. Las formas de estructuración cominterniana fueron variando en el continente: inicialmente con el Buró Latinoamericano, luego con el Buró de la Propaganda Comunista para América del Sur y, a partir de 1925 y ya bajo el sostén principal del PC argentino, con el Secretariado Sudamericano (SSA), el órgano regional de la IC que más tiempo funcionó en el hemisferio occidental. Era el resultado de una suerte de nuevo "modelo argentino-céntrico" del trabajo de la Comintern en América del Sur, que comenzó cuando en 1921 el PCA fue plenamente reconocido como sección y más claramente desde 1922 cuando el partido fue considerado base de la expansión comunista en Sudamérica, y el SSA fue concebido casi como la "Internacional de Buenos Aires" (Jeifets y Jeifets, 2013).

En muchos de los partidos se fue diseñando una cierta caracterización de las sociedades latinoamericanas. Se las identificaba como propias de un capitalismo atrasado y con rasgos feudales. De allí derivó una definición de revolución por etapas, la que necesariamente se iniciaría con su fase democrático-burguesa, agraria y antiimperialista. Como señala Hernán Camarero en su correspondiente capítulo, para el comunismo, la problemática central de los países latinoamericanos no era el capitalismo sino su insuficiente desarrollo. La contradicción entre la clase obrera y los capitalistas quedaba relegada dada la existencia de una burguesía nacional que el proletariado podría poseer como aliada natural en su lucha contra el capital extranjero y las oligarquías agrarias locales vinculadas a éste. Tales definiciones, que quedaron claramente expuestas en la Primera Conferencia Comunista Latinoamericana de 1929, se transformaron en el embrión de estrategias dirigidas a acelerar la revolución burguesa, la reforma agraria y la industrialización nacional (Hall y Spalding, 1991; Angell, 1997). Entre 1928 y 1935, todo ello convivió en la región con la aplicación de la línea de "clase contra clase" sancionada por una IC ya en pleno proceso de burocratización y bajo el creciente dominio del estalinismo. Esta orientación ultraizquierdista y sectaria condujo a los comunistas latinoamericanos a abandonar las organizaciones obreras existentes y crear sindicatos y federaciones dirigidas por ellos mismos. Justamente en 1929, organizaron la Confederación Sindical Latino-Americana (CSLA), sostenida en la postura de constituir "sindicatos rojos".

Dentro de este contexto también debe ser destacado el papel de los intelectuales y los debates de ideas al interior de la izquierda, así como las relaciones entre el pensamiento de izquierda y el llamado "problema nacional" y la formación de un "marxismo latinoamericano" (Aricó, 1978). Como un ejemplo pionero de algunas de esas polémicas centrales y del rol de los intelectuales, que luego se replicarían durante varias décadas, puede apuntarse el posicionamiento del cubano Julio Antonio Mella y su disputa teórica con Raúl Haya de la Torre y la experiencia de la Alianza Popular Revolucionaria Americana (APRA) alrededor del sujeto revolucionario y de la herramienta política necesaria para forjar un cambio radical (Löwy, 2007; Kohan, 2000). El ataque se produjo en el mismo momento en que Mariátegui terminaba de romper con el aprismo y marchaba hacia la fundación de una organización comunista en el Perú, con principios poco afines a la ortodoxia cominterniana latinoamericana. En buena medida, esta aguda confrontación clarificaba las dos tradiciones contrapuestas nacidas del movimiento de la Reforma Universitaria: la que buscaba convertir al estudiantado y la pequeña burguesía en vanguardia de las clases populares versus la que sostenía la hegemonía proletaria en la coalición popular democrática (Portantiero, 1978).

### III

Los años ubicados entre la crisis capitalista internacional de 1929 y la segunda posguerra mundial son fundamentales para el desarrollo del movimiento obrero latinoamericano pero, a su vez, se trató de un período de fuertes redeficiones y reorientaciones teóricas y estratégicas por parte de las izquierdas. En toda Latinoamérica, la fuerte contracción de la actividad económica provocó una radicalización de la conflictividad social. El crecimiento de la industria fue una de las consecuencias de la crisis, pero no puede exagerarse su importancia pues consistió en un empleo relativamente eficiente de la capacidad ya instalada de producción y de ciertos avances en campos acordes al limitado desarrollo de las fuerzas productivas locales. No obstante, la profundización de una industrialización, primordialmente de bienes primarios, sobre todo en México, Brasil y Argentina, fue un elemento de relieve y ello redundó, a su vez, en un proceso de expansión numérica de la clase obrera (Cardoso y Pérez Brignoli, 1979). Este fuerte crecimiento, que generó la formación de un nuevo proletariado, se verificó incluso en los países pequeños como es el caso de Uruguay (Porrini, 2005). Si en un primer momento, la actividad se orientó hacia la producción de bienes de consumo directo (como la industria textil o alimenticia), hacia finales de la década de 1930 se complementó con ramas provenientes de la industria química, metalúrgica y del papel. Estos cambios económicos trajeron aparejados notorias transformaciones sociales, siendo la más distinguible el proceso migratorio de importantes sectores rurales a las grandes ciudades como producto de la crisis de la producción primaria primero y, posteriormente, de la tecnificación de las áreas agrícolas. El desfasaje entre la cantidad de migrantes y la posibilidad de inserción en los diversos rubros industriales trajo aparejado como fenómeno paralelo el desarrollo de áreas con presencia de viviendas extremadamente precarias. No obstante, el crecimiento del proletariado urbano y, con él, el incremento de la sindicalización y organización obrera fueron rasgos fundamentales de esta coyuntura.

En cuanto a las corrientes de izquierda que actuaban dentro del movimiento obrero, estos años fueron determinantes en cuanto a redefiniciones estratégicas y conceptuales. El comunismo latinoamericano, ya gestado en la anterior etapa, terminó de forjar su presencia en el mundo del trabajo bajo la tutela ideológica y táctica de la IC. Su crecimiento fue significativo en varios países, extendiendo su presencia en el campo sindical, político, intelectual y cultural. Desde 1935 adoptó la política de los "frentes populares", que hacía hincapié en las alianzas democráticas antifascistas. Ella colocaba a los PCs en reclamo de unidad no sólo con las corrientes reformistas del movimiento obrero sino también con las alas "liberales" y "progresistas" de las burguesías nacionales. Todo condujo a posicionar a los partidos comunistas en una línea moderada y de "colaboración de clases" (Carr, 1996; Camarero, 2007; Grez Toso, 2011; Concheiro, Modonesi y Crespo, 2007).

Uno de los países donde el comunismo imprimió su impronta con fuerza en el movimiento obrero fue en Argentina. Como señala el texto de Hernán Camarero que abre el volumen 2, "Comunismo, peronismo y movimiento obrero en la Argentina durante la primera mitad del siglo XX: un abordaje histórico-sociológico" (cap. 9), la inserción de esta corriente en el mundo del trabajo conoció un salto cuantitativo y cualitativo con las tácticas de la proletarización y la bolchevización, que supuso la reubicación de toda la militancia comunista en células obreras clandestinas de empresa o taller. La novedad de los repertorios organizacionales y de las disposiciones subjetivas le permitió a la militancia del PC una eficaz implantación en el medio fabril. El ya mencionado trabajo de Diego Ceruso (cap. 6) complementa el análisis de las modalidades de inserción desde los años veinte, observando la construcción de estructuras de representación obreras en los lugares de trabajo (comités de fábricas o de empresas, grupos o secciones sindicales, entre otras nomenclaturas), que capitalizaron el anterior éxito de la organización celular comunista. Ello supuso un camino gradual que se desplazó hacia herramientas más abarcadoras de los trabajadores, culminadas con la aparición de las comisiones internas fabriles. En relación con este crecimiento, se desprende de ambos trabajos que, más allá de los profundos virajes internacionales del comunismo que osciló de una línea aislacionista y sectaria a una reformista y conciliadora de clases, ello no atentó contra el grado de éxito de su implantación en el movimiento obrero industrial.

Rodolfo Porrini (cap. 3) también examina estos virajes en la línea política comunista a partir de la experiencia en Uruguay, focalizándose en los quiebres de la relación con el socialismo. En este sentido, describe cómo el PC, tras rechazar todo tipo de alianza con el socialismo (al cual acusaba de "social-traidores", según la línea de "clase contra clase"), desde 1935, ya con la estrategia frentepopulista, acabó impulsando un acercamiento no solo al PS, sino también a sectores opositores de los partidos tradicionales Colorado y Nacional. Todo ello, tal como también señalan otros estudios acerca del comunismo uruguayo, no produjo un reflujo de su militancia sino, por el contrario, la sumatoria de un mayor número de jóvenes y de su activismo femenino (Leibner, 2011). Un proceso relativamente similar se dio en Chile, en donde el PCCh experimentó un crecimiento cuantitativo. En alianza con el socialismo, con el Partido Radical y con otras fuerzas reformistas y democráticas logró la conformación de un exitoso Frente Popular, que triunfó en las elecciones de 1938, presentadas como una disputa entre democracia y fascismo. Sin embargo, dicho partido no asumió ningún cargo ministerial en el nuevo gobierno y ello le permitió mantenerse al margen de las críticas recibidas por la coalición al tiempo que solidificaba su inserción en el movimiento obrero (Angell, 1997).

Otra experiencia comunista relevante fue la brasilera. El PCB tenía características que lo convertían en excepcional a raíz de una gestación distinta a la mayoría de los países. Esencialmente, no surgió como producto de una ruptura y radicalización de antiguos socialistas, sino a partir de dos componentes divergentes: una vieja militancia anarquista conjugada posteriormente con sectores vinculados al ejército después de la movilización de los *tenentes* en los años veinte. Luego, se proyectó la figura de Luiz Carlos Prestes, y su frustrada insurrección de 1935, en coordinación con directivas de la IC (Chilcote, 1982; Pinheiro, 1991; Prestes, 2008). El trabajo de Marco Aurélio Santana "Esquerda e movimento sindical no Brasil: a experiência do PCB (1945-1992)" (cap. 12 del volumen 2), relata el proceso de inserción en el proletariado industrial en los años posteriores a la irrupción del varguismo, que llevó a los comunistas a la conquista de los principales puestos de la estructura sindical (aunque compartiendo ese espacio con el Partido Trabalhista Brasileiro) en los momentos previos al golpe de estado de 1964. Como afirma el autor, la política del PCB se orientó, además, a una búsqueda de organización del trabajo de base al interior de las empresas. El impulso y la defensa de comités por empresa o sindicales, o bien, las instancias de coordinación intersindicales son ejemplos de este derrotero.

En cuanto a la inserción del comunismo en el proletariado industrial puede destacarse una experiencia paralela, colateral y transnacional. En 1938, el dirigente obrero mexicano Vicente Lombardo Toledano impulsó la Confederación de Trabajadores de América Latina (CTAL), con el objeto de unificar al movimiento obrero de la región (Chassen de López, 1977; Quintanilla Obregón, 1982). Aunque no reconocido como miembro del PC de México, después de su visita a Moscú en 1935, Toledano adoptó posiciones similares a las de la IC y, por ende, concibió a la CTAL como un vehículo organizativo para prestar apoyo masivo, obrero y de izquierda a la política del frentepopulismo. Esta particular experiencia es indagada en el capítulo 8 por Patricio Herrera González en el texto que sirve de cierre al volumen 1, "Por 'un único y potente puño proletario' para América Latina (1936-1938): (in)flujos transnacionales", en donde se describe el original proceso de búsqueda de una organización sindical latinoamericana y la relación entre este objetivo y las propias premisas de un comunismo internacional que instaba a adoptar las medidas necesarias para concretar una unidad sindical multiclasista como forma de contención del avance del nazismo y del fascismo en el continente.

El comunismo se encontró con mayores dificultades para erigirse como dirección de los trabajadores en los países del norte de Sudamérica. Una explicación posible de estas limitaciones, entre otras, recae en las características del mundo del trabajo. Un movimiento obrero de mayor debilidad y una presencia determinante del campesinado suponían una diferenciación notable con los casos antes señalados (a excepción de México). En relación con ello, se destaca el trabajo de Valeria Coronel, titulado "Izquierdas, sindicatos y militares en la disputa por la tendencia democrática del Ecuador de entreguerras (1925-1945)" (cap. 7 del volumen 1), que examina, sobre todo, la política de inserción del Partido Comunista en un movimiento de masas en donde se hacía sentir con mucha fuerza la presencia del campesinado. Se advierte cómo el PC ecuatoriano buscó la articulación de organizaciones nacionales que pudieran reflejar y representar a diversas identidades preexistentes, ya sean éstas sindicales, campesinas o indígenas.

Una puerta de entrada también distinta es la ofrecida en el análisis de Ángela Núñez Espinel, en su texto "Obreros e intelectuales en Colombia: el caso del Partido Socialista Democrático" (cap. 10 del volumen 2). Se trata de una exploración sobre el Partido Comunista de Colombia en su momento de conversión en el autodenominado Partido Socialista Democrático (PSD). Aquí se incorpora otra problemática pertinente a la búsqueda de influencia en el movimiento de masas de una vanguardia política, como lo fue su vinculación con la intelectualidad. La autora aborda la adopción de la estrategia frente-populista por parte del PC colombiano, llevada a un grado extremo cuando, bajo las premisas de Earl Browder (Secretario del PC de Estados Unidos desde 1930), se planteó profundizar la propuesta de colaboración de los comunistas con los sectores progresistas de la sociedad, llegando incluso a declarar la caducidad de la lucha de clases y promover el apoyo a la libre empresa. Así, el PC se transformó en el PSD que, más allá de sus limitaciones, supo ser (transitoriamente) un polo de atracción para parte de la intelectualidad radicalizada de la época.

Por su parte, en América Central, el comunismo tuvo un campo más despejado para su inserción en el proletariado. En buena parte de estos países, no disputaba la hegemonía de los trabajadores con corrientes como el anarquismo o el sindicalismo revolucionario lo que recaía en razones diferentes, tales como el menor desarrollo urbano, la férrea represión de diversos gobiernos dictatoriales en la región y la ausencia de una inmigración europea, italiana o española de peso. El PC de El Salvador participó de un proceso revolucionario de raigambre campesina en 1932, incentivado a partir de la abolición de tierras comunales y las condiciones de trabajo en las fincas azucareras. Fue un ejemplo de las contradicciones que suponía el intento de aplicación de la línea internacional de revolución democrático-burguesa en el marco de un proceso revolucionario que, justamente, iba dirigido contra la burguesía local. En el caso de Nicaragua, el PC quedó opacado por el arraigo popular de la figura de Augusto Sandino, con quien desarrolló una ecléctica y contradictoria relación. Por su parte, en Cuba, el PC coexistía en el movimiento obrero con otras fuerzas políticas como, por ejemplo, el Partido Revolucionario Cubano Auténtico. El trabajo de Barry Carr, "Mill occupations and soviets: the mobilization of sugar workers in Cuba, 1917-1933" (cap. 5), examina las movilizaciones obreras y campesinas en el sector azucareros, principalmente en la coyuntura que llevó a la caída de la dictadura de Machado, con las grandes huelgas, las ocupaciones de los ingenios y haciendas y la formación de consejos obreros. Justamente, el autor da cuenta del papel del PC pero, al mismo tiempo, refleja cómo el proceso político de ese período puede explicarse mucho más allá de su presencia, con la existencia de resabios de grupos anarquistas e incipientes grupos trotskistas, entre otros.

## IV

En el marco de esta coyuntura de primacía del comunismo en el mundo de los trabajadores, esta corriente coexistió con otras que, a pesar de tener una inserción insignificante en relación a sus ciclos anteriores, aún mantenían alguna presencia, como fue el caso del anarquismo. Existió una continuidad de algunas organizaciones que siguieron reivindicando el ideario libertario y, más allá de sus dificultades, pugnaron por recuperar cierta influencia en el movimiento obrero. Diego Ceruso, en su capítulo, da cuenta de este fenómeno para el caso argentino, a través del análisis de dos grupos, la Federación Anarco Comunista Argentina y la Alianza Obrera Spartacus, los cuales lograron conservar, durante la década del treinta y parte de los años cuarenta, una militancia activa en ciertas ramas laborales. Por su parte, Rodolfo Porrini registra el renacimiento anarquista uruguayo durante ese mismo período, manifestado en expresiones como las Juventudes Libertarias y el periódico *Voluntad*, que se agregaron a las ya existentes.

Al mismo tiempo, se producía la aparición de nuevas tendencias revolucionarias, como el trotskismo que, desde estructuras embrionarias, pugnaban por construirse en el interior del proletariado y en disputa por su dirección. El trotskismo surgió a nivel mundial hacia fines de los años veinte como resultado de las luchas contra el estalinismo dentro del PC y la IC, constituyéndose primero como Oposición de Izquierda, liderada por la figura de León Trotsky. La denuncia al proceso de burocratización y degeneración del régimen soviético en manos del estalinismo, el impulso a la democracia obrera frente al fortalecimiento del aparato estatal, la prédica del internacionalismo proletario y la teoría de la revolución permanente en contra de la posibilidad del socialismo en un solo país, fueron algunos de sus principios identitarios centrales. La fundación de la IV Internacional, en 1938, más allá de la debilidad con la que se encaró, expresó su definitiva conformación como corriente internacional. Con existencia en Europa y Estados Unidos, el trotskismo también conoció alguna extensión en América Latina (Alexander, 1973; González, 1995, 1996 y 1999; Miranda, 2000; Tavares de Almeida, 2003; Coggiola, 2006; Bensaïd, 2008). Los primeros grupos y partidos con esa inspiración emergieron en la región, mayoritariamente, como rupturas de los partidos comunistas. Bolivia se transformó en uno de los ejemplos centrales de inserción trotskista en el movimiento de masas latinoamericano a partir de la experiencia del Partido Obrero Revolucionario (POR) (Lora, 1980; Sándor John, 2012; Dunkerley, 2013). Surgido no como desprendimiento del PC sino como un círculo de intelectuales, este grupo evolucionó hacia las posturas de la IV Internacional y logró una gran influencia en el sindicato de mineros. En el capítulo 11 del volumen 2, "Izquierda, nacionalismo y movimiento obrero en Bolivia (1946-1971)", Juan Hernández reconstruye los esfuerzos realizados por el POR, desde los inicios de los cuarenta, por insertarse en el convulsionado movimiento obrero minero, período en el cual estos trabajadores fundaron la Federación Sindical de Trabajadores Mineros de Bolivia y elaboraron las reconocidas Tesis de Pulacayo, una plataforma política y teórica paradigmática que perduraría durante las siguientes décadas. Como demuestra el autor, esta apuesta trotskista tendrá un ascendente determinante sobre el proletariado minero entre 1946 y 1949.

Pero desde los años treinta, y con más claridad desde los cuarenta, el elemento más trascendente para la dinámica del movimiento obrero latinoamericano y las izquierdas no fue la perdurabilidad de los anarquistas o la aparición de los trotskistas, sino el ascenso de los movimientos nacionalistas o nacional-populares. Nacionalismo burgués, bonapartismo *sui generis* o populismo, fueron algunas de las numerosas categorías utilizadas para la definición de estos regímenes políticos que, generalmente asentados en un liderazgo personalista y carismático, sostuvieron una interpelación plebeya, la necesidad de impulso de reformas sociales y la incorporación de la clase obrera como actor legítimo y reconocido por el aparato estatal. Al mismo tiempo, se basaron en una concepción policlasista en la que el Estado pretendía transformarse en la mediación necesaria para la concreción de una armonía de clases, siempre bajo el presupuesto de la continuidad de la acumulación capitalista. Los gobiernos que representaron este fenómeno disputaron con alguna facción de la burguesía o clase dominante, o bien, y al amparo de un discurso de carácter nacionalista, con un ala del imperialismo.

En ese contexto, el trabajo de Camarero ofrece una explicación del descenso de la influencia comunista en el mundo de los trabajadores de Argentina. Sostiene que ella se debió, en parte, a las propias características de las apuestas estratégicas y programáticas del PC, que lo alienaron del apoyo obrero, pero también se motivó en la potencia con la que despuntó en el país el peronismo, un peculiar fenómeno populista y nacionalista burgués, amparado en una cultura "obrerista" y, simultáneamente, "antiizquierdista". De la alianza entre un sector mayoritario del sindicalismo y la elite militar-estatal encabezada por Perón, surgió un movimiento de masas de carácter policlasista que limitó las posibilidades de desarrollo de la izquierda entre los trabajadores. Un extenso debate historiográfico se produjo en torno al tema (Murmis y Portantiero, 2004; del Campo, 1983; Torre, 1990; Di Tella, 2003; Horowitz, 2004; Doyon, 2006). En cada país, se dieron tipologías y temporalidades diferentes. En Perú, por ejemplo, el debilitamiento del clasismo y la izquierda vino de la mano, luego de los años treinta y cuarenta, de la consolidación de un proyecto nacional reformista de una pequeño burguesía radicalizada, organizada por el Partido Aprista, que viró desde planteos insurreccionales a moderados en su lucha contra los regímenes oligárquicos (Sulmont, 1985). Del texto de Coronel (cap. 7) se desprende un fenómeno de características singulares para el caso de Ecuador, a partir de la figura de Velasco Ibarra como principal expresión de una derecha dispuesta a intervenir en la política de masas. De modo aún más notorio, en el capítulo de Hernández sobre Bolivia se analiza la disputa por la clase obrera que, en este caso, los trotskistas del POR, mantuvieron con el proyecto del Movimiento Nacionalista Revolucionario (MNR), el que, a partir de 1949, hegemonizó la conducción del movimiento obrero con un programa nacionalista, policlasista y una política de relacionamiento con el ejército que, a los ojos de las masas, supondría la posibilidad de un triunfo más seguro.

## V

Los años sesenta y setenta fueron décadas convulsionadas para una América Latina que experimentó una radicalización política, cultural e ideológica, tanto de sus trabajadores como de su juventud. El triunfo de la Revolución Cubana en 1959 generó en la izquierda redefiniciones y discusiones en torno a sus paradigmas organizativos y puso de manifiesto un nuevo tipo de apuesta estratégica, la del "castrismo" o "guevarismo". Este modelo recayó en la construcción de organizaciones políticas y militares, la redefinición del campesinado como sujeto revolucionario y la guerra de guerrillas como eje central para forjar la vía revolucionaria. Su triunfo implicó, a su vez, la aparición de una concepción de construcción política alternativa al tradicional paradigma leninista. Aspectos tales como las estructuras partidarias de vanguardia, la estrategia insurreccional y la metodología del centralismo democrático, fueron debatidos por diversos sectores de las izquierdas latinoamericanas, ante el éxito alcanzado por una fórmula alternativa. Sin embargo, diversos procesos políticos internacionales acaecidos hacia finales de la década de 1960 tales como el Mayo Francés, la Primavera de Praga o la rebelión estudiantil mexicana, significaron un nuevo viraje en las concepciones, tanto sobre las formas organizativas de las estructuras políticas revolucionarias como así también de los esquemas de movilizaciones imperantes. El resurgir de esta serie de levantamientos de masas signados por la reaparición de la clase obrera como actor protagónico y la participación de una juventud radicalizada que pugnaba por el cambio social, supuso en diversos espacios políticos un cuestionamiento a las concepciones organizativas vigentes desde el triunfo cubano. Este cambio coyuntural, sumado al cada vez más marcado acercamiento del castrismo al comunismo ortodoxo, provocó que en el seno de la militancia de diversas organizaciones se produjeran debates teóricos en torno a la caracterización de la lucha armada como estrategia, el tipo de organización política a construir y el sujeto social que protagonizaría la transformación revolucionaria de la sociedad.

En este marco, dentro del abanico de las izquierdas, pueden identificarse, por lo menos, tres tipologías de organización. En primer lugar, aquellas que, bajo los efectos del paradigma guevarista se construyeron como estructuras al mismo tiempo políticas y militares; por otro lado, las que expresaron la continuidad del comunismo tradicional y; por último, aquellas corrientes que, aún diferenciándose de los lineamientos soviéticos mantuvieron instancias de construcción alejadas de una vía estratégica armada bajo el influjo castrista tales como, por ejemplo, las organizaciones partidarias trotskistas y maoístas.

Como señala Eduardo Rey Tristán en su trabajo, "Izquierda, revolución y ámbitos de masas en el Uruguay pre dictadura (1966-1973)" (cap. 17 del volumen 2), bajo los efectos de la Revolución Cubana, una novedad en Latinoamérica fue la aparición de una "nueva izquierda" que quebró el dominio tradicional de los socialismos y comunismos vernáculos. Efectivamente, la aparición de organizaciones político-militares y la estrategia de la lucha armada fue una de las variantes de mayor peso en las décadas del sesenta y setenta. No obstante, vale aclarar que la totalidad de estas experiencias no son factibles de asimilar con la reproducción de una vía foquista. De hecho, varias de estas organizaciones lograron gestar un trabajo de masas e inserción en el movimiento obrero, el campesinado y el estudiantado. Son numerosas las expresiones revolucionarias armadas surgidas en el continente en estas décadas. En Colombia, por ejemplo, el Partido Comunista motorizó un grupo armado, las Fuerzas Armadas de la Revolución Colombiana (FARC), la cual logró una influencia en diversos municipios rurales aislados, mientras que el propio PC continuó con la aplicación de una política reformista y electoral. Con el tiempo, la estructura armada cobraría una autonomía extrema y se produciría una ruptura con su anterior brazo político. Colombia se convirtió en uno de los países con mayor desarrollo de la actividad revolucionaria armada. El Ejército Popular de Liberación (EPL), de orientación maoísta, y el Ejército de Liberación Nacional (ELN), impulsado desde Cuba y dinamizador de una línea foquista, fueron algunos de los ejemplos más relevantes. También en Venezuela se experimentó una actividad guerrillera de intensidad. Como desprendimiento del partido Acción Democrática, un importante núcleo de jóvenes dirigentes dio origen al Movimiento de Izquierda Revolucionaria (MIR). A diferencia de otros países, un elemento de interés de Venezuela fue que el PC, más independiente de las directivas internacionales, desplegó una táctica de apoyo a la guerrilla, prioritariamente con el impulso de las Fuerzas Armadas de Liberación Nacional (FARN). Por su parte, en Perú, hacia la década del sesenta, se produjo un incremento del accionar armado, a partir de nuevas organizaciones. Por ejemplo, el Movimiento de Izquierda Revolucionaria (MIR) formado por sectores del APRA disidentes, y el Ejército de Liberación Nacional (ELN), constituido a partir de desprendimientos del comunismo; a su vez, hubo un paulatino ascenso de estructuras que, siendo armadas, reivindicaban las premisas maoístas, como fue el caso de Sendero Luminoso (Angell, 1997; Pereyra, 2011; Pozzi y Pérez, 2011; Oikión Solano, Rey Tristán y López Ávalos, 2013; Nercesián, 2013).

Centroamérica, por su parte, también fue un espacio de notorio desarrollo de la actividad armada. Quizás, un ejemplo paradigmático fue el de Nicaragua, donde el Frente Sandinista de Liberación Nacional (FSLN), una homogénea alianza de estructuras marxistas, nacionalistas y cristianas, entre otras corrientes, logró el derrocamiento de la dictadura de Anastasio Somoza en 1979. Pero hubo otros casos interesantes. En el capítulo 13, "Partido, masas y guerra revolucionaria del pueblo. La izquierda en Guatemala, 1954-1996", Carlos Figueroa Ibarra describe el derrotero de la lucha armada en este país, centralmente a través de la experiencia del Partido Guatemalteco del Trabajo (PGT), denominación que allí recibía el comunismo. Se analiza el impacto que para este grupo generó la victoria revolucionaria cubana dando lugar a un cambio de paradigma revolucionario. Ello supuso el reemplazo del ideal leninista por el imaginario guevarista de construcción (llevado hasta sus últimas consecuencias a partir de las reinterpretaciones de Regis Debray). En un proceso semejante al vivido en otros países, el autor describe la diversidad de organizaciones revolucionarias armadas surgidas en esta coyuntura y la inserción que cada una de ellas en el movimiento de masas.

Por otro lado, en Sudamérica se produjo un fenómeno particular: la vía armada y la estrategia político-militar lograron un peso relevante en organizaciones que no apostaron a una construcción en el ámbito rural ni identificaron al campesinado como el sujeto revolucionario. Así, aparecieron construcciones político-militares de raigambre marxista que lograron no sólo un crecimiento cuantitativo relevante sino también una influencia en sujetos tales como la juventud y el proletariado urbano. En el caso de Argentina, es claro el ejemplo del Partido Revolucionario de los Trabajadores-Ejército Revolucionario del Pueblo (PRT-ERP) que, independientemente de su accionar militar, pugnó por implantarse en el movimiento de masas a partir de frentes sindicales, juveniles y hasta culturales, en un contexto de una clara mayoría peronista de estos sectores (Pozzi, 2004). También importante fue la experiencia de la Acción Libertadora Nacional (ALN) en Brasil, fundada por un dirigente comunista, Carlos Marighella, quien luego de viajar a Cuba planteó su ruptura con el PCB y motorizó esta guerrilla urbana que resistió la coyuntura dictatorial (Magalhães, 2012). Otro ejemplo emblemático del ascenso de una organización político-militar en el ámbito urbano lo desarrolla el ya citado trabajo de Rey Tristán para el caso del Movimiento de Liberación Nacional-Tupamaros en Uruguay (Labrousse, 2009). Bajo los influjos del guevarismo pero sin una adopción mecánica de sus preceptos, el autor da cuenta de la adaptación de este paradigma a una realidad que inviabilizaba la puesta en práctica de un foquismo de base rural y determinaba la necesidad de inserción en la clase obrera.

Los mencionados artículos de Rey Tristán y Figueroa Ibarra incluidos en el segundo volumen de esta compilación poseen el valor de analizar el derrotero de diversas organizaciones político-militares desde sus políticas y estrategias de intervención en el seno del movimiento de masas y no como fenómenos organizacionales aislados de la coyuntura existente. En ese sentido, se convierten en valiosas excepciones dentro de un campo historiográfico hegemonizado principalmente por tres tipos de abordaje de estas organizaciones. En primer lugar, se destacó una producción elaborada mayoritariamente por antiguos miembros de estas organizaciones que esgrimieron una retórica extremadamente autocrítica de aquellas experiencias de las que formaron parte. Aseveraciones tales como el carácter pequeño-burgués de las vanguardias radicalizadas; la existencia de prácticas que ponderaban el coraje, o bien, la derrota moral de una estrategia que transformó a esa militancia no sólo en víctimas sino también en victimarios, son ejemplos de estas reflexiones (Bufano, 1979; Brocato, 1985; Cultelli, 2006; Vezzetti, 2009; Garabito, 2014). Una segunda categoría, en diálogo con la anterior pero con rasgos diferenciables, recayó en una historiografía proveniente de la propia militancia con mayor o menor intencionalidad de legitimación de sus propias estructuras. Más allá de su carácter testimonial, se transformaron en importantes aportes para profundizar la comprensión de diversas organizaciones (Mattini, 1996; Enríquez, 1999; Fernández Huidobro, 2001). Una última categoría con reciente peso historiográfico recae en aquellos enfoques que desarrollan una mirada esencialmente culturalista–subjetivista de sus objetos de estudio a través del análisis de los "imaginarios", las creencias y el bagaje discursivo de las organizaciones armadas en un intento por comprender las acciones desarrolladas a través del sentido que le otorgaron sus propios actores (Palieraki, 2008; Carnovale, 2011).

Ante el efecto que ejerció el proceso revolucionario cubano, los partidos comunistas latinoamericanos tuvieron una respuesta tardía y se mantuvieron aferrados a sus paradigmas tradicionales. En general, reafirmaron sus planteos de revolución por etapas, que establecía que, primero, debía avanzarse en una democrático burguesa, agraria y antiimperialista. La mayoría adoptó una actitud crítica frente a las guerrillas, aunque, en ciertos casos, esbozaron una tímida y ambigua adhesión. No obstante, varios PCs continuaron siendo un polo de referencia para diversos sectores de la clase trabajadora. El texto de Marco Aurélio Santana ya mencionado y, en el mismo volumen, el de Rolando Álvarez Vallejos, "Recabarrenismo y lucha de masas. El Partido Comunista de Chile y su vinculación con los movimientos sociales, 1965-1973" (cap. 16), dan cuenta de ello. A diferencia de lo ocurrido, por ejemplo en Argentina, en donde el ascenso del peronismo supuso una fuerte disminución de influencia comunista en la clase obrera, el PC brasileño no perdió entidad e injerencia en el mundo de los trabajadores más allá de la consolidación de un proyecto de raigambre populista como el de Getulio Vargas. Desde mediados de los años cuarenta, el PCB logró una notable inserción en la estructura sindical, principalmente a partir de la creación de Movimiento Unificador de los Trabalhadores (MUT). El PCB no esgrimió una retórica de radical oposición al gobierno de Getulio Vargas. De hecho, Santana da cuenta de la supervivencia sindical del PCB más allá del retroceso que le supusieron las políticas represivas y persecuciones de los posteriores gobiernos. Por su parte, Álvarez Vallejos destaca el papel que el PC chileno jugó en la coyuntura de los años sesenta y setenta, previa a la llegada de Salvador Allende a la presidencia del país, y la existencia de un importante trabajo político y de inserción del partido en el movimiento social. Señala la importancia que, para el PCCH, mantuvo su accionar militante con acciones como la participación en conflictos huelguísticos, el involucramiento en la toma de terrenos, una política de acercamiento al campesinado y la intervención en el mundo de las artes, la música y la intelectualidad. Según el autor, fue ese estilo político caracterizado por la conjunción de una política reformista, parlamentarista e institucional con otra radicalizada y de masas lo que, en parte, explicaría la transformación del PC chileno en un actor político y cultural de significación a lo largo del siglo XX.

En otro orden, en esta etapa cobran cierto dinamismo aquellas estructuras que presentaban una doble diferenciación teórico-ideológica. Por un lado, se mostraban antagónicas a los lineamientos de los tradicionales socialismos y comunismos, a los que se identificaba como expresiones moderadas y reformistas; pero al mismo tiempo, se distinguían del paradigma guevarista y de la estrategia revolucionaria armada, a la que se le atribuía una línea vanguardista que sustituía la necesidad de una movilización de masas y en la que un ejército popular se transformaba en el reemplazo de la insurrección obrera y popular. Como parte de estas expresiones, se destaca en Latinoamérica el crecimiento del trotskismo y del maoísmo.

Tras la experiencia del POR boliviano, el trotskismo continuó transformándose en una vertiente revolucionaria con desarrollo e inserción en ciertas regiones. El caso peruano, a partir de la figura de Hugo Blanco, quien encabezó un proceso de sindicalización campesina y de ocupaciones territoriales a principios de los años sesenta en la región del Cuzco, es un ejemplo relevante (Camarero, 2000; Blanco, 2010). No obstante, fue Argentina el país latinoamericano en donde el trotskismo experimentó uno de los mayores desarrollos (González, 1995, 1996 y 1999; Mangiantini, 2014). Precisamente, el trabajo de Martín Mangiantini en el volumen 2, "Proletarización y militancia fabril de una corriente trotskista. La disputa por la clase obrera del PRT-La Verdad y el Partido Socialista de los Trabajadores en Argentina (1968-1976)" (cap. 15), se ocupa de una de las expresiones más importantes de esa tendencia en dicho país. El autor da cuenta del contexto de radicalización ideológica por parte de la clase obrera y de la juventud durante esos años, y los modos en que se expandió significativamente la implantación de esta corriente política en ambos sectores. Ilustra cómo, en una coyuntura de enorme influencia del peronismo entre los trabajadores y, en menor medida, de propuestas político-militares guevaristas (como la sostenida por el PRT-ERP), el trotskismo pudo abrirse paso y contribuir al proceso de ascenso de los trabajadores y la juventud.

Colateralmente, es menester destacar que el trotskismo fue una de las corrientes centrales en incorporar como parte de su ideario problemáticas pertinentes a la militancia feminista, a la liberación de la mujer e, incluso, el respeto por las minorías sexuales. Si bien no se aborda específicamente como temática en esta compilación, a partir de esta propuesta, el trotskismo retomó y profundizó ciertas reivindicaciones de género y antipatriarcales preexistentes en el bagaje programático anarquista y socialista y posteriormente omitidas por las estructuras de raigambre stalinista y sus pares maoístas (Mangiantini, 2016). En este sentido, resulta relevante el avance reciente que en el campo historiográfico se ha preocupado por indagar acerca de las relaciones de opresión de género, simultáneamente imbricadas con la explotación de clase (Bock, 1991; Barrancos, 2005).

Paralelamente, a nivel coyuntural, la Revolución Cubana coexistió con el proceso de deterioro de las relaciones entre China y la Unión Soviética. Mao comenzó a repudiar el "revisionismo" de la burocracia moscovita, la cual sostenía la línea de la "coexistencia pacífica" con el imperialismo, con el objetivo de atenuar los conflictos. Finalmente, desde Pekín se impulsó la ruptura de los partidos comunistas y la formación de nuevas organizaciones inspiradas en esos nuevos planteos. En Latinoamérica, el maoísmo absorbió aspectos del paradigma chino tales como la idea de establecer un gobierno de características democráticas con preexistencia a la etapa socialista, el papel que debía jugar un partido comunista en la guerra revolucionaria, las herramientas de análisis sobre la división de clases, el concepto de guerra popular y, en algunos casos, la táctica de la guerra de guerrillas y la teoría de las contradicciones. De este modo, se fueron constituyendo diversos partidos "prochinos" en el continente. En Brasil, aquellos que siguieron la línea contraria a las reformas propuestas por Prestes, en 1962, abandonaron el PCB para formar el Partido Comunista do Brasil (PC do B). En los años siguientes se crearon partidos de ese signo en Ecuador (1963), Chile y Perú (1964), Bolivia y Colombia (1965). En Argentina, a fines de los sesenta, ya existían dos formaciones políticas con esa impronta, aunque enfrentados mutuamente: Vanguardia Comunista y Partido Comunista Revolucionario. El texto de Miguel Ángel Urrego, "El maoísmo en Colombia: apuntes para una historia del Partido del Trabajo, 1959-1982" (cap. 14), reconstruye una experiencia organizativa que ejemplifica los derroteros de esta corriente. El autor identifica esta trayectoria como propia de una "nueva izquierda", describe sus características y evalúa su impacto en el perfil de las izquierdas colombianas con novedades como la creación de estructuras sindicales al margen de los partidos tradicionales, la importancia de la militancia intelectual y universitaria e, incluso, la superación de la estrategia del abstencionismo electoral. Este tipo de trabajos resulta aún más relevante dada la escasa cantidad de producciones pertinentes a esta corriente ideológica y a su devenir en Latinoamérica.

## VI

En contraste con la radicalización de los años sesenta y setenta, dos momentos históricos implicaron un retroceso de las luchas obreras y de las izquierdas latinoamericanas. Las dictaduras acaecidas en los años setenta y ochenta y, posteriormente, los procesos económicos neoliberales de los años noventa en adelante dieron cuenta tanto de derrotas para los trabajadores como así también de una crisis de los planteos revolucionarios, los cuales eran cercados por los augurios que decretaban el "fin de la historia".

Las décadas del setenta y del ochenta se caracterizaron por férreas dictaduras y la aplicación de la denominada Doctrina de la Seguridad Nacional, la cual rigió el comportamiento de las fuerzas armadas latinoamericanas. El denominado "enemigo interno" se encarnó discursivamente en las organizaciones político-militares pero, rápidamente, ese sujeto se amplió hacia los restantes actores sociales de la preexistente coyuntura de radicalización, tales como el movimiento obrero combativo, los partidos de izquierda, la juventud militante, el movimiento de eclesiásticos vinculado a la Teología de la Liberación, los intelectuales revolucionarios, entre otros. La sucesión de regímenes autoritarios en Brasil (1964-1985), el golpe encabezado por Hugo Banzer en Bolivia en 1971, las dictaduras militares en Chile (1973-1990), Uruguay (1973-1984) y Argentina (1976-1983), son algunos ejemplos de un abanico de experiencias de autoritarismo y represión en toda América Latina. Paralelamente, los golpes de estado cívico-militares no se limitaron a instrumentar la represión sino también a generar un cambio radical en la matriz económica capitalista a través de reformas más favorables al mercado. Desindustrialización, endeudamiento externo, transnacionalización de la economía y desocupación fueron algunas de sus características y las secuelas de su aplicación. La profundización del paradigma neoliberal se completaría, en los años noventa, ya en un marco de retorno de los regímenes democráticos.

En este contexto político-económico de derrotas para la clase obrera, se postuló el surgimiento en Latinoamérica de los "Nuevos Movimientos Sociales". Su aparición, mayoritariamente con un fuerte componente campesino e indígena, fue una de las expresiones de respuesta a la crisis económica, al deterioro de las condiciones de vida y a la disminución cuantitativa del proletariado industrial. Un ícono fue el Ejército Zapatista de Liberación Nacional (EZLN) de México, irrumpido en 1994 en el estado de Chiapas, como respuesta a la consolidación de los acuerdos neoliberales entre México y los EE.UU a través del Plan NAFTA. En Brasil, el Movimiento de Trabajadores Sin Tierra (MST) impulsó acciones de ocupaciones territoriales en todo el país. En Bolivia, surgieron resistencias de colectivos campesinos y de sectores cocaleros que enfrentaron los intentos privatistas de los recursos naturales como el gas y el agua. En Argentina, en el marco de una clase obrera golpeada y elevados índices de desocupación, surgieron las organizaciones de trabajadores desocupados ("piqueteros") y movimientos de recuperación autogestivos de fábricas en quiebra por parte de sus mismos empleados. En este contexto, diversos sectores de las izquierdas latinoamericanas experimentaron debates y, en ciertos casos, redefiniciones teóricas y conceptuales; en muchos casos, reivindicaron prácticas políticas "horizontales" e, incluso, postularon instancias de organización que negaron la necesidad de disputa y confrontación con el aparato estatal capitalista (García Linera, 2004; Svampa, Stefanoni y Fornillo, 2010; Zibechi, 2003, Schneider, 2014).

El dato más significativo de la última década y media fue la aparición en el subcontinente de una gran diversidad de "gobiernos progresistas", frecuentemente identificados con la izquierda o centroizquierda. Se esbozó una división en dos tipos. Uno, el que refiere a las coaliciones gobernantes en Brasil, Uruguay y Chile, es decir, alianzas en las que una serie de antiguos o nuevos partidos de izquierda, aggiornados a los límites del orden social vigente, vienen haciendo una práctica de acceso electoral al poder y de gestión desde hace algunos años. Es el caso del Partido de los Trabajadores (fundado por el dirigente sindical Lula en 1980) y su heterogénea red de aliados en Brasil; el Frente Amplio de Uruguay (que incluye al PS, al PC, al MPP de los ex tupamaros y a otras corrientes) y; de Chile con la constitución de la Concertación (que unía al PS con la Democracia Cristiana, junto a otras formaciones socialdemócratas o socialcristianas, a la que luego se agregó el PC). En general, el objetivo de estos gobiernos fue el de ejecutar una administración muy cautamente reformista del capitalismo, matizando algunas de las políticas neoliberales que se habían aplicado en los años noventa, con planes de contención y redistribución social; y al mismo tiempo, procuraron canalizar ciertas demandas políticas de carácter democrático. La experiencia de la socialdemocracia europea, en sus variantes más moderadas, parece ser el punto de referencia más próximo al de estas alternativas políticas de la región.

Por otra parte, están los procesos aún existentes en Venezuela, Bolivia y Ecuador, es decir: la apuesta "bolivariana" del presidente Hugo Chávez (corporizada hoy mayormente en el PSUV), el ensayo gubernamental del Movimiento al Socialismo (MAS) liderado por el presidente Evo Morales y la Alianza PAIS constituida alrededor del presidente Rafael Correa. En todos estos encuadramientos políticos, no dejan de expresarse los aportes de ideas, proyectos, prácticas políticas, cuadros militantes, intelectuales e incluso tendencias más o menos organizadas de antigua data, que obligan a poner en cuestión cualquier definición de estos movimientos como "izquierda nueva". A diferencia del primer caso, éste, sin rebasar la lógica del sistema capitalista, adopta un (dis)curso más radical, en el que se enhebran contenidos múltiples de corte más "estatista" o pretendidamente socializante, a la vez que nacional-populares y neodesarrollistas. Las vinculaciones con algunos de los nuevos movimientos sociales (con creciente vocación regimentadora), las medidas de nacionalización de ciertas empresas y recursos económicos y las reformas constitucionales son algunos de sus rasgos. Asimismo, se apela a cierta movilización de masas, mientras se declama la vigencia de una suerte de horizonte de transformación social: el "socialismo del siglo XXI". En la visión de la derecha más clásica, esta es la expresión más arcaica y nociva de la "nueva izquierda", en contraposición con la primera de las variantes mencionadas, la que daría cuenta de una izquierda moderna, seria, responsable y republicana. Sin embargo, los límites de los gobiernos de esta segunda alternativa también son claros. Por ejemplo, ello puede observarse en Bolivia, con el acceso a la presidencia del dirigente cocalero Evo Morales. Como representación de estas nuevas tensiones, el texto de Alejandro Schneider que sirve de cierre a la obra, "Conflicto laboral, tensiones sindicales y el papel de la COB durante los dos primeros gobiernos del MAS (2006-2014)" (cap. 18), analiza esta experiencia, en especial, los conflictos entre el movimiento obrero (particularmente, la Central Obrera Boliviana) y un presidente de extracción campesina e indígena proveniente de los movimientos sociales.

\*\*\*

A lo largo de estas líneas se pretendió esbozar una sintética revisión de la relación entre las izquierdas y el movimiento obrero en la historia contemporánea de América Latina. Anarquistas, socialistas, comunistas, sindicalistas revolucionarios, trotskistas, maoístas y guevaristas, entre otras, fueron expresiones política-ideológicas cuyo estudio no puede alcanzarse genuinamente sin un abordaje global de las clases trabajadoras en la región. Los capítulos que se presentan a continuación a lo largo de los dos volúmenes son ejemplos de diversas experiencias que permiten una mayor comprensión de estos dos actores desde ángulos diferentes. Los intentos de construcción de una herramienta partidaria, las estrategias de inserción en la clase obrera y sus consecuentes tensiones, la participación en la conflictividad laboral, el perfil cultural e identitario de aquellos militantes de distintas corrientes, la búsqueda de coordinación entre entidades sindicales o el papel jugado por la intelectualidad, entre otras temáticas, son algunos de los tópicos tratados en las páginas que siguen. Por último, es obvio aclarar que numerosas problemáticas, actores o países en diferentes momentos históricos quedaron al margen de este trabajo. No obstante ello, se considera que los textos aquí reunidos, la especialización de sus autores en los respectivos campos y los puntos de contacto que se desprenden de la totalidad de la producción, permiten ofrecer una visión global, y a la vez específica. Queda planteado el desafío de su continuación.

*Referencias*

Alba, Víctor. (1964). *Historia del movimiento obrero en América Latina*. México, D.F.: Libreros Mexicanos Unidos.

Alexander, Robert J. (1957). *Communism in Latin America*. New Brunswick, NJ: Rutgers University Press.

Alexander, Robert J. (1967). *El movimiento obrero en América Latina*. México, D.F.: Roble.

Alexander, Robert J. (1973). *Trotskyism in Latin America*. Stanford University: Hoover Institution Press.

Angell, Alan. (1997). La izquierda en América Latina desde c. 1920. En L. Bethell (Ed.), *Historia de América Latina: política y sociedad desde 1930* (Vol.12). Barcelona: Grijalbo.

Aricó, José. (Comp.). (1978). *Mariátegui y los orígenes del marxismo latinoamericano*. México. D.F.: Cuadernos de Pasado y Presente.

Aricó, José. (1999). *La hipótesis de Justo. Escritos sobre el socialismo en América Latina*. Buenos Aires: Sudamericana.

Aricó, José. (2010). *Marx y América Latina*. Buenos Aires: Fondo de Cultura Económica.

Barrancos, Dora. (1991). *Educación, cultura y trabajadores (1890-1930)*. Buenos Aires: CEAL.

Barrancos, Dora. (2005). Historia, historiografía y género: notas para la memoria de sus vínculos en la Argentina. *La Alijaba*, 9, 49-72.

Batalha, Claudio H. M. (2000). *O movimento operário na Primeira República*. Rio de Janeiro: Jorge Zahar Editor.

Bensaïd, Daniel. (2008). *Trotskismos*. Portugal: Ediçoes Combate.

Bilsky, Edgardo J. (1985). *La FORA y el movimiento obrero (1900-1910)* (Vols. 1-2). Buenos Aires: CEAL.

Blanco, Hugo. (2010). *Nosotros los indios*. Buenos Aires: Herramienta–La Minga.

Bock, Gisela. (1991). La historia de las mujeres y la historia del género: aspectos de un debate internacional. *Historia Social,* 9, 57-77.

Brocato, Carlos. (1985). *La Argentina que quisieron*. Buenos Aires: Sudamericana-Planeta.

Bufano, Sergio. (1979). La violencia en Argentina: 1969-1976. *Revista Controversia, 1*(2-3).16-17.

Caballero, Manuel. (1987). *La Internacional Comunista y la revolución lati-noamericana*. Caracas: Nueva Sociedad.

Camarero, Hernán. (2000). Hugo Blanco y el levantamiento campesino en la región del Cuzco (1961-1963). *Periferias. Revista de Ciencias Sociales*, 5(8), 79-122.

Camarero, Hernán. (2005). Socialismo y movimiento sindical: una articulación débil. La COA y sus relaciones con el PS durante la década de 1920. En H. Camarero y C. Herrera (Eds.), *El Partido Socialista en Argentina: sociedad, política e ideas a través de un siglo* (pp. 185-217). Buenos Aires: Prometeo.

Camarero, Hernán. (2007). *A la conquista de la clase obrera. Los comunistas y el mundo del trabajo en la Argentina, 1920-1935*. Buenos Aires: Siglo XXI Editora Iberoamericana.

Cardoso, Ciro y Pérez Brignoli, Héctor. (1979). *Historia económica de América Latina* (Tomo 2). Barcelona: Crítica.

Carnovale, Vera. (2011). *Los combatientes, historia del PRT-ERP*. Buenos Aires: Siglo XXI.

Carr, Barry. (1976). *El movimiento obrero y la política en México, 1910-1928* (Tomos 1-2). México: SepSetentas.

Carr, Barry. (1996). *La izquierda mexicana a través del siglo XX*. México, D.F.: Era.

Coggiola, Osvaldo. (2006). *Historia del trotskismo en Argentina y América Latina*, Buenos Aires: Ediciones RyR.

Concheiro Bórquez, Elvira, M. Modonesi y H. Crespo. (Coords.). (2007). *El comunismo: otras miradas desde América Latina*. México, D.F.: UNAM / Centro de Investigaciones Interdisciplinarias en Ciencias y Humanidades.

Cueva, Agustín. (1977). *Desarrollo del capitalismo en América Latina*. Madrid: Siglo XXI.

Chassen de López, Francie R. (1977). *Lombardo Toledano y el movimiento obrero mexicano, 1917-1940*. México, D.F.: Extemporáneos.

Chilcote, Ronald H. (1982). *O Partido Comunista Brasileiro: conflito e integração (1922-1972)*. Rio de Janeiro: Graal.

Cultelli, Andrés. (2006). *La revolución necesaria. Contribución a la autocrítica del MNL-Tupamaros*. Buenos Aires: Colihue.

Del Campo, Hugo. (1983). *Sindicalismo y peronismo. Los comienzos de un vínculo perdurable*. Buenos Aires: CLACSO.

Di Tella, Torcuato S. (2003). *Perón y los sindicatos. El inicio de una relación conflictiva*. Buenos Aires: Ariel.

Doton, Louise M. (2006). *Perón y los trabajadores. Los orígenes del sindicalismo peronista, 1943-1955.* Buenos Aires: Siglo XXI Editora Iberoamericana.

Dunkerley, James. (2003). *Rebelión en las venas. La lucha política en Bolivia, 1952-1982.* La Paz, Bolivia: Plural.

Eley, Geoff y Nield, Keith. (2010). *El futuro de la clase en la historia.* Valencia: Publicacions de la Universitat de València.

Enríquez, Miguel. (1999). *Páginas de historia y lucha,* Suecia. CEME.

Falcón, Ricardo. (1984). *Los orígenes del movimiento obrero (1857-1899).* Buenos Aires: CEAL.

Fernández Huidobro, Eleuterio. (2001). *Historia de los Tupamaros. En la nuca.* Montevideo: Ediciones Banda Oriental.

Flores Galindo, Alberto. (1974). *Los mineros de la Cerro de Pasco, 1900-1930.* Lima: PUCP.

Flores Galindo, Alberto.(1980). *La agonía de Mariátegui. La polémica con la Komintern.* Lima: Desco.

Garabito, Rosa. (2014). *Sueños a prueba de balas. Mi paso por la guerrilla.* México: Ediciones Cal y Arena.

García Linera, Álvaro. (Coord.). (2014). *Sociología de los movimientos sociales en Bolivia. Estructuras de movilización, repertorios culturales y acción política.* La Paz, Bolivia: Diakonia.

Geli, Patricio. (2005). El Partido Socialista y la II Internacional: la cuestión de las migraciones. En H. Camarero y C. Herrera (Eds.),*El Partido Socialista en Argentina: sociedad, política e ideas a través de un siglo* (pp. 121-143) Buenos Aires: Prometeo.

Gilly, Adolfo. (2002), *Chiapas: la razón ardiente,* México, ERA.

Gómez, Alfredo. (1980). *Anarquismo y anarcosindicalismo en América Latina.* Colombia, Brasil, Argentina, México, Barcelona: Ruedo Ibérico.

Godio, Julio. (1979). *El movimiento obrero latinoamericano 1880-1979* (Vols. 1-2). Buenos Aires: El Cid Editor.

Godio, Julio. (2000). *Historia del movimiento obrero argentino (1870-2000)* (Tomos 1-2). Buenos Aires: Corregidor.

González, Ernesto. (Coord.). (1995, 1996 y 1999). *El trotskismo obrero e internacionalista en la Argentina* (Vols. 1-4). Buenos Aires: Antídoto.

Gónzalez Casanova, Pablo. (Comp.). (1984-1985). *Historia del movimiento obrero en América Latina* (Vols. 1-4). México, D.F.: Instituto de Investigaciones Sociales de la UNAM / Siglo Veintiuno Editores.

Grez Toso, Sergio. (2007). *Los anarquistas y el movimiento obrero. La alborada de la "Idea" en Chile, 1893-1915.* Santiago: LOM Ediciones.

Grez Toso, Sergio. (2011). *Historia del comunismo en Chile: la era de Recabarren, 1912-1924.* Santiago: LOM Ediciones.

Hall, Michael y Spalding, Hobart. (1991). Los primeros movimientos obreros, 1880-1930. En L. Bethel (Ed.), *Historia de América Latina. Tomo 7: América Latina, economía y sociedad, 1870-1930.* Barcelona: Crítica.

Halperin Donghi, Tulio. (1983). *Historia contemporánea de América Latina.* México, D.F.: Alianza Editorial.

Hart, John M. (1980). *El anarquismo y la clase obrera mexicana: 1860-1931.* México, D.F.: Siglo XXI.

Haupt, Georges. (1986). *El historiador y el movimiento social.* Madrid: Siglo XXI.

Heredia, Luis M. (1981), *El anarquismo en Chile, 1897-1931.* México, D.F.: Antorcha.

Hernández Padilla, Salvador. (1984). *El magonismo. Historia de una pasión libertaria.* México, D.F.: Era.

Hobsbawm, Eric J. (1987). *El Mundo del trabajo. Estudios históricos sobre la formación y evolución de la clase obrera.* Barcelona: Crítica.

Horowitz, Joel. (2004). *Los sindicatos, el Estado y el surgimiento de Perón, 1930-1946.* Buenos Aires: Eduntref.

Jeifets, Lazar, Jeifets, Víctor y Huber, Peter. (2004). *La Internacional Comunista y América Latina, 1919-1943: Diccionario biográfico.* Moscú: Instituto de Latinoamérica de la Academia de las Ciencias / Ginebra: Institut pour L'histoire du Communisme.

Jeifets, Lazar S. y Jeifets, Víctor L. (2013). *El Partido Comunista de Argentina y la III Internacional. La misión de Williams y los orígenes del penelonismo.* México, D.F.: Nostromo Ediciones.

Kohan, Néstor. (2000). *De Ingenieros al Che. Ensayos sobre el marxismo argentino y latinoamericano.* Buenos Aires: Biblos.

Labrouse, Alain. (2009). *Una historia de los Tupamaros.* Uruguay: Fin de Siglo.

Leibner, Gerardo. (2011). *Camaradas y compañeros. Una historia política y social de los comunistas del Uruguay.* Montevideo: Trilce.

Lobato, Mirta. (2009). *La prensa obrera.* Buenos Aires: Edhasa.

Lora, Guillermo. (1980). *Historia del movimiento obrero boliviano, 1933-1952.* La Paz: Los Amigos del Libro.

Löwy, Michael. (2007). *El marxismo en América Latina. Antología desde 1909 hasta nuestros días.* Santiago de Chile: LOM Ediciones.

Magalhães, Mário. (2012). *Marighella. O guerrilheiro que incendiou o mundo*. São Paulo: Companhia das Letras.

Mangiantini, Martín. (2014). *El trotskismo y el debate en torno a la lucha armada. Moreno, Santucho y la ruptura del PRT*. Buenos Aires: El Topo Blindado.

Mangiantini, Martín. (2016). Tradición e identidad de una corriente trotskista en la argentina (1968-1975). En M. Loyola y H. Camarero (Eds.), *Política y cultura en los sectores populares y de las izquierdas latinoamericanas en el siglo XX* (pp. 211-232). Santiago de Chile: Ediciones de la Internacional del Conocimiento.

Maram, Sheldon Leslie. (1979). *Anarquistas, inmigrantes e o movimento operário brasileiro (1890-1920)*. Rio de Janeiro: Paz e Terra.

Melgar Bao, Ricardo. (1988). *El movimiento obrero latinoamericano. Historia de una clase subalterna*. Madrid: Alianza Editorial.

Mires, Fernando. (1989). *La revolución permanente: las revoluciones sociales en América Latina*. Buenos Aires: Siglo XXI.

Murmis, MiguelPortantiero, Juan Carlos. (2004). *Estudios sobre los orígenes del peronismo*. Buenos Aires: Siglo XXI Editores Argentina.

Nercesián, Inés. (2013). *La política en armas y las armas en la política: Brasil, Chile y Uruguay, 1950-1970*. Buenos Aires: CLACSO.

Oikión Solano, Verónica, Rey Tristán, Eduardo y López Ávalos, Martín. (2013). *El estudio de las luchas revolucionarias en América Latina (1959-1996)*. México, D.F.: El Colegio de Michoacán.

Oved, Iaacov. (2013). *El anarquismo y el movimiento obrero en Argentina*. Buenos Aires: Imago Mundi.

Palieraki, Eugenia. (2008). La opción por las armas. Nueva izquierda revolucionaria y violencia política en Chile (1965-1970). *Polis*, 19. En línea.

Pereyra, Daniel. (2011). *Del Moncada a Chiapas. Historia de la lucha armada en América Latina*. Buenos Aires: Razón y Revolución.

Pinheiro, Paulo Sérgio. (1991). *Estratégias da ilusão: a revolução mundial e o Brasil, 1922-1935*. São Paulo: Companhia das Letras.

Poblete Troncoso, Moisés. (1946). *El movimiento obrero latinoamericano*. México: FCE.

Porrini, Rodolfo. (2005). *La nueva clase trabajadora uruguaya (1940-1950)*. Montevideo: Universidad de la República.

Portantiero, Juan Carlos. (1978). *Estudiantes y política en América Latina. El proceso de la reforma universitaria (1918-1938)*. México, D. F.: Siglo XXI.

Poy, Lucas. (2014). *Los orígenes de la clase obrera argentina. Huelgas, sociedades de resistencia y militancia política en Buenos Aires, 1888-1896.* Buenos Aires: Imago Mundi. Colección Archivos.

Pozzi, Pablo. (2004). *Por las sendas argentinas. El PRT-ERP, la guerrilla marxista.* Buenos Aires: Imago Mundi.

Pozzi, Pablo y Pérez, Claudio. (Eds.). (2011). *Por el camino del Che. Las guerrillas latinoamericanas, 1959-1990.* Buenos Aires: Imago Mundi.

Prestes, Anita Leocadia. (2008). *Luiz Carlos Prestes e a Aliança Nacional Libertadora. Os caminhos da luta antifascista no Brasil (1934/35).* São Paulo: Brasiliense.

Quintanilla Obregón, Lourdes. (1982). *Lombardismo y sindicatos en América Latina.* México, D.F.: Fontamara.

Rama, Carlos. (1967). *Historia del movimiento obrero y social latinoamericano contemporáneo.* Montevideo: Palestra.

Rodríguez Ostria, Gustavo. (1991). *El socavón y el sindicato. Ensayos históricos sobre los trabajadores mineros. Siglos XIX-XX.* La Paz: Instituto Latinoamericano de Investigaciones Sociales.

Ruiz, Ramón E. (1978). *La revolución mexicana y el movimiento obrero, 1911-1923.* México, D.F.: Era.

Sándor John, Steven. (2012). *Bolivia's Radical Tradition: Permanent Revolution in the Andes.* Tucson, AZ: University of Arizona Press

Schneider, Alejandro. (Comp.). (2014). *América Latina hoy. Integración, procesos políticos y conflictividad en su historia reciente.* Buenos Aires: Imago Mundi.

Sulmont, Denis. (1985). *El movimiento obrero peruano (1890-1980). Reseña histórica.* Lima: Tarea.

Suriano, Juan. (1991). *Anarquistas: cultura y política libertaria en Buenos Aires, 1890-1910.* Buenos Aires: Ediciones Manantial.

Svampa, Maristella, Stefanoni, Pablo y Fornillo, Bruno. (2010). *Debatir Bolivia. Perspectivas de un proyecto de descolonización.* Buenos Aires: Taurus.

Tarcus, Horacio. (2007). *Marx en la Argentina. Sus primeros lectores obreros, intelectuales y científicos.* Buenos Aires: Siglo XXI.

Tavares de Almeida, Miguel. (2003). *Liga Comunista Internacionalista. Teoría e prática do trotskismo no Brasil (1930-1935).* Programa de pós-graduação em historia, São Paulo: PUC-SP.

Thompson, Edward P. (1984). *La formación de la clase obrera en Inglaterra,.* Barcelona: Crítica.

Torre, Juan Carlos. (1990). *La vieja guardia sindical y Perón. Sobre los orígenes del peronismo.* Buenos Aires: Sudamericana.

Tortti, María Cristina. (1989). *Estrategia del Partido Socialista: reformismo político y reformismo sindical.* Buenos Aires: CEAL.

Vega Cantor, Renán. (2002). *Gente muy rebelde* (Vols. 1-4). Bogotá: Ediciones del Pensamiento Crítico.

Vezzetti, Hugo. (2009). *Sobre la violencia revolucionaria. Memorias y olvidos.* Buenos Aires: Siglo XXI.

Viñas, David. (1983). *Anarquistas en América Latina.* México, D.F.: Katún.

Vitale, Luis. (1998). *Historia social comparada de los pueblos de América Latina.* Punta Arenas: Ediciones ATELI.

Walter, Richard J. (1977). *The Socialist Party of Argentina, 1890-1930*, Austin, TX: Institute of Latin American Studies / University of Texas.

Zibechi, Raúl. (2003). *Genealogía de la revuelta. Argentina: sociedad en movimiento.* Montevideo: Nordan.

# Los primeros anarquistas de la "región chilena". Perfiles humanos (1893-1920)

Sergio Grez Toso
UNIVERSIDAD DE CHILE

> "El anarquista, a medida que se va posesionando de la idea, se va moralmente desemejando de los que no lo son, porque al mismo tiempo que va despreocupándose de la falsa justicia de las leyes, de la creencia de Dios y de todo el enjambre de supersticiones religiosas, de la propiedad privada y de los erróneos conceptos de moralidad e inmoralidad, honra y deshonra, dignidad e indignidad, va sintiéndose otro en sus apreciaciones y acciones.
>
> Exactamente en las mismas proporciones que el progreso evolutivo se va posesionando del cerebro del individuo, van de éste desertando los prejuicios de que está infectado, y cuando llega a ser un anarquista consciente, ha cambiado completamente en todo su porte".
>
> "Desemejanza", *La Protesta,* Santiago, segunda quincena de mayo de 1908.

El surgimiento de una corriente anarquista en Chile, enraizada en los sectores populares en los últimos años del siglo XIX y las primeras décadas del siglo XX, fue el resultado de varios procesos. El desarrollo del capitalismo industrial, más acelerado a partir de la década de 1880, la proletarización de la mano de obra, la eclosión de la "cuestión social", el descontento provocado en los sectores más radicalizados del movimiento obrero por la incorporación progresiva del Partido Democrático (único partido popular existente hasta entonces) al corrupto juego parlamentarista de la época, además de la difusión de las ideas de redención social del socialismo y del anarquismo, se concatenaron redundando en la formación de un incipiente movimiento basado en los postulados ácratas (Ortega, 2007; Salazar, 2007; Grez, 1995, 1998, 2007 y 2013; Pinto, 1998 y 2007).

Los primeros anarquistas de la "región chilena" impulsaron huelgas, editaron periódicos, libros y folletos, fundaron sociedades de resistencia, ateneos obreros y otros organismos destinados a difundir sus principios y programas de acción. Estos activistas disputaron a demócratas y socialistas la hegemonía del movimiento obrero y popular, propiciando la "acción directa" de los trabajadores, sin intermediarios ni representantes, a no ser los que ellos mismos designaran, sujetos al control de las bases y revocables en todo momento. Al mismo tiempo se esforzaron por instalar dispositivos de *resistencia cultural*, esto es, un contra discurso capaz de disputar la hegemonía o sentido común que la ideología dominante (burguesa) ejercía sobre las masas (Pereira, 2005; Grez, 2011). Las características de la doctrina ácrata (antiautoritaria, igualitaria, humanista y libertaria) y del tipo de organización impulsado por sus activistas, generaron tipos humanos y militantes de rasgos particulares, radicalmente diferentes a los de otras corrientes políticas, incluso a aquellos que actuaban en el movimiento obrero tales como demócratas y socialistas. En este trabajo nos proponemos describir y caracterizar los perfiles personales y políticos de personajes significativos de las primeras generaciones de activistas de "la Idea" libertaria en la "región chilena", basándonos principalmente en sus propios testimonios y en los de algunos contemporáneos.

## Militantes y difusores

Aunque, al igual que al interior de cualquier corriente, movimiento o partido político, siempre conviene distinguir la masa que constituye su base militante de los dirigentes y cuadros, al observar la trayectoria de las primeras generaciones de anarquistas chilenos, no dejan de llamar la atención algunas características comunes de los cuadros que constituían la columna vertebral del anarquismo en este país.

Nuestra caracterización ha privilegiado a los cuadros por ser quienes imprimieron sus rasgos más prominentes a la corriente libertaria. En este sentido, podemos apoyarnos en la diferenciación entre simples *militantes* y *difusores*, formulada por Juan Suriano para el caso argentino. En su hermoso libro sobre la cultura y política libertaria en Buenos Aires entre 1890 y 1910, Suriano distingue dos niveles de activistas que desempeñaron funciones diferentes. En primer lugar, una amplia masa de propagandistas, constituida por los militantes de base que en su mayoría poseían escasa formación intelectual, pero gran convicción doctrinaria y capacidad de movilización, siendo ellos quienes promovían los actos públicos y los conflictos laborales. Estos *militantes* eran en su casi totalidad obreros, fundamentalmente trabajadores manuales tales como panaderos, albañiles, tipógrafos, mecánicos, zapateros, pintores, carreros, peluqueros y otros. También había obreros no calificados (peones, jornaleros y estibadores) además de algunos empleados y comerciantes. Por sobre esta masa de militantes de base existía un núcleo más reducido, los *difusores*, quienes organizaban, difundían y motorizaban las ideas libertarias a través de la prensa, las conferencias, la enseñanza y las veladas culturales. Eran publicistas, periodistas, maestros, escritores y minoritariamente trabajadores manuales, contándose un número significativo de extranjeros. "La mayoría de ellos [explica Suriano] conformaban algo así como un núcleo de intelectuales orgánicos muy peculiares pues su relación orgánica no se establecía con un partido, sino con un Círculo, un periódico, un gremio o un grupo filodramático". Más que teóricos y creadores eran mediadores doctrinarios, ya que se limitaban a traducir e interpretar un tanto mecánicamente a los pensadores europeos (Suriano, 2001, pp. 128-130).

En Chile, donde la corriente o movimiento anarquista alcanzó menos desarrollo que en Argentina, con una también menor presencia de extranjeros en las filas libertarias y en el movimiento obrero en general, las fronteras entre los *militantes* de base y los *difusores* o *cuadros* fueron aún más laxas que en el país trasandino. Pero la distinción entre ambos grupos también se percibió. Es muy probable que los *cuadros* entre 1898 y 1915 no hayan sido más de unos ochenta o noventa individuos, pero *la base militante*, que giraba en torno a los diferentes grupos, sociedades de resistencia, periódicos, ateneos obreros, centros de estudios sociales y otras instituciones culturales, alcanzó varios centenares de personas que, junto a los difusores, conformaban el heterogéneo mundo libertario. A diferencia de Argentina, en Chile casi todos los cuadros o difusores eran nacionales provenientes del mundo popular. Fueron escasísimos los artistas e intelectuales que actuaron "militantemente" junto a los obreros y artesanos en la primera década del siglo. El peruano Mario Centore fue un caso excepcional. Otros, como el poeta Carlos Pezoa Véliz, el pintor Alfredo Helsby y el escultor Carlos Canut de Bon, bordearon fugazmente la corriente libertaria, al igual que el pintor Benito Rebolledo y el escritor Fernando Santiván, quienes participaron en las colonias tolstoyanas. Solo después de 1910 algunos intelectuales de origen popular o de modestas capas medias como José Domingo Gómez Rojas, Manuel Rojas y José Santos González Vera se comprometieron de manera más o menos durable con el mundo ácrata que intentaba ligar su destino al movimiento obrero.[1] Unos cuantos, como el novelista, poeta y dramaturgo Antonio Acevedo Hernández, de clara extracción popular, frecuentaron los medios libertarios sin llegar a ser militantes propiamente tales. González Vera diría en sus Memorias que los libertarios chilenos eran "pobrísimos" y que los extranjeros que actuaron en sus filas, en su mayoría generalmente obreros especialistas, mayoritariamente desertaron, llegando a ser, con el correr del tiempo, propietarios o jefes de industrias y comercios (González Vera, 1996, p. 139). El anarquismo chileno fue, pues, un fenómeno de raigambre esencialmente popular, del mismo modo que las corrientes demócrata y socialista de las primeras décadas del siglo XX.[2]

## Los apóstoles de "la Idea"

Un primer rasgo distintivo de los cuadros anarquistas fue su hostilidad a los partidos y hacia "la política", cuestión curiosa y hasta cierto punto paradojal en quienes alentaban un cambio radical de sociedad, que no podía, a fin de cuentas, dejar de tener una obvia dimensión política. Sin embargo, esta contradicción no era tal en su propia perspectiva porque los libertarios concebían la "política" como sinónimo del sistema político burgués que beneficiaba a una minoría explotadora, y porque entendían su propia doctrina de manera mística, casi religiosa, desarrollando su acción como un apostolado social para el triunfo de "la Causa". En el fondo, los anarquistas no rechazaban la acción política sino las prácticas políticas representativas (parlamentarismo y electoralismo) asociadas a la dominación burguesa.

Como no se proponían la conquista del poder sino su negación práctica e inmediata, los ácratas trataban de hacer realidad en la vida cotidiana los principios y valores que guiarían a toda la humanidad cuando triunfase la Anarquía. El desinterés de los anarcos por los partidos políticos y la ocupación de posiciones en los espacios representativos del sistema institucional; su oposición frontal al Estado, las Fuerzas Armadas, las religiones y todo cuanto se asociara de lejos o de cerca al detestado principio de Autoridad; el carácter laxo e intermitente de sus organizaciones; su cerrada negativa al diálogo con los representantes del poder y el rechazo a las alianzas partidarias; su desprecio por las conquistas graduales que no fueran el fruto de la lucha directa de los explotados contra los explotadores, y un sinnúmero de razones que se desprendían de las premisas de su doctrina, hacían de los primeros activistas de "la Idea" en Chile un tipo de militantes muy peculiar.[3]

A pesar de que muchos cuadros ácratas habían vivido sus primeras experiencias políticas en el Partido Democrático, diferían bastante de los miembros de cualquier partido, incluso de aquellos de innegable cepa popular, como los que reconocían filas en "la Democracia" o en los efímeros grupos socialistas del cambio de siglo. La diferencia no se situaba en los orígenes sociales de los militantes de estas tendencias, de hecho la inmensa mayoría de los demócratas, anarquistas y socialistas eran obreros y artesanos, con un porcentaje tal vez algo mayor de elementos de las capas medias (profesionales, empleados y pequeños propietarios) en el caso de los adherentes al Partido Democrático. Los intelectuales propiamente tales eran más bien escasos, sobre todo en las huestes socialistas y anarquistas, lo que redundaba en un neto predominio de trabajadores manuales, aunque en las filas ácratas descollaba un porcentaje más significativo de personas que desempeñaban oficios no apatronados.[4]

Las mayores diferencias entre estas vertientes eran de tipo doctrinario, redundando en *culturas militantes* radicalmente distintas. Si bien demócratas, socialistas y anarquistas compartían muchos puntos de un ideario ilustrado de regeneración popular, solo los ácratas pensaban que la realización de ese proyecto pasaba por una ruptura revolucionaria que implicaba la destrucción inmediata del Estado y su reemplazo por los productores organizados. Demócratas y socialistas, en cambio, con matices, aceptaban las instituciones representativas, se proponían reformarlas y para ello aspiraban a conquistar (mediante la combinación de luchas sociales y electorales) espacios en el Parlamento y en los municipios desde los cuales legislar y adoptar medidas a favor de los trabajadores. Sus organizaciones partidarias, prensa y métodos de lucha estaban condicionados por esta estrategia de corte institucional. El asambleísmo, las luchas fraccionales (a menudo alejadas de los principios y más motivadas por ambiciones de grupos que en su seno se disputaban cuotas de poder), la alteración de los ritmos de la vida partidaria en función de la cercanía o lejanía de contiendas electorales y el caudillismo personalista, caracterizaban frecuentemente a las agrupaciones demócratas y socialistas.

Incuestionablemente, la devoción por la causa de los trabajadores no era el patrimonio exclusivo de una determinada corriente. Nadie de buena fe podía negar, por ejemplo, la sincera entrega por esa causa, la probidad, perseverancia, honestidad y consecuencia de un líder como el demócrata (y más tarde socialista) Luis Emilio Recabarren. Pero hasta este debía comportarse como un "político", hacer cálculos de distinto tipo (incluso electorales), establecer alianzas a sabiendas que serían temporales, cambiar ocasionalmente su discurso y dejar pasar algunos comportamientos de correligionarios de su partido y miembros de las asociaciones obreras un tanto reñidos con los principios. Recabarren y otros líderes obreros debían ser "realistas", sin abandonar su ideal de redención social.

La preferencia de los anarquistas por el acto revolucionario como factor de redención, sin mayor preocupación por su eficacia, los hacía mucho menos proclives a los compromisos. Su *leit motiv* era "la Causa". Y así actuaron o intentaron hacerlo mientras se mantuvieron fieles a ella. Pero cuando el "realismo" político ganó los espíritus de ciertos cuadros que habían intentado desarrollar la alternativa ácrata, sin que sus prédicas ni doctrinas encontraran el eco anhelado, la adopción de políticas más pragmáticas e interesadas en resultados rápidos y tangibles, se tradujo casi siempre en un abandono de esos militantes del campo libertario. Con todo, la militancia ácrata marcó con un sello peculiar a quienes hicieron un tránsito más o menos prolongado o intenso por sus filas.

Si se exceptúan ciertas descripciones de contemporáneos interesados en desprestigiar a los anarquistas, presentándolos como seres abominables, carentes de moral, principios y honradez, las más de las veces sanguinarios y resentidos sociales, se observará que la mayoría de los testimonios de época coinciden en señalar que un marcado interés por el perfeccionamiento personal (intelectual, físico y moral) así como una bondad casi ingenua caracterizó a muchos de los primeros ácratas que participaron en el movimiento obrero.

Refiriéndose a los obreros y artesanos que integraron la colonia de la calle Pío Nono, Fernando Santiván, quien los conoció muy de cerca, diría que "formaban un grupo de hombres selectos por la pureza de costumbres y por el misticismo revolucionario que ardía en sus espíritus. Eran ilusos, tolerantes y bondadosos. Amaban sinceramente al humilde y soñaban con la redención de la humanidad" (Santiván, 1963, p. 212).

La apreciación de Santiván coincidía plenamente con la del pintor Benito Rebolledo, quien también fue partícipe de esa comunidad. Este artista dejó un escrito que ejemplifica muy acertadamente el *tipo humano* que los anarquistas intentaban encarnar. Vicente Saavedra fue descrito como "un joven tipógrafo de mucha cultura y distinción, de moralidad severísima, sin alarde, ningún gran señor le iba a la saga en el vestir y en la fineza natural de su trato". El ebanista Manuel Cádiz, también muy educado, "era un tanto bromista pero sus bromas eran de buen gusto, no molestaban; simpático, gran trabajador, soltero, de talla mediana, moreno como un árabe del desierto de buenas facciones". Teófilo Galleguillos, era un campesino que tenía alguna instrucción; trabajaba en la Vega como comerciante; era "bondadoso y paciente". "Bueno -precisa Rebolledo- todos eran bondadosos. Vivíamos en un continuo torneo de tolerancia y bondad influenciados por el ambiente moral que nosotros mismos habíamos creado". El zapatero francés Alfonso Renau, muy respetable y distinguido, de bondad excepcional, hacía obras de lujo;

"era el tipo de obrero intelectual, de grandes conocimientos". Tenía cientos de libros y su pasión era la astronomía. "En las noches claras y estrelladas, se sentaba en el patio a describirnos los astros, con mucha amenidad y veneración por el universo; era panteísta" (Rebolledo, 2003, p. 83).[5]

También era bondadoso y buscó el perfeccionamiento el joven estudiante y poeta José Domingo Gómez Rojas, de modestísima condición social. El escritor y dramaturgo Antonio Acevedo Hernández, quien frecuentó los círculos anarquistas durante la segunda década del siglo, contó que cuando se conocieron en 1913, al saber que ese día él no tenía qué comer, Gómez Rojas lo invitó a compartir un plato de frijoles a su casa en el arrabal de la calle San Diego donde vivía con su madre. José Domingo, aseveró Acevedo Hernández, no hablaba mal de nadie, luchó por su perfeccionamiento y debió sortear los lanzazos de la miseria y de la envidia. Siempre llevaba trajes que le quedaban grandes y siempre estaba haciendo servicios a todo el mundo, enseñando cuestiones de arte y escribiendo (Acevedo Hernández, 1935, pp. 11-16). Su especialidad en la lucha social eran los *meetings* relámpagos: "se subía, por ejemplo, a la tribuna, cargaba la policía, escapaban, el grupo del pueblo subía en hombros a Gómez y empezaba de nuevo el mitin. Y así..." (Acevedo Hernández, 1935, pp. 17-18).

Los fundadores de la corriente ácrata que echó sus bases entre los dos siglos intentaban personificar a la perfección el ideal del trabajador honesto, ilustrado y solidario que querían difundir en la sociedad. Rebolledo cuenta que Luis Olea, quien visitaba a la comunidad tolstoyana, era casado y poseía una casita propia; era pintor decorador, "muy artista", "lo que se llama un exquisito". Su aspecto era señorial y su refinamiento aristocrático; buenmozo, de color blanco tostado, nariz aguileña, de barba rubia, con bigotes a lo Káiser y cabellos castaños oscuros, ondulados, de regular estatura, cuerpo de atleta (Rebolledo, 2003, p. 86).

Magno Espinoza, considerado como un peligroso revolucionario por la Policía y el Ministerio del Interior, había sido mecánico de los Ferrocarriles del Estado y luego había ascendido a maquinista gracias a su "intachable conducta". Cuando falleció, a fines de octubre de 1906, los demócratas doctrinarios que editaban en Santiago el diario *La Reforma,* le rindieron un emocionado homenaje calificándolo como "uno de los primeros apóstoles del socialismo en Chile", y destacaron sus cualidades de "propagandista perseverante y generoso", "su franqueza y valentía", la "seriedad y corrección de su carácter amable y caballeresco", además de su condición de hijo, esposo y padre ejemplar (Anónimo, 1906). Muchos años más tarde, Benito Rebolledo lo retrató como "impecable en el vestir, de muy buena cara", sin escatimar elogios para sus compañeros de esa primera generación anarquista. A Marcos Yáñez, dueño de una pequeña joyería de la calle Chacabuco, lo describió como un "orador fogoso, de estilo popular", que "murió consumido por el ideal" (Rebolledo, 2003, pp. 86-87), y a Alejandro Escobar y Carvallo, que por esos años se ganaba la vida como "médico homeópata y naturista" (sin haber realizado estudios formales de Medicina), como un "luchador idealista" que llevaba una azarosa vida acompañado de Zunilda Centeno, una joven muy culta y hermosa con quien estaba casado en segundas nupcias, que lo seguía "sin protestar ni arredrarse ante las pobrezas y las privaciones" (Rebolledo, 2003, p. 81).

Estos retratos son perfectamente coincidentes con los que años más tarde trazaría Alejandro Escobar y Carvallo. Según Escobar, Luis Olea era "un hombre instruido, apto para improvisar una arenga y escribir un artículo"; Magno Espinoza era "instruido e inteligente, sabía redactar y poseía una oratoria vibrante y profunda" (Escobar Carvallo, 1959, p. 5). Y quienes les siguieron también tenían un perfil diferente de la masa de trabajadores: los tipógrafos Manuel J. Montenegro, Julio E. Valiente, Agustín Saavedra y Temístocles Osses se destacaban "por su valor moral e intelectual". El relojero Marcos Yáñez, el obrero ferroviario Esteban Cavieres y el zapatero Luis Morales, antes de incorporarse a los círculos ácratas ya habían desarrollado una "lucida actuación en el elemento laborioso"; el tipógrafo José Tomás Díaz era un "joven de alma grande y nobles sentimientos"; el carpintero colchagüino Luis A. Pardo, fue descrito como "un joven equilibrado e inteligente", de sobresaliente desempeño en la tribuna popular y en los trabajos de organización; y el zapatero Marcial Lisperguer como "dotado de un cerebro razonador y vivo" que le permitió ser el autor de "excelentes estudios de sociología obrera" (Escobar Carvallo, 1959, p. 13).

Los prosélitos conquistados en Valparaíso y Viña del Mar antes de la huelga portuaria de 1903 no iban a la zaga de los capitalinos. Luis A. González, trabajador de la Maestranza de Barón, se convirtió rápidamente "en un aguerrido y elocuente adalid de las luchas sociales, en el norte y centro del país"; el maestro pintor Santiago Wilson llegó a ser "un fogoso propagandista de la revolución social"; el talabartero Eulogio Molina, era un "sincero idealista dedicado al estudio de las nuevas ideas". Al carpintero de a bordo Ignacio Mora, quien sería a poco andar uno de los líderes de la gran huelga portuaria y marítima, Escobar y Carvallo lo describió como un "excelente camarada" y a José Novoa Orellana como un "joven con corazón de oro" (Escobar Carvallo, 1959, p. 14).

Por su parte, Santiván diría que el propio Escobar y Carvallo "disertaba con facilidad sobre los temas más variados y abstrusos. Economía, política, psicología y psiquiatría, literatura, medicina. Leía mucho y asimilaba con facilidad. Pero aún le sobraba tiempo para escribir versos" (Santiván, 1963, p. 228). Antonio Acevedo Hernández afirmó que Escobar era un "hombre sereno y bueno" y que después de "unos años mozos muy rebeldes [...] varió de camino pero no de alma" (Acevedo Hernández, 1933, p. 216). El mismo literato contó que conoció a Francisco Pezoa en un Centro Obrero de agitación donde acababa de dar una conferencia sobre materias económicas con gran conocimiento del tema tratado. Llamaban la atención su "limpio desaliño, la seguridad de su palabra y su simpatía tan simple, y más que todo, sus conocimientos". Pezoa era "un verdadero anarquista en el sentido ideal de la palabra", comprensivo por excelencia, al que no le importaban los dolores ni las mofas, que nunca se quejaba y que sonreía tanto en los buenos como en los malos momentos. Era tímido con las mujeres y probablemente, sostuvo Acevedo Hernández, por esa razón gustaba del vino y la vida bohemia que hacía olvidar, pero sin llegar a ser un vicioso y sin alterar sus características de hombre organizado y estudioso.

Existen muchos testimonios del esfuerzo realizado por estos trabajadores a fin de marcar su propia personalidad con un sello especial, ilustrarse y elevarse por sobre el nivel intelectual y moral del común de los trabajadores. Según el escritor José Santos González Vera, que los conoció muy de cerca:

> Dominaba en los anarquistas el deseo de saber, el anhelo de sobresalir en los oficios, el afán de ser personales. El individuo lo era todo. Cada uno buscaba su acento propio y era raro encontrar dos semejantes. Se tendía a la diferenciación hasta con perjuicio del buen sentido. Uno suprimía del lenguaje todo término que sugiriera la idea de propiedad; otro consagrábase a la oratoria; éste encarnaba a Zarathustra; ése adoptaba el régimen vegetariano; aquél hacíase escritor; tal optaba por la música; cual convertíase en vagabundo para predicar la gran palabra; zutano echaba sobre sí la tarea de ser un ejemplo humano; mengano entregábase a la organización de sociedades de resistencia para interesar al pueblo en sus ideas; perengano ejercitó el valor vendiendo periódicos sin Dios ni ley en la puerta de la iglesia o irrumpiendo con discursos cáusticos en asambleas conservadoras; no faltó el fumista que entrara al restaurante, se hiciera servir por señas y que al salir se despidiera de viva voz. (González Vera, 1996, p. 129)

Un ejemplo de la búsqueda del saber y el afán por la superación personal lo proporciona el zapatero Policarpo Solís Rojas, de destacada participación en las filas libertarias en los primeros años del siglo XX. En una entrevista que le hizo Andrés Sabella en el ocaso de su vida, Solís Rojas, dijo acerca de su propia formación intelectual:

> Nací pobre, nací ignorante. Pero había 'algo' en mí que me levantaba el corazón [...]. No quería ser una Cosa, sino que un Hombre, y, robándole horas a la filarmónica y a la mesa tremenda de las cantinas, principié a irme por el abecedario, ¡hasta que me encontré leyendo los textos del primer año de Medicina y Derecho! [...] Cuando gané mis primeros pesitos y el saber me enorgullecía, pensé que un hombre culto que no da lo que sabe, es lo mismo que una lámpara apagada: entonces me volví editor para que los poetas tuvieran como derramar sus esperanzas. (Sabella, 1946)

> Otro zapatero, Manuel Antonio Silva, había sido "borracho perdido" hasta que escuchó una voz amiga que le indicó su degradación. Entonces cambió el vino por agua y comenzó a leer *La conquista del pan*. Su ruda personalidad fue dulcificándose por obra del intelecto, desempeñó labores de responsabilidad en el campo ácrata y prosperó lo suficiente como para mantener decentemente a su familia (González Vera, 1996: 134). Tan grande fue su cambio y su compromiso militante, que al cabo de una década el dirigente estudiantil Juan Gandulfo diría que Silva era quien había "parido más anarquistas que todos los que han formado los demás luchadores chilenos juntos. (Gandulfo, 1922)

Alejandro Escobar y Carvallo, Luis Olea y Magno Espinoza, además de fundar y dirigir periódicos, animar ateneos obreros y centros de estudios sociales, liderar huelgas y escribir artículos políticos, incursionaron en la poesía como una forma de expresar sus sentimientos redentores. Superando la falta de instrucción propia de su extracción social campesina, María Caballero se incorporó a la "Sociedad Artística" y se esforzó por escribir para incitar a sus compañeras de trabajo para luchar por sus derechos. "Se dedicó con especial empeño al estudio de la Cuestión Social, cosa muy rara entre la mujer obrera, que aún hoy día vive fanatizada por la religión, el orgullo o la estúpida moral del día", fueron algunas de las elogiosas palabras que le dedicó Magno Espinoza al hacer su obituario (Espinoza, 1905).

La prensa y la propaganda anarquista destacaban profusamente estos ejemplos, poniendo énfasis no tanto en su forma de ser sino en el papel que esos militantes cumplían al servicio de la causa común. Así, por ejemplo, durante una de sus estadías en prisión, Julio E. Valiente (quien también creó y dirigió periódicos) fue caracterizado por sus compañeros como un obrero que, robándole horas al reposo noche a noche, había "ido asimilando en la cerámica de su cerebro los conocimientos sociológicos, dándose cuenta exacta el [sic] por qué el pueblo vegeta en esa indigna esclavitud moral y material" (Anónimo, 1913).

Augusto Pinto, llegó a ser (en el decir de José Santos González Vera) el mejor zapatero santiaguino, además de consagrarse un año entero al estudio de la geografía, otro al francés, luego a la filosofía, enseguida a la sociología y así durante decenios. El marroquinero Carlos Lezana leía mucho y solía asistir a conciertos y exposiciones de pintura. El hojalatero Farías conocía bien la poesía francesa y en las reuniones en lugar de discursos o indicaciones discurría sobre Mallarmé o Rimbaud. El cigarrero Francisco Pezoa leyó a los clásicos, aprendió italiano, fue buen conocedor del cooperativismo, escribió una prosa "austera y clara" y se convirtió en un conocido poeta popular cuyo *Canto a la Pampa* ha perdurado en la memoria popular a pesar del paso del tiempo. El español Teófilo Dúctil, que había sido pastor de ovejas en la Patagonia, leyó centenares de libros y colaboró en periódicos anarquistas. Luego de una permanencia en la pampa salitrera y en Iquique, regresó a Santiago donde formó un grupo para estudiar esperanto. Enseguida partió a Buenos Aires donde aprendió francés en pocos meses y tradujo obras de Romain Rolland. Más tarde entró a trabajar a un diario de Mendoza (González Vera, 1996, pp. 129-130 y 138). Durante su estadía en Chile, Inocencio Lombardozzi además de participar en huelgas y manifestaciones y dirigir el periódico *¡La Protesta del Panadero!*, escribió crónicas, poesías, pequeños ensayos y prosa poética. Algunos, como Esteban Cavieres, publicaron pequeños cuentos e intentaron dar a su prosa política cierta forma literaria; otros, como Armando Triviño, incursionaron derechamente en el cuento, el teatro y en otros géneros literarios (Cavieres, 1902).[6]

Aunque es difícil diferenciar la realidad del modelo de militante (bondadoso, sacrificado, honesto, esforzado, culto e inteligente), es innegable que muchos anarquistas buscaron acercarse a ese ideal de perfección. Y más tarde, la pluma de autores como Fernando Santiván, Manuel Rojas, José Santos González Vera y Benito Rebolledo, ayudaría a construir el "mito anarquista" que alimentaría a las nuevas generaciones ácratas, entrelazándose, al igual que en otras corrientes de redención social, la realidad y la leyenda para dar cuerpo y consistencia a una acción, que por sus características misioneras no es posible sostener en base a la mera racionalidad política. Pero el ideal debía coexistir con realidades menos elevadas.

A veces el purismo de algunos activistas particularmente iluminados, que pretendían una consecuencia absoluta con los principios, rayana en el puritanismo y en un perfeccionismo obsesivo, generaba contradicciones y roces con otros libertarios. El tipógrafo Agustín Saavedra, por ejemplo, fue el tipo de militante entregado por completo a la causa, que exigía de sí mismo y de sus compañeros virtudes raras de encontrar. Por este motivo uno de sus camaradas, Nicolás Rodríguez, llegó a recriminarle públicamente su monomanía "de fustigar y zaherir (no de enseñar) a ciertos anarquistas, por algunos actos contrarios al buen nombre del ideal, llegando al extremo de preocuparse sólo muy a lo lejos de la lucha contra el orden social" (Rodríguez, 1902). Cuando Saavedra murió, el mismo Rodríguez lo retrató como "un fanático contra los yerros y las injusticias sociales, y también un ardoroso paladín de la depuración entre los anarquistas, cuya obsesión lo hacía tender impulsivamente hacia los límites del puritanismo y del perfeccionamiento general". Carecía, según la semblanza hecha por su correligionario, de un conocimiento profundo de los hombres y del momento histórico, y eso lo hacía desear que todos los que lo rodearan tuvieran "la autoridad de un Cristo y la rectitud de un Catón" (Rodríguez, 1906). Su rigidez moral le valió no pocos contratiempos y polémicas con sus compañeros de causa menos rectos y apegados al modelo del militante ideal. Decepcionado, Saavedra se retiró durante un tiempo del "movimiento activo de la propaganda refugiándose en el estudio, la meditación y el trabajo abrumador de las tareas tipográficas". El estudio y la reflexión -contó quien había sido uno de sus críticos más duros en las filas del anarquismo- terminaron por vencer a la inflexibilidad de su carácter; Agustín Saavedra se volvió más tolerante con los errores ajenos. No por ello se tornó menos exigente consigo mismo:

> Estudiaba con ansia, con deleite y producía para la propaganda en periódicos y revistas.
>
> Y firme siempre en sus anhelos de reforma individual, de ascetismo físico y moral, empezó a practicar con fe y el ardor propios de su idiosincrasia, la doctrina médica del Dr. Khune. Se hizo naturista. (Rodríguez, 1906)

. La mística de estos mensajeros de "la Idea" provocó reacciones diversas, entre ellas, odio y temor en la clase dirigente, aunque también mucha admiración en aquellos contemporáneos que no tenían motivos directos para sentirse amenazados por los anarquistas. La devoción, convencimiento y coraje de Inocencio Pellegrini Lombardozzi, joven ítalo-argentino que atravesó la Cordillera para difundir "la Idea" en Chile apenas despuntaba el nuevo siglo, impresionaba a todos quienes lo conocían, incluso a los agentes policiales encargados de reprimirlo. Según Benito Rebolledo:

Cuando el mitin era en la Plaza de Armas, por ejemplo, se subía a uno de los escaños de la plaza muy erguido, miraba de frente a la policía de Castro y de aquel famoso comisario que le llamaban 'el terrible huaso Gómez', que nos vigilaba, descubriéndose el pecho con las manos y gritaba muy fuerte, con voz de trágico: '¡Aquí tenéis mi pecho, el baluarte de los explotados, de los hambrientos, de los que tienen hambre y sed de justicia! ¡No temáis que me arredre! ¡Disparad vuestras carabinas mercenarias!'. Lo decía con voz de tenor, vibrante y armoniosa como un clarín de guerra. Y así seguía hablando sin interrupción hasta más de media hora. Los pobres policías, 'los pacos', como les llamaban, se ponían pálidos y al cuarto de hora de oírlo hasta olvidaban el desafío que les había hecho y las lágrimas les corrían por las mejillas curtidas yendo a caer a las crines de los caballos silenciosos. Parece que Castro y Gómez, embelesados también, se olvidaban de su cometido por escucharlo; pienso que por esto lo dejaban terminar. Murió muy joven de tuberculosis, después de varias prisiones, porque era muy agresivo con la policía, la insultaba en forma heroica. (Rebolledo, 2003, p. 86)

Lombardozzi era un verdadero apóstol de la causa libertaria. Cuando se supo en Chile que había muerto en un triste lecho de hospital en Perú, su camarada Julio E. Valiente recordó en un artículo de prensa el carácter místico de su prédica de regeneración social:

Con su palabra fácil y elocuente, con sus discursos floridos y llenos de sentimiento, llevaba la vida y la animación a los cerebros muertos de las multitudes. Sabía, con arranques de infinita terneza, animar el alma dormida de los hombres–momias, de las muchedumbres amorfas e informes, que son un recuerdo del pasado por su degradación y servilismo.

Con su acento dulce y apasionado, lleno de un fervor piadoso, de religiosidad, predicaba entre los mendigos y las prostitutas el nuevo verbo libertario, llamándolos a la conquista de su dignidad y a la posesión de sus derechos.

En el bajo pueblo, en las encrucijadas de las calles tortuosas del arrabal, donde se anidan en montones los hambrientos y haraposos, los protervos y los cobardes, toda la canalla del pueblo que la sociedad repudia y desprecia, Lombardozzi organizaba sus legiones tornándolos rebeldes, que crispaban amenazantes sus puños a la burguesía que insultadora humillaba su triste condición de parias de la vida. (Valiente, 1908)

Otro ejemplo del celo misionero con que muchos ácratas asumieron la realización de su ideal, fue la vida militante del argentino Daniel Antuñano, quien murió muy joven, atropellado por un tren en el otoño de 1915 en Viña del Mar (Meza, 1915; Lejo Pica, 1915). Antuñano había llevado la semilla de "la Idea" por distintos países, lo que le valió una expulsión del Perú por -según sus propias palabras- haberse "empeñado en la obra de organizar a los obreros [y] campesinos que cruzan por una esclavitud inconcebible" (Antuñano, 1914).

De acuerdo con el testimonio del escritor Manuel Rojas, quien lo conoció un par de años antes del accidente que le costara la vida, este miembro de la segunda generación de anarquistas, aquella que emergió en torno al Centenario:

> Tenía la frente grande, rubio, fornido, ojos serenos de apóstol. En la tribuna su voz convencía. No era un gran cerebro, era una gran alma. Cuando le conocí y le oí discutir comprendí que no era un gran convencido, era un gran entusiasta, un entusiasta que no convencía con razones fuertes y lógicas sino que convencía con sus ojos serenos. Oyéndole hablar, un poeta me dijo que el alma de Cristo se había repartido entre las almas grandes haciéndolas más grandes aún y que Antuñano tenía un pedazo de esa alma. Cosas de poeta que no convencen pero que entusiasman. Así era él: un entusiasta, una gran alma, un buen corazón [...]

> Hizo un viaje. Recorrió las costas del Pacífico hasta Panamá. De allá volvió como siempre, siempre anarquista, siempre apóstol. Y ahí en Viña del Mar concluyó su viaje del ideal. Le han hecho un entierro. Al lado de él muchas voces hermanas entonaron cantos de amor y fraternidad. No merecía otra cosa. Cantos, cantos, porque también él fue un cantor del ideal, un cantor de alma grande que convencían con sus serenos ojos de apóstol, con su sonrisa de ingenuo.

> Y al finalizar este artículo me viene a la memoria un recuerdo de él. En un mitin lo tomaron preso y lo condujeron a la comisaría con las manos amarradas. Y él iba sonriendo y diciendo a los estúpidos burgueses que lo miraban aterrorizado:

> —No se asuste amigo, aquí llevan a la verdad presa.

> Y cantaba:

> Hijo del pueblo te oprimen cadenas. (Rojas, 1915)

El chileno Armando Triviño hacía gala de similar solidez de convicciones. Durante una estadía en la cárcel de Santiago en 1919, apostrofó a sus enemigos ("amos, gobernantes, jueces y esbirros de la 'justicia'") asegurando que pese a los sufrimientos él y sus camaradas continuarían con mayor fuerza la lucha al recuperar la libertad:

> Sabedlo: saldremos sin podrir, intactos, plenos, anarquistas, como ayer, como hoy, como mañana. Saldremos con la terrible convicción, con la misión de destruir vuestro armatoste; saldemos, demoledores e implacables, arremetiendo y demoliendo vuestra guarida, donde chapotea imperante el hipopótamo de Dios, el pulpo absorbente del Capital y la pantera feroz de la Patria.

> Sabedlo, ayer, hoy en la cárcel, mañana -si no somos asesinados- os combatiremos el régimen que defendéis y cargaremos nuestras armas briosamente: la tribuna, el periódico, en la calle, en el día, en la noche: os combatiremos. (Muñoz, 2011, p. 63)

Por su ideología los anarquistas no tenían patria y por eso estaban dispuestos a trabajar por "la Causa" en cualquier lugar del mundo. Daniel Antuñano sembró "la Idea" en Argentina, Chile, Perú y otros países latinoamericanos. Inocencio Lombardozzi hizo lo mismo en Argentina, luego en Chile y, finalmente, en Perú. Su compatriota, el repartidor de pan José L. Pica, salió de su Argentina natal a recorrer el mundo. Estuvo en Uruguay, Italia, Chile y otros países (González Vera, 1996, p. 141). José Clota, zapatero español, emigró a América para ganarse la vida y, al no encontrar trabajo en Buenos Aires, se trasladó a Santiago. Luego de un tiempo viajó a Bolivia, pero fue encarcelado por sus convicciones libertarias y deportado un día del otoño de 1914 a Chile, país donde continuó la lucha junto a sus compañeros (Anónimo, 1914).    Hacia 1913, Julio Rebosio, sobre cuya nacionalidad, peruana o chilena, no existe certeza, apenas abrazó las ideas anarquistas, viajó por las costas del Pacífico llegando hasta los Estados Unidos. En México participó en la Revolución, fue hecho prisionero y hasta habría sido condenado a muerte. De regreso a Chile, a fines de 1915, impulsó la solidaridad con sindicalistas detenidos en México y más tarde, en 1918, fue uno de los principales animadores del "Comité Pro Paz de Valparaíso", organismo amplio, creado para oponerse a una eventual guerra entre Chile y Perú y contribuir junto a entidades de la capital a organizar un "Congreso Pro Paz Sudamericana" (Muñoz, 2011, pp. 36-38, 55-56). Durante la dictadura del coronel Carlos Ibáñez del Campo (1927-1931), el chileno Armando Triviño logró escapar a sus captores, asentándose durante un tiempo en La Paz, Bolivia. Allí colaboró en el fortalecimiento de la anarcosindicalista Federación Obrera Local (FOL) hasta que nuevas persecuciones lo hicieron emigrar a Buenos Aires donde desarrolló actividades contra la dictadura ibañista y participó en la fundación de la Internacional del Magisterio Americano y de la Asociación Continental Americana de Trabajadores (ACAT), de tendencia anarcosindicalista (Muñoz, 2009: 41-43).

La pérdida de las creencias religiosas no hacía de los anarquistas simples ateos o agnósticos (aun cuando el ateísmo fuese uno de sus caballos de batalla más recurrentes). La fe extraviada era reemplazada por la entrega fervorosa a "la Idea", suerte de sustituto de la religión. Los anarcos se distinguían por su fe, de corte milenarista, en la revolución social. Sus principios morales se deducían directamente de esta concepción religiosa de su doctrina. El rechazo de los ácratas a la moral existente (por considerarla antinatural y opresiva) se complementaba con su propuesta de un orden social y ético basado en las leyes de la naturaleza y en el respeto de la libertad de todos los seres humanos. De estos principios se derivaban otros postulados como el repudio a la propiedad privada y normas morales iconoclastas en materias relativas al matrimonio, el celibato y la sexualidad, que los llevaron a proclamar el amor libre y la absoluta igualdad entre los sexos.[7] Su convencimiento de que los individuos, libres de las trabas de la sociedad de clases actuarían como seres bondadosos, los movía a tratar de hacer realidad las doctrinas que profesaban en su propia vida cotidiana. José Clota, cuenta González Vera, odió solamente los posesivos: "Decía 'la mujer', 'la hija', pero nunca 'mi' ni 'mía'. Trabajaba catorce horas en su banco de zapatero. Una vez tuvo ayudante, y como éste le dijera, en un rapto de enojo, que lo pulmoneaba…, resolvió trabajar a solas. Así lo hizo a lo largo de su vida" (González Vera, 1996, p. 136).

De este conjunto de convicciones y postulados se desprendían nuevos horizontes que llevaron a muchos ácratas a interesarse por el vegetarianismo, el naturismo y la homeopatía; la práctica de deportes, ejercicios físicos y todo lo que contribuyera a una vida sana y natural. En algunos casos, su afán por alcanzar la anhelada redención integral del ser humano los condujo por senderos insospechados como el espiritismo, la teosofía y las "ciencias ocultas".[8] Reflejando ser hijos de su tiempo y en absoluto inmunes a las ideas de moda entre ciertos sectores de la clase dirigente, Luis Ponce, Eulogio Sagredo y Valentín Cangas se lanzaron con fervor a practicar estas "disciplinas" y el propio Escobar y Carvallo tuvo un breve período de interés por la teosofía, al parecer justo antes de ingresar al Partido Democrático (Grez, 2007, pp. 199-221).

Sin embargo, estos "deslizamientos" hacia áreas que poca o ninguna relación tenían con las luchas sociales y el proyecto de la Anarquía, no lograron afectar a la columna vertebral de los difusores chilenos de "la Idea". Sobreponiéndose a las deserciones, la persecución patronal y la represión estatal, los ácratas lograron mantener la mística militante mediante el reforzamiento de sus lazos identitarios y de las convicciones que los animaban. La prensa y los grupos libertarios estimulaban la conformación de una corriente cultural y política con las características de una familia solidaria. Las actividades culturales de los centros de estudios sociales, la difusión más masiva de la prensa ácrata, los paseos y almuerzos campestres de los adeptos y sus familias, la adhesión de jóvenes intelectuales, la solidaridad con los presos anarquistas y otras acciones de fuerte contenido emotivo e identitario contribuían al fortalecimiento de la militancia y a la extensión de una franja de simpatizantes que en ocasiones podía reforzar o confundirse con los activistas que constituían la columna vertebral de esta alternativa.

Los *pic-nics* campestres que empezaron a organizarse después del Centenario eran un momento privilegiado de comunión libertaria. Los principios de vida sana y natural, distracciones ilustradas y fraternidad sin fronteras de ninguna especie, parecían plasmarse durante algunas horas. Un ejemplo, sin duda muy bien preparado y presentado por sus impulsores (el grupo que sostenía el periódico *La Batalla*), nos permite formarnos una idea acerca del paradigma que inspiraba estas actividades. Aunque, reconocía el cronista, el número de asistentes al *pic-nic* realizado un domingo de marzo de 1915 en el Valle de las Violetas de Valparaíso había sido reducido, aquellos que se habían comprometido en participar, lo hicieron y el programa se cumplió totalmente. Francisco Barrera, uno de los principales redactores de ese periódico, se dirigió a sus compañeros para puntualizar el sentido del paseo y Daniel Antuñano, recién llegado del norte después de dos años de ausencia, luego de expresar su regocijo por el retorno, tuvo palabras encomiasas para sus camaradas santiaguinos que sostenían *La Batalla* y llamó a apoyar ese esfuerzo:

> Después la compañera Catita declamó 'El explotador', poesía de Gómez Rojas, terminando el compañero Vergara, con una disertación propia del momento. Manifestó su confianza en estos actos porque tienen en sí la cualidad de entrelazar sentimientos y afectos acortando distancias y salvando ciertas dificultades [...] lo cual debe tenerse siempre en estima como factor eficiente puesto que en tales reuniones no sólo se evadía el individuo de las entretenciones prosaicas, viciosas o fomentadoras de la riqueza patronal, sino que también se adquiría cierto mejoramiento en la salud, en la moral y el conocimiento, ya que todos nuestros actos están destinados a elevar el valor humano. (Anónimo, 1915)

Luego se entonaron himnos ácratas y "se bailó alegremente". El regreso se inició al atardecer, cantando todo el camino e improvisando tribunas en los momentos de descanso. Hermoso acto (comentó el articulista de *La Batalla*) que revelaba la existencia del "concepto anarquista", puesto que mientras los libertarios gozaban del oxígeno y de las delicias del campo, otros se debatían inútilmente procurando quien los gobernase (Anónimo, 1915).

Las actividades de este género contribuían a tender lazos que superaban lo estrictamente doctrinario, reforzando el sentido de pertenencia a una comunidad fraternal que hacía realidad en pequeña escala la anhelada sociedad libertaria. A través de estas y otras acciones (como las veladas culturales y las campañas de solidaridad con sus compañeros presos) los anarcos consiguieron instalar dispositivos simbólicos que contribuyeron a crear una *cultura política* que los diferenció de las demás tendencias de redención social que actuaban en el movimiento obrero y popular. Tal vez esta sea la herencia más importante que dejaron los libertarios. Si como sostiene Horowitz, el anarquismo a nivel internacional, ha sido tradicionalmente un fracaso, "en parte debido a que nunca fue capaz de contemplar la vida práctica de los hombres como algo que se extiende más allá de unas relaciones cara a cara" (Horowitz, 1975), hay que reconocer que en Chile sus partidarios tuvieron éxito precisamente en ese "cara a cara" que engendró una cultura libertaria, más centrada en un modo de vida (políticamente contestatario y culturalmente subversivo) que en una acción política movida por criterios de eficiencia y logro de sus metas estratégicas.

La tarea no debe haber sido fácil ya que implicaba una auto-reeducación de la mayoría de los cuadros anarquistas, que hasta la época del Centenario provenían del Partido Democrático. En ese partido habían vivido sus primeras experiencias políticas Policarpo Solís Rojas, Esteban Cavieres, Luis A. Soza, Luis Morales, Luis Ponce, Víctor Soto Román, Rosario Burgueño y Juan Onofre Chamorro.[9] No sabemos si Manuel J. Montenegro había pertenecido a las filas de "la Democracia" antes de abrazar "la Idea", pero su discurso había sido, en todo caso, muy cercano al de ese partido. Incluso algunos elementos de la "periferia" ácrata, como el escritor Fernando Santiván, en sus años mozos también habían firmado los registros del Partido Democrático (Santiván, 1963, p. 82). Y aunque solo existen indicios de una cierta cercanía previa a esa colectividad, lo cierto es que después de su militancia anarquista, tanto Alejandro Escobar y Carvallo como Tomás Díaz Moscoso ingresaron a las filas de "la Democracia". Del mismo modo, los "extraviados" Solís, Soto Román, Ponce y Morales volvieron al redil demócrata. Con todo, a pesar del poderoso centro de atracción representado por el Partido Democrático, los libertarios lograron "hacer escuela", conformando una corriente que con el correr del tiempo tendió a diferenciarse de demócratas y socialistas en su discurso, cultura y prácticas políticas.[10]

## Conclusiones

Los primeros difusores de "la Idea" libertaria en la "región chilena" exhibieron perfiles humanos y políticos que marcaron importantes diferencias con los militantes de otras corrientes políticas de su época. Aunque demócratas, anarquistas y socialistas compartían un fondo común derivado de una extracción social más o menos similar y de una crítica a la sociedad oligárquica compartida en numerosos aspectos, las diferencias políticas, ideológicas y culturales que separaban dichas corrientes, se reflejaban en el *tipo* de militante. Los activistas ácratas se caracterizaron por un marcado idealismo que los llevaba a contestar violentamente los valores dominantes y a despreciar ostensiblemente los beneficios de una "carrera política" en los meandros de la República Parlamentaria. Dichos rasgos contrastaban fuertemente no solo con los de los adherentes de los partidos oligárquicos sino también con los del Partido Democrático quienes, pese a sus orígenes populares, no tenían empacho en jugar con las reglas y métodos de la sociedad burguesa. Los cuadros anarquistas se sentían sinceramente imbuidos de una misión prometeica: emancipar a toda la humanidad, y se esmeraban en hacer coincidir su vida íntima con sus convicciones libertarias. Aunque no tenían el monopolio de la coherencia entre pensar, hacer y decir (los socialistas y algunos grupos demócratas también intentaban ser consecuentes con sus principios), los ácratas se distinguían por su mayor radicalidad en la integración de los principios políticos con la vida cotidiana.

Las fuentes consultadas permiten caracterizar a los precursores de la doctrina anarquista en Chile como personas bien intencionadas, esforzadas, honestas, probas y notoriamente más "ilustradas" que el promedio de los trabajadores de su época No obstante, también dejan entrever cierta ingenuidad e ineficiencia en sus procedimientos, lo que provocó tensiones en sus propias filas y, a la postre, desánimo y defección de numerosos cuadros que, al constatar que las ideas ácratas no prendían en las masas con la velocidad y extensión soñadas, emigraron hacia otras tiendas políticas. Con todo, la semilla sembrada fructificaría generando nuevas camadas de difusores de "la Causa" libertaria en esta parte del continente americano.

## Notas

1   Sobre las ideas políticas, el compromiso militante y la evolución política de José Santos González Vera, véase Grez, junio de 2013b, pp. 183-210.

2   El historiador Víctor Muñoz Cortés identifica como "oficios libertarios" más comunes en la "región chilena" los de estibador, tripulante marítimo, panadero, obrero de la construcción (especialmente estucador), zapatero y obrero de imprenta (Muñoz, 2013, pp. 141-177).

3   El carácter esencialmente ideológico o doctrinario de las formulaciones recién enunciadas que marcaron la militancia ácrata, debe contrastarse con la praxis social y política de sus integrantes. Por ejemplo, en no pocos casos, con el correr del tiempo la oposición al Estado resultaría ser una oposición a *un tipo de Estado* en particular, el Estado liberal o "a social" de fines del siglo XIX y comienzos del siglo XX. Cuando la institución estatal adoptó otras formas ("social", "de compromiso" o "asistencial"), muchos anarquistas, especialmente de la rama anarcosindicalista, se vieron atraídos por este inesperado "aliado" en la lucha contra los capitalistas. Hecho que explica, en gran medida, el paso de estos militantes al ibañismo a fines de la década de 1920.

4   Basamos estas apreciaciones en nuestro conocimiento de múltiples fuentes de época referidas a estas corrientes políticas (sobre los demócratas ver: Grez, 1998, pp. 655-703 y 2016; sobre los socialistas ver Grez, 2011).

5   El panteísmo es una doctrina según la cual todo lo que existe participa de la naturaleza divina.

6   Armando Triviño escribió pequeños cuentos y al menos una obra de teatro. En la década de 1920 Triviño también fue administrador de la Editorial Lux y recopilador de canciones anarquistas que publicó en forma de libro. Su biografía, acompañada de algunos de sus escritos, ha sido escrita por Víctor M. Muñoz C (Muñoz, 2009).

7   Estas ideas han sido desarrolladas extensamente por Claudio Rolle (Rolle, 1985: 73-80). Un sugerente análisis sobre el discurso moral de los anarquistas chilenos de comienzos del siglo XX en torno al consumo de alcohol y las prácticas amorosas ha sido desarrollado por el historiador Eduardo A. Godoy Sepúlveda (Godoy, 2011, pp. 127-154).

8   La teosofía es un movimiento esotérico creado a fines del siglo XIX como un desprendimiento del espiritismo. Esta corriente, que pretende ser una forma de espiritualidad basada en fuentes orientales, anticipa los movimientos "new age" actuales.

9   Al igual que los líderes ácratas de la generación anterior recién mencionados, antes de acercarse a "la Idea" libertaria, Juan O. Chamorro militó en el Partido

Democrático. Durante el primer semestre de 1910 publicó varios artículos de su autoría en el periódico demócrata viñamarino *La Libertad*. Su orientación política hasta entonces no tenía nada de anarquista, situándose en el plano genérico de la defensa de los intereses obreros, de acuerdo a la línea de su partido. Hacia fines de abril de 1911 seguía en las filas de "la Democracia" porteña, según se desprende de una información de prensa que lo menciona como uno de los encargados de mesa en una elección interna de la agrupación demócrata. Pero algunos meses más tarde formaba parte de los hasta entonces débiles núcleos libertarios existentes en Valparaíso, como queda claramente establecido en la correspondencia incautada a fines de ese año en un proceso criminal que se desarrolló en Santiago contra los anarquistas. En una carta fechada en Valparaíso el 11 de septiembre en la cual Modesto Oyarzún da cuenta a su camarada santiaguino Luis A. Soza de la formación del Grupo "Los Parias", se señala como parte de las actividades de este núcleo la organización de una velada literario-dramático-musical para ayudar "a los compañeros que vengan desde la Argentina" y para la escuela nocturna que sostenía la Sociedad de Estibadores y gentes de mar "de la que es presidente el compañero Chamorro y hace una propaganda bastante fecunda". Y en otra misiva dirigida desde el mismo puerto el 11 de noviembre por Sabino Sepúlveda a Luis Pardo, residente en Santiago, se informa que "Chamorro está organizando un centro de estudios sociales para difundir nuestros ideales anarquistas" (Chamorro, 1910a; Chamorro, 1910b; Chamorro, 1910c; Anónimo, 1910; Anónimo, 1911; Anónimo, 1912).

10   El sesgo misionero, redentorista y moralista era un denominador común de la cultura política de anarquistas, socialistas y demócratas. Ello explica, en buena medida, la facilidad del trasvasije militante de un sector a otro.

*Bibliografía general*

Anónimo. (27 de octubre de 1906). Un luchador que cae. *La Reforma*. Santiago, Chile.

Anónimo. (2 de abril de 1910). Un centenario (conclusión). *La Libertad*. Viña del Mar, Chile.

Anónimo. (28 de abril de 1911). Agrupación Demócrata de Valparaíso. *El Mercurio,*. Valparaíso, Chile.

Anónimo. (10 de marzo de 1912). El proceso de los anarquistas. *El Diario Ilustrado*. Santiago, Chile.

Anónimo. (segunda quincena de diciembre de 1913). Prisión arbitraria del compañero J. Valiente. *La Batalla*. Santiago, Chile.

Anónimo. (segunda quincena de mayo de 1914). Un anarquista en La Paz. *La Batalla*. Santiago, Chile.

Anónimo. (segunda quincena de marzo de 1915). Valparaíso. *La Batalla*. Santiago, Chile.

Acevedo Hernández, Antonio. (1933). *Los cantores populares chilenos*. Santiago, Chile: Editorial Nascimento.

Acevedo Hernández, Antonio. (1935). Prólogo. En Gómez Rojas, D. *Elegías*. Santiago, Chile: Editorial Nascimento.

Antuñano, Daniel. (segunda quincena de noviembre de 1914). La lei de residencia. *La Batalla*. Santiago, Chile.

Cavieres V., Esteban. (14 de noviembre de 1902). Marcelo el campesino (cuento corto). *La Luz*. Santiago, Chile.

Chamorro A., Juan. O. (segunda quincena de enero de 1910). Situación crítica. *La Libertad*. Viña del Mar, Chile.

Chamorro A., Juan. O. (segunda quincena de enero de 1910). Obligación. *La Libertad*. Viña del Mar, Chile.

Chamorro A., Juan. O. (5 de marzo de 1910). Un centenario. *La Libertad*. Viña del Mar, Chile.

Escobar Carvallo, Alejandro. (septiembre-octubre de 1959). Inquietudes políticas y gremiales a comienzos de siglo. *Occidente*, 120, 5-16.

Espinoza, Magno. (primera quincena de mayo de 1905). María Caballero. *Tierra y Libertad*. Casablanca: Chile.

Gandulfo, Juan. (1922). Presentación. En Armando Triviño, *Arengas*. Santiago, Chile: Editorial Lux.

Godoy Sepúlveda, Eduardo A. (junio de 2011). Lucha temperante y 'amor libre'. Entre lo *prometeico* y lo *dionisíaco*: el discurso moral de los anarquistas chilenos al despuntar el siglo XX. *Cuadernos de Historia*, 34,127-154.

Godoy Sepúlveda, Eduardo A. Raya (junio de 2016), Historia e historiografía del anarquismo en Chile. *Cuadernos de Historia*, 44, 101-137.

González Vera, José Santos. (1996). *Cuando era muchacho*. Santiago, Chile: Editorial Universitaria.

Grez Toso, Sergio. (1995). *La "cuestión social" en Chile. Ideas y debates precursores (1804-1902)* (Compilación y estudio crítico). Santiago, Chile: Dirección de Archivos, Bibliotecas y Museos, Centro de Investigaciones Diego Barros Arana.

Grez Toso, Sergio. (1998). *De la "regeneración del pueblo" a la huelga general. Génesis y evolución histórica del movimiento popular en Chile (1810-1890)*. Santiago, Chile: RIL Editores.

Grez Toso, Sergio. (2007). *Los anarquistas y el movimiento obrero. La alborada de "la Idea" en Chile (1893-1915)*. Santiago, Chile: LOM Ediciones.

Grez Toso, Sergio. (2011). *Historia del comunismo en Chile. La alborada de "la Idea" en Chile. La era de Recabarren (1912-1924)*. Santiago, Chile: LOM Ediciones.

Grez Toso, Sergio. (junio de 2011). ¿Teatro ácrata o teatro obrero?, Chile, 1895-1927. *Estudios Avanzados*, 15, 9-29.

Grez Toso, Sergio. (2012). Resistencia cultural anarquista: poesía, canto y dramaturgia en Chile, 1895-1918. En Clara E. Lida y Pablo Yankelevich (Comps.), *Cultura y política del anarquismo en España e Iberoamérica* (pp. 259-296). México, D.F.: El Colegio de México.

Grez Toso, Sergio. (junio de 2013). El Partido Democrático de Chile: de la guerra civil a la Alianza Liberal (1891-1899). *Historia*, 1(46), 39-87.

Grez Toso, Sergio. (junio de 2013b). González Vera: de muchacho anarquista a hombre de izquierda. *Anales de Literatura Chilena*, 19, 183-210.

Grez Toso, Sergio. (2016). *El Partido Democrático de Chile. Auge y ocaso de una organización política popular (1887-1927)*. Santiago, Chile: LOM Ediciones.

Horowitz, Irving L. (1975). *Los anarquistas: La teoría* (Vol. 1) Madrid: Alianza Editorial.

Lejo Pica, S. (segunda quincena de abril de 1915). De Valparaíso. Daniel Antuñano. *La Batalla*. Santiago, Chile.

Meza, Emilio. (segunda quincena de abril de 1915). Daniel Antuñano. *La Batalla* . Santiago, Chile.

Muñoz C., Víctor M. (2009). *Armando Triviño: Wobblie. Hombres, ideas y problemas del anarquismo en los años veinte. Vida y escritos de un libertario criollo*. Santiago, Chile: Editorial Quimantú.

Muñoz Cortés, Víctor. (2011). *Cuando la patria mata. La historia del anarquista Julio Rebosio (1914-1920)*. Santiago: Editorial Universidad de Santiago de Chile.

Muñoz Cortés, Víctor. (2013). *Sin Dios ni patrones. Historia, diversidad y conflictos del anarquismo en la región chilena (1890-1990)*. Valparaíso, Chile: Mar y Tierra.

Ortega Martínez, Luis. (2005). *Chile en ruta al capitalismo. Cambio, euforia y depresión 1850-1880*. Santiago: LOM Ediciones / DIBAM / Centro de Investigaciones "Diego Barros Arana".

Pereira Poza, Sergio. (2005). *Antología crítica de la dramaturgia anarquista en Chile*. Santiago, Chile: Editorial de la Universidad de Santiago de Chile.

Pinto Vallejos, Julio. (1998). *Trabajos y rebeldías en la pampa salitrera. El ciclo del salitre y la reconfiguración de las identidades populares (1850-1900)*. Santiago, Chile: Editorial Universidad de Santiago.

Pinto V., Julio. (2007). *Desgarros y utopías en la pampa salitrera. La consolidación de la identidad obrera en tiempos de las cuestión social (1890-1923)*. Santiago, Chile: LOM Ediciones.

Rebolledo, Benito. (2003). No sé por qué nos llamábamos anarquistas. O nos llamaban. (Carta de Benito Rebolledo Correa a Fernando Santiván). En Pedro Pablo Zegers B., Thomas Harris E. y Daniela Schüte G. (Selección y notas), *Cartas salidas del silencio*, (pp. 346-356). Santiago, Chile: DIBAM / LOM Ediciones / Archivo del Escritor.

Rodríguez, Nicolás. (26 de agosto de 1902). Otras dos palabras de réplica. *La Luz*. Santiago, Chile.

Rolle Cruz, Claudio. (1985). *Anarquismo en Chile 1897-1907*. (Memoria para optar al grado de Licenciado en Historia). Santiago, Chile: Pontificia Universidad Católica.

Rojas, Manuel. (segunda quincena de abril de 1915). Un telegrama. *La Batalla*. Santiago, Chile.

Sabella, Andrés. (18 de febrero de 1946). Trabajadores de la cultura popular chilena. Policarpo Solís Rojas. *Las Últimas Noticias*. Santiago, Chile.

Salazar, Gabriel. (2007). *Mercaderes, empresarios y capitalistas (Chile, siglo XIX)*. Santiago, Chile: Editorial Sudamericana.

Santiván, Fernando. (1963). *Memorias de un tolstoyano*. Santiago, Chile: Zig-Zag.

Rodríguez, N. (15 de mayo de 1906). Agustín Saavedra Gómez. Semblanza. *El Oprimido*. Santiago, Chile.

Valiente, Julio E. (segunda quincena de junio de 1908). Inocencio Lombardozzi. *La Protesta*. Santiago, Chile.

# A disseminação do Anarquismo e suas estratégias políticas e sindicais entre os trabalhadores em São Paulo–Brasil (1890-1920)

Kauan Willian dos Santos
Unifesp / Capes

*Introdução.*

> É possível que os exploradores consigam por algum tempo mais desviar o bom povo da acertada rota, distraí-los das suas fecundas e nobres aspirações. Isto, porém, se se der, será por breves momentos. As primeiras rajas do grande ciclone, que há de deitar por terra as velhas e carcomidas instituições, apresentam-se com caracteres inconfundíveis. Hoje aqui, amanhã acolá, depois mais além, por todos com manifestações intermitentes, mas sucessivas [...]
>
> Sanchez, *A Plebe*: 1917

Esse tom de esperança e ao mesmo tempo de certeza marcava, ocasionalmente, as publicações de *A Plebe*, acompanhando as manifestações de 1917 na cidade de São Paulo. Talvez essa tenha sido uma das maneiras para animar ou tentar convencer os leitores, a maioria deles trabalhadores ou marginalizados dos bairros operários da cidade, atividade que, para tais personagens em torno do jornal, representaria também uma possível oportunidade para a criação de um novo sistema, numa clara referência ideológica que os precedia, mas que levavam a cabo nesse momento. A tática também destacava a própria inserção do movimento anarquista no país, talvez tentando esconder, na realidade, que nunca foram majoritários, em expressão numérica, como pessoas. Esses personagens eram, de fato, exceções, em um período no qual as fortes influências patriarcais eram somadas à efervescência de projetos ligados ao avanço do capitalismo industrial e que marcava as rápidas transformações no cotidiano e nas formas de trabalho (Cohen, 2008).

Mas embora fossem exceções, suas táticas e estratégias apresentaram contrapontos ameaçadores às iniciativas e influências citadas. Nesse caso, mesmo que marcados por discursos providos de suposta inevitabilidade revolucionária, em um olhar mais atento, os militantes libertários em suas trajetórias, durante o período republicano, nunca deixaram de se envolver nas situações cotidianas e na vida material dos pares que os circulavam bem como na construção ou incentivo de vetores sociais e políticos para reclamar melhores condições (Campos, 1988).Essa posição refletia na escrita e nas preocupações contidas em seus jornais, de garantir ferramentas, sobre seu ideário político e ideológico particular, de transformar e combater a realidade que viviam (Toledo, 1994).

Evidentemente,para examinarmos a história da esquerda e sua relação com os trabalhadores no Brasil, precisamos levar em conta que essas foram marcadas pela presença de práticas e culturas políticas diversas, como socialistas, sindicalistas revolucionários, reformistas e anarquistas. Embora esses últimos fossem apenas uma parte, no entanto, compreender a trajetória do movimento libertário no país bem como na América Latina, é essencial para entendermos os comportamentos dessa classe. Resgatar alguns aspectos da constituição e atuação do movimento anarquista em São Paulo, uma das cidades em industrialização na passagem do século XIX para o XX, mas também marcada fortemente pelo trabalho agrícola e comercial nesse período, é o objetivo central no presente artigo.

*A circulação de ideias e experiências na construção doanarquismo no final do século XIX*

Entre os principais fenômenos intimamente ligados à gênese do anarquismo no país, mas em diversas outras regiões, foi a forte circulação de ideias e experiências também ligada à recepção de imigrantes europeus que, no ideário dos grupos ligados à produção agrícola e industrial, substituir, em parte, a mão de obra escravista. Muitas vezes, influenciados por uma retórica cientificista que pregava a "superioridade racial", a escolha, por parte de diversas iniciativas governamentais colocadas em voga desde as décadas finais do século XIX para a vinda de trabalhadores europeus, traria suposto progresso ao povo brasileiro (Trento, 1988, p. 13).

Discursos que tentavam convencer os imigrantes a viajarem com esperanças para construir uma vida melhor reverberavam na forma de propagandas em portos europeus.esses planos, frustrados na chegada desses personagens, logo revelavam algumas causas reais do evento: a falta de condições básicas de uma grande população em potencial avanço na Europa e a necessidade de um novo tipo de mão-de-obra para garantir o sucesso dos detentores da produção.nesse fluxo intenso "pouco após a Abolição, em 1892, foram 92 mil os imigrantes que chegaram no Estado, número que, inserido entre os anos de 1880 e 1920, resultou em 1,5 milhões" (Siqueira, 2008, p. 12).

A República, proclamada em 1889, recém-saída de um sistema fortemente ancorado no escravismo, se conectava aos ascendentes da produção cafeeira e industrial que começava a deter grande poder político (Carone, 1972, pp. 153-159). Aglutinados em regiões fortes na concentração dessa economia, como São Paulo, atraíam uma grande população de trabalhadores, majoritariamente composta por tais imigrantes, mas também com a presença da população nativa, junção que marcava a especificidade na identidade na formação da classe trabalhadora na cidade.

No começo do século XX, as áreas rurais ainda representavam a grande maioria da concentração desses trabalhadores (Welch, 2010, pp. 47-51).Não obstante, o avanço industrial, atrelado à grande recepção de pessoas nesses ambientes, resultava o rápido crescimento dos centros urbanos. A construção de bairros operários e das habitações populares, próximos às áreas férreas como Água Branca, Barra funda, Brás, Bom Retiro e Luz ou próximos aos rios, como Pari, Belenzinho, Penha e Mooca, foi um processo marcado por uma clara distinção social em relação a outras regiões de moradia, como Higienópolis, no qual se concentravam a população com maiores rendimentos (Godoy, 2013, p. 73). As classes proletárias e subalternas sofriam com as condições precárias de moradia e trabalho, acompanhados por mecanismos repressivos por parte das autoridades e pela exclusão das decisões do desenvolvimento político institucional, que barravam as tentativas de transformação dessas contradições.

Como apontado, nesse período, a disseminação de livros, panfletos, símbolos e a circularidade de personagens orientados pelo socialismo ou por práticas mutualistas, assinalavam a presença em diversas partes do país (Biondi, 2011).Na capital paulista, tais condições, forneceram elementos para a aparição e proliferação dos ideários anarquistas. O grupo em torno do jornal *L'asino Humano*, por exemplo, deixava sua presença atuante no *Centro Socia-*

*lista Internazionale*, em atividade desde 1893, que agregava a participação de socialistas com ramificações políticas diversas. Um dos primeiros periódicos de aproximação aos ideais libertários na cidade, o *Gli Schiavi Bianchi*, publicado desde 1892, conseguiu tiragens consideráveis e a consequente atenção dos aparatos repressivos do Estado. De acordo com a autora Claudia Leal, a preocupação das autoridades com a publicação do periódico, além do medo da "anarquia" assombrando outros países desde XIX e consequentemente alertando a polícia de diversos destes, poderia ser derivada também da recepção de suas críticas dirigidas às situações degradantes que os trabalhadores, no campo e na cidade, passavam ao se estabelecer no Brasil. Para a autora,

> Como sugere o título do jornal—os escravos brancos—, o objetivo do seminário era atender a colônia de imigrantes italianos, "os escravos brancos" trazidos para substituir os escravos recém libertos. A própria comparação da condição entre os trabalhadores europeus livres e vindos voluntariamente para o Brasil e os africanos sequestrados de sua terra natal e submetidos ao trabalho compulsório já adiantava o tom de denúncia que o jornal propunha veicular. (Leal, 2006, p. 174)

Além disso, o jornal possuía redes de correspondência internacionais, estabelecendo contato com grupos e outros periódicos anarquistas de outras cidades, como Nova York e Buenos Aires, figurando o internacionalismo prático dos grupos anarquistas. No entanto, para Clayton Godoy, essas primeiras experiências da presença anarquista na cidade, apesar de já contarem com articulações internacionais, estavam ancoradas através de associações étnicas, principalmente de regiões italianas. Desse modo, para o autor, os ativistas anarquistas tinham redes de contato bem definidas, mas falharam em desenvolver uma atuação mais coerente com os problemas locais (Godoy, 2013, pp. 80-132).

Embora estivessem marcados por essa tendência, as associações de caráter étnico não eram uma particularidade do movimento anarquista. Para o historiador Luigi Biondi, algumas sociedades de socorro mútuo, ligas sindicais e grupos políticos comumente se associavam com membros que se reconheciam através de locais de origem ou língua comum. Alguns bairros tinham uma presença marcante e até esmagadoramente maioral de imigrantes, que por sua vez, se viam isolados, juntamente com boa parte da população, da política institucional, e nesse sentido, tal tendência facilitava os processos de organização política e sindical, em um primeiro momento (Biondi, 2011). De fato, em outros casos, esse ideário pode ter emperrado movimentos de resistência mais amplos, levando em conta a heterogeneidade do composto dos trabalhadores em outras regiões. No entanto, tal caráter não necessariamente excluía outros tipos associações, como de ofício, contando com uma forte interpretação de resistência classista, tendência que será reforçada nas próximas décadas, na cidade, acompanhando as estratégias anarquistas.

Por isso, mesmo que os fenômenos migratórios fossem importantes para a disseminação do anarquismo na cidade, esses por si sós não garantiram o sucesso de sua empreitada. Nesse movimento, a partir do século XX, o crescimento das cidades, as próprias condições impostas a uma população em potencial avanço em numérico, a condição de vida dos trabalhadores, a migração interna dos campos para a cidade e a circulação de reclamações, através de instrumentos comunicacionais como a imprensa e outros, resultaram na intensificação das formas associativas e de resistência política englobando o conjunto desses trabalhadores que começavam a vivenciar experiências comuns, agregando e usando em seu favor culturas políticas como o anarquismo.

Para compreendermos esse processo, o autor Mike Savage afirma que é necessário dosarmos com ponderação as contribuições dos estudos marxistas clássicos, que visavam o estudo das transformações econômicas, com as pontuações dos estudos que versam sobre a constituição do processo de trabalho em si (como os weberianos), além daqueles que pontuam as atividades culturais das classes subalternas. Nesse sentido, visando alargar o conceito de caracterização da classe operária e consequentemente os seus comportamentos, entre eles os políticos, o autor propõe a observação sobre os fatores gerais e particulares que circulam sobre a *insegurança estrutural* vivida pelos personagens analisados, uma que vez que

> Na sociedade capitalista, a retirada dos meios de subsistência das mãos dos trabalhadores significa constrangê-los a acharem estratégias para lidar com a agudeza da vida diária, que deriva de seu estado de impossibilidade de reprodução autônoma e sem o apelo de outras agências. Essa formulação nos possibilita reconhecer certas pressões estruturais sobre a vida operária, embora também pontue a urgência de examinarmos a enorme variedade de táticas que os trabalhadores podem escolher para cuidar de seus problemas. (Savage, 2004, p. 33)

Ou seja, não são propriamente os fatores econômicos ou macro sociais gerando comportamentos quase automáticos, mas não ignorando totalmente estes, como grupos ou indivíduos interpretaram momentos de insegurança vivenciada por uma rede social que, em diversos casos, proporcionaram estratégias para tencionar seus problemas.

As orientações fornecidas pelo autor, elucidam os motivos da mudança de rumos que o movimento anarquista daria na cidade, penetrando, de forma considerável, entre o gradiente de orientações étnicas e culturais presentes na classe proletária na cidade de São Paulo. Entre eles estavam o português Neno Vasco, os italianos Oresti Ristori, Giulio Soreli, Gigi Damiani, Luigi Magrassi, Angêlo Bandoni, Alessandro Cerchiai e também outros nascidos no país como Benjamin Mota, Edgard Leuenroth, Isabel Cerruti e João Crispim. Tais militantes participaram das atividades de reivindicação na cidade, denunciando a exploração da mão-de-obra nas fábricas e fazendas e incentivando a organização sobre o espectro da ação direta, estabelecendo conexões entre diversas associações como São Paulo e Rio de Janeiro e outras partes do mundo, como Argentina, Itália e Portugal (Toledo; Biondi, 2010, pp. 389-416). Atrelado a essa tendência, a partir de 1900, uma grande onda de grupos anarquistas como *Filhos da Era Anarquista*, *Centro Feminino Jovens Idealistas*, *Filodramático Libertário*, *Nuova Civilitá*, *La propaganda*, *Pensiere e Azione* e um número crescente de periódicos em torno desses como *Grito do Povo, Palestra Social, A Lanterna, Germinal, La Nuova Gente, O Amigo do Povo, O Livre Pensador, La Battaglia, Azione Anarchica*, expandiam suas atividades consideravelmente, sendo pragmáticos e assíduos em sua atuação.

### O anarquismo e suas estratégias políticas e sindicais nas primeiras décadas do século XX.

Após o colapso da Primeira Internacional, o anarquismo, que tinha uma relação íntima com as estratégias sindicalistas, sofreu sua primeira mutação.Acompanhando a própria construção do anarquismo em forma global, essa estratégia, que pode ser observada entre alguns desses militantes, foi a chamada *antiorganizacionista*. Não rompendo completamente com os ideários étnicos, mas apresentando considerável inserção nos movimentos trabalhistas e subalternos, essa forma de luta, que confrontava a tática sindicalista, circulava entre os ativistas redatores do difuso periódico *La Battaglia*. Para o grupo em torno desse,

> O sindicalismo nada tem de comum com o anarquismo, ou melhor, tem demais: o caráter efetivo de ação do sindicalismo é a negação do anarquismo. [...] O partidão sindicalista é uma vasta armadilha em que foram colocados os princípios fundamentais do socialismo e da anarquia para enjaular o elemento proletário e lança-lo em seguida à gloriosa conquista do sagrado aumento de dois vinténs para o dia de trabalho. (*La Barricata*, 1913, em

Toledo, 1994, p. 32)

Esses acreditavam no caráter reformista ou supostamente ilusório dos sindicatos, que ao se cristalizarem ou ao proporem ganhos materiais, emperrariam a insurreição efetiva e a quebra com o sistema econômico capitalista. Em resposta criavam grupos de ativismo não hierárquicos, incentivavam paralisações nas fábricas e manifestações coletivas momentâneas atreladas aos grupos de propaganda, as táticas educacionais e os boicotes sistemáticos nos ambientes trabalhistas, como principais elementos.

O principal jornal que pregava essas táticas e estratégia, o *La Battaglia*, começava a ser redigido em 1904, escrito em língua italiana, que chegou a oferecer uma tiragem de cinco mil exemplares, número surpreendente para qualquer jornal do período. Sua empreitada, também tentava articular e mobilizar a população rural para se revestirem contra os graves problemas das condições que se encontravam (Leal, 1999, p. 47). Assim, dentro de uma tradição que, de forma prática e teórica, também incluía e se desenvolvia entre os camponeses, esses anarquistas tencionavam a suposta imobilidade destes, atribuída por outros grupos políticos. Mesmo difícil de implementar boicotes e greves nesses ambientes, assim como realizar a propaganda, militantes noticiavam e inflamavam reivindicações.[1]

Devido sua grande recepção na comunidade de origem italiana, foi inevitável que alguns personagens, em torno deste periódico, ainda tivessem recostos das uniões e ideários étnicos. Nesse aspecto, ao tentar comparar, por vezes, os processos reivindicatórios dos lugares de origem para sua situação local, anexavam discursos de segregação, julgando a população nativa como passiva, assim como a rede política institucional do Brasil atrofiada ou retrógrada (Biondi, 1994).

Esse é um caso de como esse tipo de associação, apontado anteriormente, apesar de contribuir com a rápida disseminação de projetos políticos dentro de grandes grupos imigrantes, em contrapartida, algumas vezes, dificultava a implementação efetiva destes entre trabalhadores nativos criando empecilhos para uma ação conjunta. Embora, como citado, muitas vezes, associações e intenções militantes misturassem os elementos de classes e etnias, estabelecendo muitas mediações entre estes. Dessa maneira, essas posições, que de forma alguma foram consonantes, já que essa não era uma posição única do jornal, uma vez que a constituição dos nacionalismos também não foi, não anulam por completo a relevância de tais personagens nos movimentos contestatórios, que garantiram formas específicas de resistências.

De acordo com Claudia Baeta Leal, tal grupo participou ativamente nos movimentos que envolviam os trabalhadores, inclusive com papel determinante no seu cuidado especial sobre as áreas rurais. Além disso, sua afinidade ética não abarcava todos os imigrantes italianos, muito menos aqueles provindos das classes médias, que tinham resistência ás ideias revolucionárias por tenderem manter suas respectivas posições sociais. Sua escolha e posição sistemática entre os trabalhadores subalternos, operários e camponeses revela, por vezes, muito mais *"uma estratégia de luta*[sic]*"* (Leal, 1999, p. 42) do que um ideário étnico inconsciente.

Nesse sentido, a escolha da associação fora do espectro sindical, as campanhas incisivas contra as autoridades contestando formas arbitrárias de governabilidade e o emprego de boicotes tentando mobilizar a população aos abusos no ambiente de trabalho também refletiam a posição do toscano Oreste Ristori, um dos seus principais redatores. O militante havia chegado ao Brasil em 1904, depois de sua passagem na Argentina e Uruguai. Na sua trajetória, que teve início nas regiões toscanas da Itália na década de 1880, aderiu diversas práticas insurrecionais e ligou-se a personagens de orientação individualista, incluindo, em suas estratégias, atentados e roubos, motivo pelo qual foi detido e encarcerado diversas vezes, inclusive em regiões destinadas aos exílios. Também ficou conhecido pelas autoridades e pelas redes militantes como agitador de diversas manifestações, participando de grupos com diversidades ideológicas, como republicanos, anarquistas, socialistas e radicais em geral. Não obstante, pela sua intensa circularidade, obteve contato com anarquistas de forte influência dos movimentos trabalhistas como Luigi Fabbri, defensor das táticas sindicais e da organização específica anarquista, estabelecendo contato, já na metade da década de 1890, com o jornal *L'agitazione* de Ancona, que defendia posições próximas de Errico Malatesta em sua fase organizadora (Romani, 1998, pp. 17-47). Sem desconhecer, portanto, os debates anarquistas dentro dos sindicatos, no entanto, Ristori preferia optar pelas táticas *antiorganizacionistas* e propagandísticas em grupos não solidificados, acreditando alcançar, de sua maneira, uma sociedade autogerida, mesma posição encontrada em outros grupos que também teve contato posteriormente como o jornal *L'Avvenire* de Buenos Aires. Isso não significa que tenha aderido por completo o conjunto de ideias radicais difusas, antes, nesse momento, que definiria muito de suas posições no futuro, estava convicto do suposto caráter reformista do sindicato, mas apresentava outras técnicas e propostas que gravitavam na cultura política anarquista para adentrar nos movimentos dos trabalhadores e dos grupos subalternos.

Todavia, no início do século XX, uma outra estratégia começava a ser levada a cabo na cidade, que foi majoritária entre os anarquistas, inclusive também em plano internacional. A tática era a *organizacionista* e gravitava em torno do periódico *O Amigo do Povo*. A partir de 1902, esse era o primeiro jornal anarquista em língua portuguesa com regularidade considerável que estimulava os movimentos classistas e às associações de caráter sindical. Seus principais redatores, envolvidos também com atividades educativas, através dos anos, assumia sua clara tática de organização, ligados à defesa do sindicalismo de orientação revolucionária e com a preocupação deste em aderir tradições combativas na cidade (Samis, 2009, pp. 89-95).Para os militantes do periódico, a organização com vias revolucionárias pela ação direta (fora do espectro parlamentar) e a luta de ganhos materiais pelos movimentos sociais existentes estariam imbricados, e a associação prática seria o resultado dessa junção. Nesse caso,

> Devemos... favorecer todas as lutas por liberdades parciais: na luta aprende-se a lutar e quem começa a saborear um pouco de liberdade acaba por querê-la toda. Estejamos sempre com o povo, procuremos ao menos que pretenda alguma coisa e que esse pouco ou muito que queira, o queira conquistar por si mesmo [...]. Contra o governo, que tem exércitos e polícias, não se faz guerra de argumentos, que o não convencem: a luta é toda física, material. (*O Amigo do Povo*, 1902, em Oliveira, 2001, p. 33)

Desse modo, se as ligações étnicas e a disseminação de movimentos exteriores eram inegáveis tendências, esse fato não cancelou por completo a recepção desses ideários por movimentos já existentes ou por embates constituídos anos anteriores. O historiador Marcelo Badaró Mattos, afirma, no caso específico do Rio de Janeiro, não foram raros os casos de indivíduos, ligados anteriormente aos movimentos abolicionistas ou republicanos, se juntassem na construção dos organismos trabalhistas de revelo, inclusive de intenção socialista ou revolucionária. Para o autor,

> [Os] trabalhadores assalariados, que compartilhavam espaços de trabalho e de vida urbana com os escravizados, atuaram coletiva e organizadamente pela sua libertação, demonstrando que este tipo de solidariedade na luta pela liberdade era parte do arsenal de valores da nova classe em formação. Tipógrafos abolicionistas, tipógrafos republicanos, tipógrafos socialistas [...]. Tais trajetórias e seus cruzamentos foram possíveis porque trabalhadores escravizados e livres partilharam formas de organização e de luta, gerando valores e expectativas comuns, que acabariam tendo uma importância

central para momentos posteriores do processo de formação da classe. (Mattos, 2009, pp. 61-64)

É evidente que no Rio de Janeiro a demanda de ex-escravos foi particularmente maior, no entanto, tais sugestões podem evidenciar que o movimento sindical e suas respectivas orientações políticas em seu interior não eram algo exógenos ou estanques da realidade dos movimentos sociais no Brasil. Mesmo movimento se deu na construção dos veículos de divulgação dessas ideias e comportamentos como no caso do *Amigo do Povo*, aglutinando personagens de diversas escalas regionais, nascidos no país e imigrantes, almejando exercer suas atividades aos movimentos já existentes e tentando articular associações que foram formadas antes do início de suas publicações.

Com o crescimento das associações sindicais e da imprensa operária, dessa maneira, oferecendo condições favoráveis, e acompanhando uma tendência global, os anarquistas que contavam com as estratégias *organizadoras* ganhavam seu espaço. Embora na cidade, especificamente, debates acalorados pairavam sobre as formas de atuação dos libertários frente ao sindicalismo (Toledo, 2004, p. 298). Esse grupo, ainda com fortes ligações internacionais, tentava mostrar que o anarquismo não era uma um movimento estanque da realidade brasileira, ou fruto da vinda de "estrangeiros incorrigíveis ou perigosos", como algumas autoridades e outros periódicos ligados aos grupos mais abastados defendiam (Samis, 2009, p. 106).

Dessa posição, um dos militantes de destaque foi Gregório Nazianzeno de Vasconcelos, nome verdadeiro de Neno Vasco. Nascido em Portugal no ano de 1878, foi, com oito anos de idade, para São Paulo com sua família. Voltou para seu país de origem para concluir seus estudos como bacharel em direito. Após isso, em 1900, começou a se envolver com atividades militantes denunciando as arbitrariedades da polícia e a escrever em diversos periódicos, entre eles os republicanos. Com seu retorno a São Paulo em 1901, firma seu contato com militantes anarquistas e estabelece íntimas relações com o movimento operário da cidade. Daí em diante, Vasco passou a apoiar o sindicalismo como tática importante entre os anarquistas para a construção de uma nova sociedade (Samis, 2009). Vasco escreve em sua obra:

> Se procurarmos, não as origens filosóficas do ideal anarquista, nem a filiação do sentimento libertário nas revoltas e aspirações populares do passado – porque isso perde-se vagamente na noite dos tempos – mas sim no aparecimento dum movimento anarquista definido, do anarquismo operário com todas as características essenciais que tem hoje, vamos encontrá-lo sindicalista antes do termo, no seio da Internacional e das associações internacio-

nais que Bakunin foi o principal inspirador. (Vasco, 1984, p. 75)

Como tática indispensável, o anarquismo deveria, para o militante, estabelecer formas de organização interna entre os grupos, mas, ao mesmo tempo, se associar com as entidades trabalhistas a fim de congregá-los contra as contradições do sistema social que estavam.

*A militância anarquista nos bastidores do sindicalismo revolucionário e nas reivindicações operárias.*

Mesmo com estratégias diversas, principalmente sobre a questão do sindicalismo e as formas de atuação neste, as trajetórias analisadas mostram que não podemos separar esses ativistas em correntes ideológicas separadas. Apresentando nuances em suas formas de atuação, os anarquistas, no geral, mantiveram estreita relação e tentavam manter aspectos ideológicos comuns por meio de debates, campanhas e até mesmo a escrita de um jornal para o outro, fazendo circular intensamente as próprias táticas e estratégias entre os grupos. O próprio Ristori definiu seu jornal aberto a todas as tendências táticas, sendo um polo catalisador de várias iniciativas derivadas do movimento libertário na cidade. Do mesmo modo, *O Amigo do Povo*, recebia os debates e orientações de militantes ligados a táticas divergentes, como Angêlo Bandoni, Giullio Sorelli e o próprio Oresti Ristori (Samis, 2009, p. 96).

É possível perceber a flexibilidade dos militantes que atuavam em jornais e grupos diversos. Houve a existência de personagens que mantiveram relações estáveis com seus principais grupos de afinidades ou posições mais ou menos fixas, mas também existia uma poderosa mobilidade nas construções e desconstruções dos grupos libertários e na utilização de seus métodos sociais e políticos (Oliveira, 2001, p. 51). Os militantes libertários assíduos se reconheciam dentro de uma mesma família política, esta que, por sua vez, não se constitui apenas de táticas, mas também de símbolos, festas, ideários e, não obstante, pela tensão de estratégias diversas, que davam potência para a disseminação da cultura política anarquista.

Do mesmo modo, muitos desses ativistas, mesmo divergindo, em seus discursos, sobre a posição do sindicalismo e seus usos, atuavam, com suas respectivas posturas, em importantes organismos trabalhistas. Esse caráter foi demonstrado na construção da COB (Confederação Operária Brasileira), iniciativa altercada no Primeiro Congresso Operário Nacional, principalmente pela experiência das associações sindicais do Rio de Janeiro, entre eles a FORJ (Federação Operário do Rio de Janeiro), herdeira da Federação Operária Regional (Samis, 2009, pp. 113-119). A COB, com limitações para se constituir nacionalmente, se esforçava para coordenar e ligar as associações trabalhistas de várias regiões do Brasil, como São Paulo, Distrito Federal, Rio Grande do Sul, Ceará e Pernambuco. Para a autora Edilene Toledo, a confederação "era formada por federações nacionais de indústria ou de ofício, uniões locais e estaduais de sindicatos, sindicatos isolados em locais onde não existiam federações ou de industrias e ofícios não federados"(Toledo, 2013, p. 14).

Estiveram presentes no congresso quarenta e três delegados representando vinte e oito associações que apresentavam, no seu interior político, ativistas de orientações diversas, entre esses reformistas, socialistas e também muitos sindicalistas que se reivindicavam pragmáticos. Igualmente, não é difícil perceber a forte movimentação de personagens com clara posição libertária. Representando São Paulo e Rio de Janeiro, por exemplo, estavam presentes Edgard Leuenroth, Astrojildo Pereira, João Crispim, Luigi Magrassi, Giullio Sorelli, Motta Assunção e outros, exercendo posições relevantes como organizadores (Samis, 2009, pp. 114-116). A confederação encaminhava a luta material dos trabalhadores e também, dessa maneira, estreitava as ligações de militantes no interior de famílias políticas, como os anarquistas de diversas regiões que almejavam dar potência, com o passar do tempo, para oportunidades revolucionárias. Essa mesma sombra da atividade anarquista pairava sobre as publicações do jornal *A Voz do Trabalhador*, escolhido como porta-voz desse organismo.

Os *antiorganizacionistas* anarquistas, mesmo céticos à entidades pragmáticas, acompanharam as decisões e caminhos tomados, do contrário, não seria possível a formulação de duras críticas encontradas nas palavras de Oresti Ristori em *La Battaglia* sobre o referido congresso. Inconsequentemente, os aderentes dessa estratégia deixavam seus rastros, mesmo minoritários, e igualmente, absorviam práticas e intenções para sua bagagem militante. Pois Ristori, nesse momento, não negava

> sistematicamente às greves parciais enquanto forma de luta de uma ou mais categorias. Em muitos casos, além de abrir espaço a cada edição, para o acompanhamento dos movimentos grevistas em andamento, envolvia-se diretamente em sua articulação e difusão. O próprio Oreste viajou várias vezes ao interior, particularmente a Santos, entre maio e junho de 1907, participando ativamente da organização da greve geral pela jornada de oito horas. (Romani, 1998, p. 158)

Nas resoluções da COB, o projeto articulado e discutido por variadas redes militantes, parecia encaixar perfeitamente em uma tendência levado adiante e tencionado por diversos anarquistas no período. Longe de defender um vínculo explícito com a ideologia anarquista, a maioria dos ativistas presentes defendiam a ideia de um sindicato livre de conceitos partidários, com clara posição de ação direta, autogestão e federalismo, muito parecida com as resoluções da CGT (Confédération générale du travail) na França (Samis, 2009, p. 115). Assim, para Neno Vasco

> O Congresso não foi, de certo, uma vitória do anarquismo. Não o devia ser. A Internacional, desfeita por causa das lutas de partido no seu seio, deve ser memorável lição para todos. Se o Congresso tivesse tomado caráter libertário, teria feito obra de partido, não de classe. O nosso fim não é constituir duplicatas dos nossos grupos políticos. Mas se o Congresso se não foi, a vitória do anarquismo, foi, porém, indiretamente útil à difusão das nossas idéias. (Vasco, *A Terra Livre*, 1906, n. p.)

Tal posição, análoga a de Malatesta, encontrada posteriormente no Congresso Anarquista de Amsterdã em 1907, tinha como intenção agregar trabalhadores de ofícios, regiões e ideologias diversas, transformando os organismos de coordenação sindical especialmente para a luta econômica, e por consequência, em um excelente espaço de propaganda ou mesmo possibilitando a infiltração, por meio de redes e articulações, dos anarquistas (Malatesta, 2008). Como vimos, esses anarquistas também acreditavam que o sindicato seria um dos ambientes, bem como uma das estratégias a ser seguidas pelos seus grupos libertários. Da mesma forma não negavam sua tendência ao reformismo, mas acreditavam, por essa mesma razão, sobre o prisma das estratégias *organizacionistas*, que era imprescindível o trabalho anarquista nesses, onde defendiam seu caráter pela luta material imediata, mas ao mesmo tempo tencionavam outras ideologias que também se infiltravam.

Consequentemente, militantes ligados ao sindicalismo revolucionário autossuficiente ou socialistas garantiam também seus interesses, em um planeamento, que aparentava possibilitar ganhos e vantagens para todos os lados que aderiam às posições revolucionárias em detrimento das intenções reformistas. Assim, a COB, tinha entre os objetivos principais

> promover a união dos trabalhadores para a defesa de seus interesses morais, materiais, econômicos e profissionais; estreitar laços de solidariedade entre o proletariado organizado, dando maior força e coesão a seus esforços; estudar e propagar os meios de emancipação do proletariado e defender publicamente as reivindicações econômicas dos trabalhadores, através de todos os meios e especialmente através do jornal A Voz do Trabalhador; reunir e publicar dados estatísticos e informações exatas sobre o movimento operário e

as condições de trabalho em todo o país. (Toledo, 2013, p. 14)

Assim, embora os anarquistas estivessem intimamente envolvidos com a construção do sindicalismo revolucionário na cidade, outros grupos pareciam revogar e instrumentalizar esse caráter e esse vetor para si. O jornal *O Carpinteiro*, em 1905, citando sobre a construção de ligas de resistência e sindicatos que lutavam pelas oito horas de trabalho, no caso brasileiro, publicou:

> As organizações operárias, pelos métodos em que são baseadas, pelos fins que se estabelecem, devem necessariamente, indiscutivelmente, ficar autônomas. A Liga de Resistência é o resultado direto da luta de classe e seu valor está em relação com a sua força numérica [...]. De fato, elas não seriam abertas senão pelos socialistas, pois a adesão à Liga teria por consequência a adesão, mesmo indireta ao partido [...]. (*O Carpinteiro*, 1905, em Toledo, 2004, p. 284)

Evidentemente, os próprios anarquistas defenderiam que a construção do sindicalismo revolucionário seria uma conquista dos próprios trabalhadores e por isso deveriam construir grupos políticos libertários com programas prévios, para resguardar suas formas de atuação. Essa inclinação na cidade teve bastante dificuldade de ser efetivada, e só foi proposta a primeira vez em 1915 pela chamada Aliança Anarquista (Biondi, 1994), talvez exatamente pela íntima ligação que os anarquistas tinham com o movimento operário na cidade gastando a maioria de seus esforços nesse (Samis, 2009).

Os mesmos encaminhamentos, que englobavam diversos projetos, mas que revelavam a consequente presença dos anarquistas, se deram na constituição da primeira tentativa de construção da FOSP (Federação Operário de São Paulo) em 1905. Essas práticas possibilitaram a interpelação de eventos reivindicatórios, como as greves incitadas nas comemorações do primeiro de maio em 1907 (Romani, 1998, p. 153). Nesta data, a partir do dia quatro de maio, os metalúrgicos da companhia Lidgerwood ao protestar melhores condições e a jornada de oito horas, foram conectados por outras categorias como pedreiros, sapateiros, tecelões, gráficos, possibilitando considerável amplitude reivindicativa. Os anarquistas, sobre uma meta internacional, inflamavam sistematicamente as lutas pelo direito às oito horas de trabalhado. Esses, além de sua posição no interior da FOSP, ofereceram discussões e disseminaram notícias através de diversos jornais, entre eles o *Germinal, La Battaglia* e *O Amigo do Povo* (Lopreato, 1996, p. 12). Algumas categorias saíram vitoriosas, pelo menos durante algum tempo que vigorou os diretos requeridos. Não obstante, a repressão policial, como era comum sobre os grupos ativistas, caiu sobre a FOSP, dissolvendo o organismo e prendendo líderes e militantes em torno deste.

Mesmo diante dessas adversidades em construir laços e organismos mais sólidos, é interessante notar que a forte disseminação dos grupos anarquistas, especialmente em São Paulo e no Rio de Janeiro, tem evidentes paralelos com a própria construção do movimento operário nestas cidades, estes que também tinham correspondências com outros pontos da América do Sul e do continente europeu. A COB, por exemplo, utilizava a influência de projetos exteriores, como a CGT na França e a Confederação Geral do Trabalho na Itália (Toledo, 2013, p. 13), não obstante, sobre a língua de seu contexto e demandas particulares, criava outras performances e propostas específicas, que abriam discussões sobre o andamento do movimento operário em âmbito global, inclusive com conexões, por exemplo, entre Argentina e Portugal, onde as estratégias do sindicalismo revolucionário também se faziam presentes (Romani, 1998, p. 153). Sobre esse último caso, Neno Vasco, nesse intuito, ao retornar para as regiões lusitanas a partir de 1911, encaminhava as perdas e ganhos do movimento em que participou no Brasil, afirmando que

> agora, os fatos devem forçar a C.G.T a fazer-se, sem se tornar confessional ou sectária, seja animada pelo espírito de liberdade e autonomia e se inspire nos verdadeiros interesses gerais do proletariado. Se tal fizer, como é bem provável, terá em torno as organizações sindicalistas da Inglaterra, da Itália, da Espanha, de Portugal, da América do Norte e de toda a América do Sul, belo reservatório de energias futuras. (Vasco, *A Lanterna*, 1914)

No artigo do militante, escrito no final de 1914, a preocupação não se referia apenas à entrada de partidos no sindicato. O ativista também estava preocupado com os danos que Primeira Guerra Mundial trouxera às entidades sindicais como a CGT na França, dividindo e contrapondo os militantes através de suas respectivas nações de nascimento. Dessa forma, através de sua trajetória, Vasco incluía, como muito importante, a participação e a experiência dos organismos sindicais também das regiões do Atlântico Sul, em um espectro anti-imperialista e contrário aos conflitos nacionais, atitude que também refletia as fortes ligações transnacionais de continuidade organizativa, de forma prática.

Os debates internacionais, principalmente a partir do século XX, não ocorriam apenas de áreas centrais (industrializadas), do atlântico norte para as outras, como se a ideologia estivesse pronta e repassada sem transformações para outras regiões. As próprias decisões e o andamento do anarquismo enquanto movimento internacional se deveram graças à atuação e discussão nos ambientes colonizados ou que os resquícios da escravidão e do imperialismo atuaram de maneira mais intensa (Schmidt; Walt, 2009). Os militantes tentavam tencionar a cultura política anarquista através dessas realidades e ao compor diferentes espaços, abriam discussões nos ambientes operários, anarquistas e socialistas de forma transnacional (Hirsch; Walt, 2010). Obviamente esse advento não foi harmônico, ao fazerem isso, muitas vezes, absorveram símbolos e práticas estanques de sua referência política principal, posições que também eram constantemente adaptadas ou revistas quando confrontadas com suas redes militantes, pela teoria que se reportavam e pelas limitações locais, como a recepção de seus discursos.

*O anarquismo frente à repressão e o fortalecimento do aparelho estatal.*

Além das tensões de suas estratégias, a dificuldade para a implementação de órgãos políticos anarquistas bem como o choque com outras culturas políticas, o verdadeiro entrave para o fortalecimento do anarquismo bem como dos próprios interesses de classe ou mesmo sindicais de forma geral, estava a grande repressão provinda do aparelho estatal descendente dos abusos do sistema escravista mas que foi reinterpretado ao novo sistema republicano, servindo também aos chefes industriais ou agrícolas nesse período. Desde a década de 1890 várias atitudes arbitrárias, já que não havia leis específicas para a presença de ativistas imigrantes, eram colocadas em práticas pelas autoridades no Brasil, deportando suspeitos de envolvimento com os ideais libertários, acreditando que esta era essencialmente uma ideologia estanque da realidade local e que a saída desses supostos indivíduos representaria o declínio imediato do movimento anarquista (Leal, 2002, pp. 94-106).

A partir de 1912 as leis para a permanência de estrangeiros no país se tornaram mais rígidas, bem como o aumento de tentativas de expulsão, resultando também em várias pressões de militantes internacionalistas, de outros países, ao tentarem denunciar os abusos da polícia no Brasil (Oliveira, 2009, p. 224). As constantes prisões e empastelamentos dos principais jornais anarquistas serão reforçados nos períodos de grandes manifestações, como de 1917. Outros grandes levantes populares, nem sempre ligados aos anarquistas diretamente, serão usados também para a prisão destes como no caso da "Revolta paulista de 1924". Nesse evento, aproveitando a situação de alarde, as autoridades locais, de forma arbitrária, levaram vários ativistas assíduos da cidade de São Paulo para áreas de exílio e contenção na região norte do Brasil (Romani, 2009).

*Considerações finais.*

Embora largamente tratado na historiografia brasileira e evidentemente não sendo a única ideologia dentro dos movimentos trabalhistas e sindicalistas, o anarquismo ainda representa um tema essencial para compreendermos a formação e os comportamentos da classe trabalhadora em diversos pontos da América Latina. Nesse sentido, o objeto em questão pode ser abordado à luz de novas vertentes historiográficas, atentos aos conflitos materiais e políticos inerentes a constituição da sociedade contemporânea.

Em diversas dessas regiões, onde aglutinaram os trabalhos industriais, agrícolas e comerciais, o movimento anarquista representou um incisivo contraponto às medidas arbitrárias do Estado, as fortes influências patriarcais e a efervescência de projetos ligados ao avanço do capitalismo industrial e de suas contradições. Os militantes libertários nunca deixaram de se envolver nas situações cotidianas e na vida material dos pares que os circulavam bem como na construção ou incentivo de vetores sociais e políticos para reclamar melhores condições.

Diferente de discursos que reverberavam desde a chegada dos anarquistas, mas presentes em diversas interpretações históricas sobre esses, uma análise minuciosa de suas estratégias e inserção nos movimentos trabalhistas e subalternos constatou que sua ideologia não era algo estanque da realidade brasileira. Como mostrado, o fluxo migratório desse período com certeza foi um dos poderosos elementos da disseminação do anarquismo, mas não garantiu seu sucesso e sua implementação nos anos iniciais da formação da classe trabalhadora em cidades como São Paulo. Nesse advento, não foram raras as vezes que os anarquistas construíram vetores sociais e políticos como o sindicalismo revolucionário para promover a união dos trabalhadores seja em forma regional ou de ofício e promover a melhoria de suas condições de vida, acreditando, mais tarde, alcançar a quebra com o sistema que encaravam como desigual. A existência de inúmeras estratégias, as vezes divergentes, potencializou essa disseminação entre diferentes tipos de trabalhadores. Os *antiorganizacionistas*, por exemplo, tentaram introduzir seus ideais entre os trabalhadores agrícolas, estes que eram excluídos de outras culturas políticas no período. As diferentes performances dos ativistas libertários, do mesmo modo, abriram discussões em diversos ambientes operários e círculos anarquistas internacionais e ajudaram a consolidar o anarquismo sobre o espectro internacionalista, caráter que será reforçado nos conflitos mundiais posteriormente.

Porém, paradoxalmente, a heterogeneidade das táticas e o enfraquecimento de vetores políticos com programas anteriormente definidos talvez sejam umas das principais quedas do movimento anarquista na cidade de São Paulo e até no Brasil, em comparação com outras regiões como o Uruguai que conseguiu efetivar a FAU (Federação Anarquista Uruguaia) sobrevivendo a crise do sindicalismo mundial e os regimes ditatoriais nas décadas futuras (Rugai, 2012). No entanto, trabalhos ainda devem atentar ao caráter específico e arbitrário da repressão por parte do aparelho estatal brasileiro, eficaz em minar movimentos sociais e populares, questões que devem ser tratadas com maior cuidado em outra oportunidade.

## Notas

1  Michael Hall y Paulo Sérgio Pinheiro mencionam uma grande greve no campo citada pelo jornal *La Battaglia* (Hall y Pinheiro, 1985, pp. 98-99).

## Referências

Biondi, Luigi. (1994). *La stampa anarchica in Brasile: 1904-1915.* (Tese de láurea). Departamento de História, Universitá di Studi di Roma "La Sapienza", Roma.

Biondi, Luigi. (2004). *Travessias Revolucionárias: ideias e militantes sindicalistas em São Paulo e na Itália (1890 – 1945).* Campinas: Unicamp.

Biondi, Luigi. (2010). Constructing Syndicalism and Anarchism Globally: The Transnational Making of the Syndicalist Movement in São Paulo, Brazil 1895-1935. Em Steven Hirsch e Lucien Van Der Walt (Eds.), *Anarchism and Syndicalism in the Colonial and Postcolonial World, 1870-1940: The Praxis of National Liberation, Internationalism and Social Revolution* (pp. 363-394). Leiden: Brill.

Biondi, Luigi. (2013). Para a união do proletariado: a Confederação Operária Brasileira, o sindicalismo e a defesa da autonomia dos trabalhadores no Brasil na Primeira República. Em Edilene Toledo, *Perseu: história, memória e política* (Vol. 10, pp. 11-31). São Paulo: Editora Perseu Abramo.

Campos, Cristina Hebring. (1988). *O Sonhar Libertário: movimento operário nos anos de 1917 a 1921.* São Paulo: Unicamp.

Carone, Edgar. (1972). *A República Velha – Instituições e classes sociais.* São Paulo: Difusão Européia do Livro.

Cohen, Ilka. (2008). Diversificação e segmentação dos impressos. Em A. L. Martins y T.R. Luca, *História da imprensa no Brasil* (pp. 103-130). São Paulo: Contexto.

Godoy, Clayton (2013). *Ação Direta: transnacionalismo, visibilidade e latência na formação do movimento anarquista em São Paulo (1892-1908).* (Tese de doutorado). Departamento de História, Universidade de São Paulo, São Paulo.

Hall, Michael y Pinheiro, Paulo (1985). Alargando a História da Classe Operária: Organização, Lutas e Controle. *Coleção Remate de Males*, 5, 96-120.

Hirsch, Steven y Van Der Walt, Lucien. (Eds.). (2010). *Anarchism and Syndicalism in the Colonial and Postcolonial World, 1870-1940: The Praxis of National Liberation, Internationalism and Social Revolution.* Leiden: Brill.

Leal, Claudia. (1999). *Anarquismo em verso e prosa: literatura e propaganda na imprensa libertária em São Paulo (1900-1916).* (Dissertação de mestrado). Departamento de História, Universidade Estadual de Campinas, São Paulo.

Leal, Claudia. (2006). *Pensiero e Dinamite: anarquismo e repressão em São Paulo nos anos de 1890.* (Tese de doutorado). Departamento de História, Universidade Estadual de Campinas, São Paulo.

Lopreato, Christina. (1996). *O Espírito da Revolta: a greve geral anarquista de 1917.*(Tese de doutorado). Universidade Estadual de Campinas, São Paulo.

Malatesta, Errico. (2000). *Escritos revolucionários.* São Paulo: Imaginário.

Mattos, Marcelo. (2009). Trajetórias entre fronteiras: o fim da escravidão e o fazer-se da classe trabalhadora no Rio de Janeiro. *Revista Mundos do Trabalho*, 1.

Oliveira, Antoniette. (2001). *(Des) fazer-se, (Re) viver... a (des)continuidade das organizações anarquistas na Primeira República.* (Dissertação de mestrado). Universidade Federal de Uberlândia, Minas Gerais.

Oliveira, Tiago. (2009). *Anarquismos, sindicatos e revolução no Brasil (1906-1936).* (Dissertação de mestrado). Universidade Federal Fluminense, Rio de Janeiro.

Romani, Carlo. (1998). *Oreste Ristori: uma aventura anarquista.* (Dissertação de mestrado). Universidade Estadual de Campinas, São Paulo.

Romani, Carlo. (2009). A revolta de 1924 em São Paulo: uma história mal contada. Em C. Addor e R. Deminicis, *História do anarquismo no Brasil* (Vol. 2, pp. 51-68). Rio de Janeiro, Achiamé.

Rugai, Ricardo. *Um partido anarquista: o anarquismo uruguaio e a trajetória da FAU*. São Paulo: Ascaso.

Samis, Alexandre. (2009). *Minha pátria é o mundo inteiro: Neno Vasco, anarquismo e as estratégias sindicais nas primeiras décadas do século XX.* (Tese de doutorado). Universidade Federal Fluminense, Rio de Janeiro.

Savage, Mike. (2004). Classe e História do Trabalho. Em Claudio Batalha, Fernando Texeira Silva, e Alexandre Fortes, *Culturas de classe: identidade e diversidade na formação do operariado* (pp. 25-48). Campinas: Unicamp.

Schmidt, Michael y Walt, Lucien. (2009). *Black Flame: The Revolutionary Class Politics of Anarchism and Syndicalism*. Oakland: AK Press.

Siqueira, Uassyr. (2008). *Entre sindicatos, clubes e botequins: identidades, associações e lazer dos trabalhadores paulistanos (1890-1920).*(Tese de doutorado). Universidade Estadual de Campinas, São Paulo.

Toledo, Edilene. (1994). *Amigo do Povo: grupos de afinidade e a propaganda anarquista em São Paulo nos primeiros anos deste século.* (Dissertação de mestrado). Universidade Estadual de Campinas, São Paulo.

Trento, Angêlo. (1988). *Do outro lado do Atlântico: um século de imigração italiana no Brasil.* São Paulo: Nobel.

Vasco, Neno. (1984). *Concepção anarquista do sindicalismo*. São Paulo: Edições afrontamento.

Welch, Clifford. (2010). *A semente foi plantada: as raízes paulistas do movimento sindical camponês no Brasil, 1924-1964.* São Paulo: Expressão Popular.

# Izquierdas internacionales y organizaciones de trabajadores en Uruguay (1870-1973)

Rodolfo Porrini
Universidad de la República

Este texto se propone hacer un sintético recorrido por la actuación de tres ideologías internacionales de izquierdas en el Uruguay del siglo XX, apuntando a mostrar sus vínculos con las organizaciones de trabajadores y el movimiento sindical. Entiendo "izquierdas" en un sentido amplio, la de fuerzas, organizaciones y militantes que aspiran a modificar el orden vigente, en una amplia gama que reconoce intenciones "reformistas" y "revolucionarias".

Si bien se las mencionará, en este texto no se incluye todas las izquierdas, como la de los partidos Colorado y Nacional, las también mundiales izquierda católica, trotskista y maoísta, o las variadas "nuevas izquierdas" de los años sesenta.

Se busca esbozar una mirada de largo plazo, construida a partir de textos bibliográficos específicos sobre anarquistas, socialistas, comunistas y las organizaciones de trabajadores, abrevando de una investigación propia sobre el tramo 1920-1950.

El trabajo se organiza en función de una periodización en cuatro tramos, sumariamente contextualizados en lo nacional, y culmina con sintético esbozo de aspectos reconocidos en ese itinerario. La periodización incluye: 1) Los orígenes: las ideologías críticas del capitalismo en el Uruguay (1870-1904); 2) Las izquierdas en el Uruguay *reformista* (1905-1932); 3) Desarrollo industrial, nueva clase trabajadora y el papel de las izquierdas (1933-1955); y 4) Del Uruguay de las crisis a la Huelga General y la disolución de la CNT (1956-1973).

El texto parte de trabajos previos entre los que se destacan el capítulo "La sociedad movilizada" (Porrini, 2007) y el fascículo "Movimientos sociales" (Porrini, 2013). Aspira a constituir un aporte de una temática relevante para el Uruguay, y a un posible cotejo regional más amplio como el que busca promover y abarcar este libro.

1. *Los orígenes: las ideologías críticas del capitalismo en el Uruguay (1870-1904)*

En el último tercio del siglo XIX, en una sociedad de inmigrantes y "criollos", nacieron y crecieron distintas modalidades asociativas, algunas de las cuales incluyeron a los trabajadores asalariados o les fueron exclusivas. Era una economía con escaso desarrollo industrial, predominaban las artesanías y la pequeña industria local, las extractivas, las que procesaban materias primas agropecuarias y los servicios privados y del Estado. En 1882 Uruguay tenía poco más de 500 mil habitantes y Montevideo 164 mil en 1884 (Pellegrino, 2003, p. 9). Eran los tiempos del "militarismo", con los gobiernos del Coronel Latorre (1876-1880) y del General Santos (1882-1886), de la "modernización" capitalista y de la reforma de José Pedro Varela tendiente a ampliar sustancialmente la enseñanza primaria. En esos años se formaron asociaciones de muy variado perfil, entre ellas, las "asociaciones de trabajadores". Estas últimas no tenían todas un carácter clasista, y se las ha denominado "pre-sindicales" (González, 1989) o "proto-sindicales" (Zubillaga, 1997, pp. 7-24). Las asociaciones mutuales obreras tenían entre sus funciones proveer a sus integrantes de atención médica, servicio fúnebre, y apoyarlos en la obtención de empleo o la enseñanza de un "oficio". Tal fue el caso de la Sociedad Tipográfica Montevideana (1870) y de las mutuales de reposteros franceses (1870), maestros (1878) o tapiceros (1886). Con el tiempo algunas de ellas se transformaron en sociedades de "mutuo y mejoramiento", las que además de atender las tareas "mutuales" se preparaban para la acción reivindicativa, eventuales conflictos y huelgas. También en este grupo (no propiamente sindical) se ha incluido a las "sociedades cooperativas" (Zubillaga, 1997, pp. 18-24).

Por otra parte, se desarrollaron experiencias de lucha más disgregadas, por reivindicaciones puntuales, pequeñas protestas, hasta llegar a episodios más confrontativos. Las primeras huelgas conocidas las desarrollaron por trabajadores del Hospital de Caridad (1876), dependientes de tienda de Salto (1878), obreros de las minas de Cuñapirú (1880, derrotada) y la primera y victoriosa huelga de todo un gremio, la de los "obreros fideleros" de Montevideo (1884).

En las décadas finales del siglo XIX, entre las asociaciones de asalariados definidas como "clasistas", se destacan las impulsadas por los "internacionalistas" y las "sociedades de resistencia". Zubillaga (1997, pp. 40-43) incluye las "uniones gremiales" católicas.

Nacieron en el Uruguay organizaciones "internacionales" vinculadas a trabajadores de ideologías socialista y anarquista generadas en Europa. Estuvieron vinculadas a la Asociación Internacional de Trabajadores (AIT) que se había escindido en 1872 entre los seguidores del pensador y político alemán Karl Marx y los del anarquista ruso Mijail Bakunin. Los internacionalistas del Uruguay se vincularon a estos últimos, a través de la Sección Mexicana de la AIT anarquista. En 1875 ya estaban organizados como "Federación Regional de la República Oriental del Uruguay", y en 1878, editaron el periódico *El Internacional* (Rama, 1955, pp. 114-115).

En su imaginario *Viaje libertario de través de América Latina*, Max Nettlau había notado a la capital uruguaya entre las ciudades latinoamericanas que en el último tercio del siglo XIX, primero habían sentido influencia de los pensadores anarquistas y habían tenido contacto con la Federación Española y la de Barcelona (Nettlau, 1934).

En 1884, grupos de inmigrantes, particularmente franceses y españoles, contribuyeron a crear la Asociación Internacional de Obreros de Montevideo, y otra entidad similar en Las Piedras, en el Departamento de Canelones. Estas asociaciones estarían influidas por la corriente kropotkiniana del anarquismo (Zubillaga y Balbis, 1992, p. 26). Ese año apoyaron la mencionada "huelga de todo un gremio", la de los "obreros fideleros" y editaron *La Lucha Obrera*, como vocero de dicha Asociación. También organizaron otra sección en la ciudad de Paysandú, sobre el río Uruguay en el litoral norte del país (Rama, 1972, p. 78). En esta ciudad existió la agrupación Humanitaria, Pastoril y Obrera, entre cuyos principios establecían el "trabajo y vivir en común", evidencia de su carácter "socialista utópico" (Pintos, 1960, p. 43). Disuelta la mencionada Asociación Internacional de Obreros, en 1885, se creó la Federación Local de los Trabajadores de la Región Uruguaya, editando el periódico *La Federación de los Trabajadores*. Según González Sierra (1989, p. 33), a diferencia de anteriores experiencias, los animadores de este periódico adoptaron "una opción dentro del Movimiento libertario definiéndose Colectivistas". Para ZubillagaBalbis (1992, p. 26), en esta nueva organización "la matriz ideológica contuvo elementos del bakuninismo, pero tradujo—sustancialmente—las ideas de Kropotkin".

A partir de entonces, con la disolución de la Federación los anarquistas se escindieron en dos grupos: "federacionistas" (anárquico-colectivistas) influidos por Kropotkin, dando el rol fundamental a las sociedades de resistencia, y la organización de cooperativas; y los "anti-organizacionistas" (comunistas anárquicos) que apostaron a formar centros anarquistas no federados, como sostenía el periódico *El Derecho a la Vida*, desde 1893 hasta 1900 (Zubillaga y Balbis, 1986, p. 100).

Un indicio de la presencia de otras vertientes ácratas lo constituye la actividad desplegada por grupos "anárquicos", con clara influencia italiana y otros partidarios de la acción violenta. En 1888, *Gli anarchici di Montevideo* recordaban el primer aniversario del asesinato de los "mártires de Chicago" en noviembre de 1887 y sostenían: "Explotados es nuestro deber unirnos, y después Guerra sin límites contra nuestros verdugos cualquiera que sea su condición", terminando con un "Viva la Revolución Social! Viva la anarquía!".[1] La extendida presencia—de 1885 a 1890 en Buenos Aires—de Errico Malatesta, es probable que haya inspirado algunos seguidores. Según González (1989, p. 34), en 1889, el Grupo Socialista de Montevideo realizó una reunión organizada por los colectivistas "que es dirigida por Errico Malatesta", de paso por Montevideo.

Poco antes del estallido de la crisis de 1890 y con motivo de la lucha por "las ocho horas", en Montevideo se acompañó con un acto público el 1º de mayo, la primera protesta mundial de los trabajadores o la "huelga universal del proletariado". La capital amaneció "en todas sus esquinas con carteles rosados" con el siguiente: "*Aviso. Hoy primero de mayo de 1890 se invita a todos los obreros de Montevideo a asociarse a la huelga universal*". Al menos un centenar de trabajadores se reunió en un mitín respondiendo al llamado a la protesta internacional. Según el periódico católico *El Bien* ese día se reunieron "unos ciento y pico de exaltados, italianos y franceses exclusivamente, presididos por dos antiguos comunistas y masones" (González Sierra, 1990, pp. 7-8).

Poco después, en setiembre de ese año, desde el periódico *El Partido Obrero* se convocó a crear una "Unión Obrera" entre los distintos gremios de la capital, produciéndose algunas reuniones que no concluyeron en el fin propuesto (Zubillaga, 1997, p. 41).

En esos primeros tiempos la prensa debió tener un papel destacado, sirviendo como elemento aglutinador de los trabajadores e inmigrantes llegados por razones económicas y debido a las persecuciones políticas en Europa y también como factor de información y de lucha ideológica. En el campo "gremial", éstas y otras experiencias de la naciente clase trabajadora uruguaya, que transitaba un proceso de formación de su "conciencia de clase", no tuvieron continuidad. Es por eso que se lo ha caracterizado de "sindicalismo disperso" hasta 1905.

## Socialistas, anarquistas y las sociedades de resistencia

Desde 1895 se manifestaron signos de nacimiento del socialismo en Uruguay, coincidentes con una reorganización de las sociedades de resistencia y de sus luchas (Pintos, 1960, pp. 47-49). En agosto de ese año nació *El Defensor del Obrero*—"Primer periódico socialista científico"—, reflejando el trabajo previo de militantes que se definían como socialistas. El 15 de setiembre publicó un número especial dedicado a Federico Engels, fallecido el 5 de agosto (Pintos, 1960: 50; Rama, 1972, p. 113). También ese mes publicó el "Programa" del Partido Socialista, vinculado al de la Internacional Socialista (Pintos, 1960: 50-51). Su prédica germinó en la fundación del Centro Obrero Socialista en 1896, organizando ese año la celebración del Primero de Mayo con una manifestación por las calles de la capital (Rama, 1972, p. 114). Luego cambió su denominación a *El Grito del Pueblo* (Zubillaga y Balbis, 1985, p. 67).

En esa década final del siglo XIX se fueron creando sociedades de resistencia, influidas principalmente por los anarquistas y, algunas, por socialistas. Se formaron, articuladas en torno a un oficio o actividad como las de obreros sastres, alpargateros, peones de barraca, herreros, albañiles, cartoneros, curtidores (Zubillaga, 1997, p. 27). Algunas incluyeron, además, otros oficios y otras intentaron federar ramas de actividad como la Federación Regional de la Construcción o la Federación de Trabajadores del Puerto, ambas en 1905. Un ejemplo de los principios que las animaban nos lo brinda el programa de la Unión Cosmopolita de Resistencia y Mejoramiento de Obreros Zapateros, Cortadores, Aparadores y Anexos: resistir los "abusos de la patronal"; promover "la solidaridad entre todos los obreros"; y la reivindicación de la "acción directa", no admitiendo la participación ni intervención de gobiernos ni partidos, capataces ni patronos (Zubillaga, 1997, p. 25).

En este decenio de "reorganización", estas organizaciones protagonizaron múltiples conflictos y huelgas. En diciembre de 1895 se produjo una "huelga general" de los albañiles ante el incumplimiento de un acuerdo con los patrones. En enero de 1896, los grupos socialistas proponen federar las sociedades de resistencia de la capital (Zubillaga y Balbis, 1985, pp. 65-66). El mismo año se produjo una huelga de los obreros portuarios, duramente reprimida por el Gobierno y que resultó derrotada. Otro flujo importante de organización de los trabajadores ocurrió en los últimos meses de 1901, creándose sociedades de resistencia en casi veinte oficios (Pintos, 1960, pp. 57-58).

Además de su activa organización de sociedades de resistencia y en la edición de periódicos y otras publicaciones, los anarquistas fundaron centros y círculos de heterogénea conformación (con socialistas y liberales), conectados con una amplia gama de actividades propagandísticas, culturales y educativas. Para la década de 1890 Fernando López (1994, pp. 87-88) identifica 16 grupos, a los que fechó en su primera aparición en la prensa.

### 2. Las izquierdas y el sindicalismo en el Uruguay reformista (1905-1932)

El Uruguay de inicios del siglo XX contaba con poco más de un millón de habitantes, un alto porcentaje en su capital (309.000, en 1908), una economía agro-exportadora con inicios del desarrollo industrial y una política proteccionista. En un cuadro de predominio de los partidos "tradicionales" Colorado y Nacional, tuvo los gobiernos del colorado José Batlle y Ordóñez (1903-1905; 1911-1915). Estos desarrollaron estrategias y políticas autodenominadas *reformistas*: industrialización, intento de limitar los latifundios, estatizaciones y nacionalizaciones, impulso de todos los niveles educativos; en terreno de la "reforma moral", leyes de divorcio y la separación de la Iglesia del Estado; y una avanzada y temprana legislación laboral y social, con el epicentro en su ley de "ocho horas" desde 1915, y la Oficina Nacional del Trabajo desde poco antes.

Como se ha mencionado, en el entresiglo XIX-XX fue importante el movimiento anarquista, tanto en las sociedades de resistencia como en círculos culturales y la prensa. Llegó a publicarse por un breve período (septiembre de 1901 a marzo de 1902) un *diario* de tendencia anarquista, *El Trabajo*. También se editó el periódico *Tribuna Libertaria* (1900-1902), ambos voceros del Centro Internacional de Estudios Sociales.

Este Centro se había constituido en 1897 por "un grupo de obreros sastres", en su mayoría italianos, como ámbito de debate y formación y de apoyo a las sociedades de resistencia (Zubillaga y Balbis, 1992, pp. 87-100). En él predominó la tendencia anarquista y fue "el ateneo de los revolucionarios libertarios, la palestra de sus polémicas, el escenario de sus contribuciones al arte, y el dínamo que moviliza a la opinión pública y respalda al sindicalismo" (Rama, 1969, p. 29). Se reunían anarquistas como Pascual Guaglianone, Adrián Troitiño y Juana Buela y los socialistas Emilio Frugoni, Vázquez Gómez y Puig y Roig (López, 1994, p. 94). Allí se visualizó el acercamiento de intelectuales al movimiento anarquista: el dramaturgo Florencio Sánchez, el poeta Ángel Falco, los escritores Rafael Barret y Leoncio Lasso de la Vega (Rama, 1969, p. 29). También advirtió, la participación minoritaria pero significativa de socialistas, y de liberales librepensadoras como Belén Sárraga.

## La fundación de la FORU

Desde la asunción de Batlle como Presidente en 1903, y en especial desde 1905 se produjo una reactivación de las sociedades de resistencia y sus luchas. Todo ese año estuvo signado por una fuerte conflictividad y huelgas, la de los obreros del Ferrocarril Central en enero, los sastres en mayo, y la extensa y fracasada de los marítimos y trabajadores de la construcción del puerto de Montevideo (D' Elía y Miraldi, 1985, pp. 62-73). Una nueva fase en la organización del movimiento de trabajadores se abrió en 1905 con la fundación de la Federación Obrera Regional Uruguaya (FORU), a partir de la proposición realizada en enero de 1905 por la Federación de Trabajadores del Puerto, promoviendo una asamblea de sociedades de resistencia ocurrida en marzo. La misma convocó a un Congreso Constituyente que se desarrolló entre el 25 y el 27 de agosto del cual surgió la FORU. Del mismo año son los intentos frustráneos de los socialistas que fundaron la Unión General de Trabajadores (UGT) y de la Unión Democrática Cristiana (UDC) con la Confederación de Uniones Gremiales de Obreros (Zubillaga, 1997, pp. 50-53).

La definición ideológica predominante en la FORU fue anarquista, destacando la influencia de la Federación Obrera Regional Argentina (FORA). En el congreso fundacional "la gravitación de los elementos anarquistas fue notoria" (Zubillaga, 1997, p. 56) en tanto para Rama (1969, p. 29) "la FORU representaba el logro más elevado del sindicalismo anárquico". Su estructura organizativa se basó en los sindicatos "por oficio"— cuyo dominio era clave en aquella estructura económica—y alcanzó a un sector activo pero restringido de los sectores populares de la época.

Otro rasgo a considerar es el "espíritu internacionalista" expresado en múltiples acciones solidarias, en especial con los perseguidos fuera de fronteras, explicable tanto por la ideología como por la fuerte presencia de europeos en la región platense. Por otra parte, y evidenciando el importante carácter regional y el trasiego a veces "obligado" de la fuerza de trabajo y la militancia, se ha destacado el papel "organizador" que desempeñaron muchos de los deportados de Argentina en aplicación de la "Ley de Residencia" que finalmente se radicaron en Montevideo (López, 1994, p. 109; Oved, 2013, pp. 307-315).

A este tramo inicial de nacimiento de una organización federal, siguió un período de "crisis" entre 1906 y 1910. El Segundo Congreso de la

Federación en 1906 contó con la participación de sólo 20 sociedades de resistencia, frente a las 32 del año anterior. De las sociedades participantes sólo 13 firmaron la reestructura y declaración de principios (López, 1990, p. 13). Durante la presidencia del colorado Claudio Williman (1907-1911) existen evidencias del deterioro y debilidad de las sociedades de resistencia. Periódicos como *La Acción Obrera*, *La Voz de los Rebeldes* y *El Combate*, reconocían hacia 1907 la "crisis militante", la pasividad de los jóvenes y la pérdida de "cohesión y fuerza moral para el ataque" (López, 1990, pp. 14-15). Otro factor que influyó durante el gobierno de Williman, fue la fuerte represión hacia las sociedades, como en el conflicto ferroviario de 1908 que culminó con la derrota total y duradera de ese gremio obrero. Si durante 1905/1906 (durante la primera presidencia de Batlle y antes de la "crisis militante") se habían ganado el 100% de los conflictos gremiales, entre 1908 y 1910 se habían perdido el 72% de los mismos (López, 1990, p. 17).

No obstante las dificultades de organización propias de los trabajadores y la represión estatal, existieron actividades de carácter internacionalista, como las manifestaciones de octubre de 1909 en repudio a la prisión y al asesinato en España del pedagogo anarquista catalán Francisco Ferrer. El hecho concitó la adhesión de anarquistas, socialistas y liberales, con mitines, manifestaciones callejeras de hasta 15.000 personas y enfrentamientos con la policía frente a la Legación española. El efecto de la represión provocó una "nueva retracción en la militancia y en la incidencia de los anarquistas en las masas" (López, 1990, pp. 30-32).

### Nacimiento del Partido Socialista en Uruguay

Desde fines del siglo XIX los socialistas habían creado "centros", actuado en sociedades de resistencia y en el Centro Internacional y editado periódicos, pero fue en 1910 cuando lograron constituirse como Partido Socialista en modo permanente, y paulatinamente continuar insertándose entre los asalariados.

Este proceso deber haber tenido relación con la más temprana fundación del socialismo en Argentina, contando con relevantes líderes políticos, elaboración teórica, prensa partidaria, representación parlamentaria y municipal y significativa presencia en el medio obrero. Es posible pensar en estrechos vínculos entre ambos y en la influencia de aquel sobre el uruguayo.

Destaca López (1994, p. 118) que "los orígenes dispersos, frustrados y constantes marcaron la creación final del PS en diciembre de 1910". El mismo autor indica tres vertientes que participaron en su formación: una de carácter "liberal radical masónica"; el ala sindical, de la que formaban partes varias sociedades de resistencia; y el "ala política" dedicada a constituir "centros de obreros socialistas" (López, 1994, p. 119).

Un paso importante se produjo en 1904 al fundarse el Centro Socialista 1º de Mayo y al integrarse Emilio Frugoni a filas socialistas en diciembre de 1904 en su "profesión de fe socialista" realizando un análisis de la situación del país y del papel del socialismo en su transformación. En marzo de 1905 impulsaron la formación de un centro sindical socialista, alternativo a la Federación anarquista, la UGT. Sumó una veintena de sociedades, número no desdeñable, aunque en los hechos tuvo escasa duración y repercusión (López, 1994, p. 135). Luego de un frustráneo resultado electoral en 1901, en 1905 se produjo un nuevo intento socialista ante las elecciones de ese año, produciendo una escisión y una magra votación.

El Centro 1º de Mayo se transformó en noviembre de 1905 en el Centro Carlos Marx. En enero de 1906 apareció el semanario *El Socialista* que intentó conciliar las distintas posiciones y nuevos centros (López, 1994, p. 139). Durante 1907-1910 se afirmó el papel dirigente de Frugoni. En forma simultánea, el Centro Carlos Marx buscó acercamientos al anarquismo y a su base social obrera, y durante el represivo gobierno de Williman y su política antiobrera, el abogado Frugoni fue defensor de las sociedades obreras y sus militantes y hasta fue preso durante un mes en 1908. Según López (1994, p. 139) "los obreros comenzaron a identificarlo".

La coyuntura política de 1910 (un intento insurreccional y el abstencionismo electoral del Partido Nacional para ese año) favoreció la presentación conjunta del Club Liberal y el Partido Socialista. Previo a las elecciones, se celebró un congreso constitutivo del PS, publicándose "El Manifiesto socialista. El Centro Carlos Marx al Pueblo", analizando la realidad político-económica del país y planteando la fundación "como partido de clase-" que portaba "la misión histórica que al proletariado de todos los países corresponde llevar a cabo" (López, 1994, p. 141). A fines de diciembre el Comité Ejecutivo eligió Secretario General a Emilio Frugoni.

En las elecciones del 18 de diciembre de 1910 resultaron electos los candidatos de la alianza "Coalición Democrática", el liberal Pedro Díaz y el socialista Frugoni (López, 1994, p. 143-144). El diputado socialista contribuyó con su voto (el presidente era electo por los integrantes de la Asamblea General) a la elección de José Batlle y Ordóñez en su segunda presidencia (1911-1915). Existen indicios para suponer que hubo apoyos batllistas a la coalición, para evitar el ingreso de la católica Unión Cívica (López, 1994, p. 144). En esos primeros años la cuantía electoral del PS fue limitada. En la votación para la Convención Nacional Constituyente a fines de julio de 1916, realizada por "voto universal y secreto", el PS obtuvo 2.000 votos y dos constituyentes (López, 1992a, p. 109). En enero de 1917—con voto público—el PS obtuvo 723 votos, representando apenas un 0,5% del electorado (Gallardo, 1995, p. 147). En las elecciones nacionales de noviembre de 1919 alcanzaron dos diputados—Frugoni y Mibelli—y un representante en el ejecutivo municipal capitalino.

La inserción socialista en los medios trabajadores y las sociedades de resistencia, no obstante la preocupación por acrecentarla, no fue demasiado importante en los primeros años. Si bien la composición social de la dirigencia del partido lo tendía a favorecer (un 68% de trabajadores) y en forma significativa por integrantes de "capas medias" (31,7%, incluyendo industriales, artesanos, comerciantes, profesionales universitarios y maestros), lo cierto es que su base social obrera y en los gremios era reducida (López, 1990, pp. 73-77).

En el campo internacional, en su tercer congreso en el último cuatrimestre de 1914, el PS se pronunció en contra de la guerra mundial, advirtió su carácter imperialista y definió una "orientación internacionalista" (Pintos, 1960: 105).

### El PS, la FORU y las intensas luchas sociales durante el "primer batllismo"

El coloradismo batllista, con sus estrategias y políticas reformistas, con libertades políticas y amplia legislación laboral, constituía una referencia fundamental en la época y un límite para el crecimiento de las izquierdas y el movimiento obrero. El reformismo logró influir en los sectores trabajadores y en algunos de sus líderes ácratas (los denominados "anarco-batllistas"), aunque la FORU como tal logró mantener su autonomía respecto del gobierno, despertando tensiones y encontradas interpretaciones en el movimiento obrero y de izquierda. ¿Legislación exigida u otorgada? se han preguntado los historiadores a propósito de esta temática (Barrán y Nahum, 1985: 91-114; Zubillaga, 1983, pp. 27-57; Rodríguez Díaz, 1989 y 1994).

La FORU y sus sociedades libraron importantes luchas: los ferroviarios en 1908 durante Williman, que fue derrotada; y la novedosa "primera huelga general" entre el 23 y el 26 de mayo de 1911, en Montevideo y Canelones. Esta se desarrolló en el marco de una importante reorganización gremial y la preparación desde fines de 1910 de un nuevo congreso. El 1º de marzo José Batlle y Ordóñez había iniciado su segunda presidencia. Poco después, en su Tercer Congreso realizado en abril-mayo de 1911, la FORU definió en su "Declaración y Pacto de Solidaridad" organizarse "para destruir todas las instituciones burguesas y políticas, hasta llegar a establecer en su lugar una Federación Libre de Productores Libres". Según López (1992a, pp. 12-13) la definición indicaba "el perfil libertario que asumió la federación", criticada como "sectaria" por los socialistas.

El conflicto tranviario de mayo de 1911 (un acuerdo con las patronales no fue respetado y despidieron 21 sindicalistas) hizo desencadenar la huelga en apoyo y solidaridad con los trabajadores. El Consejo Federal de la FORU decidió lanzar una "huelga general por tiempo indeterminado" a partir del 23 de mayo a la 7 de la mañana, constituyéndose en la primera huelga general en el país (López, 1992a, p. 14). Según D'Elía y Miraldi (1985, p. 101) "la ciudad quedó virtualmente paralizada". Una manifestación de los huelguistas se dirigió hacia la Casa de Gobierno y uno de los manifestantes, el poeta Ángel Falco interpeló al Presidente instándolo a apoyar la huelga. Desde el balcón, el Presidente Batlle realizó prácticamente una "bendición" a esta huelga, señalando que como presidente no podía ponerse a favor de la misma, pero si el movimiento no se salía de la legalidad, el gobierno no actuaría en contra de esa huelga. Sostiene López (1992a, p. 19) que la huelga fue victoriosa en todos sus términos, se obtuvieron "todas las reivindicaciones" y se repusieron los despedidos. Análisis más específicos (Rodríguez Díaz, 1994, pp. 70-133), dejan resultados menos claros de una victoria del gremio ferroviario (y de la huelga general), concordante con la posición crítica del diputado socialista Frugoni en aquel momento. Aunque la FORU la consideró una victoria hay indicios que la misma no fue total: en los meses siguientes varios de los tranviarios reincorporados fueron despedidos y algunos de los obreros detenidos estuvieron meses en prisión (Rodríguez Díaz, 1994, pp. 122-123; Muñoz, 2011, p. 70).

Este episodio muestra también la tónica y un aspecto del relacionamiento entre el Estado y los trabajadores: un gobierno con una actitud bastante más permisiva que otros, hacia la organización sindical y las huelgas, la recepción de perseguidos de la Argentina, la promoción de una política laboral protectora.

No obstante, no todo fue idílico, hubo enfrentamientos con la policía en esos años, como el ocurrido en una cantera del Departamento de Colonia donde murió un obrero en 1914. En el período existió un movimiento social minoritario pero activo, ya que usó la huelga, el sabotaje y el boicot en un ambiente de políticas estatales que tendieron, aún en una sociedad de clases, a promover ciertas formas de justicia social y redistribución de la riqueza.

*El sindicalismo en la "República conservadora" (1916-1929), la fundación del Partido Comunista y del nuevo Partido Socialista*

Luego del "primer impulso" reformista, vino el "freno" (usando la expresión del ensayo de Carlos Real de Azúa, *El impulso y su freno*) de la reacción conservadora, simbolizado en la derrota del reformismo (el batllismo y su aliado, el socialismo) en las elecciones de julio de 1916, y en el "alto" a las "reformas sociales" proclamado por el Presidente colorado Feliciano Viera ese mismo año.

En el sindicalismo de la época existía un significativo espíritu "revolucionario", que se manifestó en un lenguaje y una práctica que se vincularon con hechos externos e internos. Entre los primeros, la Revolución Rusa de octubre de 1917, que derrocó a la autocracia de los zares e inició la construcción de un régimen alternativo al capitalismo, el socialismo y, en los segundos, la crisis económica de esos años, que generó en los trabajadores cierta receptividad a las ideologías transformadoras, la organización y la movilización.

Durante el Gobierno de Viera se produjeron conflictos y luchas frigoríficas y portuarias en 1916, 1917 y 1918 con enfrentamientos con la policía y el ejército, que tuvieron como saldo hechos de sangre. En 1917 hubo intensas conmociones en la zona del Cerro de Montevideo con obreros de los frigoríficos, cuya huelga fue derrotada. En 1918 la Federación Obrera Marítima, con la novedosa influencia socialista, impulsó una huelga en el Puerto en la que murió un huelguista el 8 de agosto por un soldado; la semana del 12 al 15 se produjo una de las huelgas más violentas ocurridas en Uruguay, la "semana roja", con varios muertos, aunque el número de los mismos, según la bibliografía y las versiones de época no resulta claro (López, 1992b, pp. 24-30). A fines de 1918 y comienzos de 1919, en medio de una gran desocupación, ocurrió una fuerte represión policial en el Cerro de Montevideo con detenciones y deportaciones de obreros extranjeros, en el marco de un supuesto "complot soviético" (Rodríguez y otros, 2006, pp. 53-54). El episodio fue contemporáneo de la "Semana Trágica" porteña de enero de 1919.

La revolución de Octubre funcionó como parteaguas en las dos corrientes principales de la izquierda de fines de los años diez. Ocasionó fuertes debates a la interna del PS y, entre 1920 y 1921, emergió una nueva organización vinculada a la Internacional Comunista. Por otro lado, el movimiento anarquista sufrió intensas polémicas en torno a la revolución soviética y provocó la escisión de la FORU y luego la emergencia de otra organización en el campo gremial.

En el marco de discusiones internas y también por los efectos de la revolución rusa, en ámbitos de la FORU se vivió un proceso de discusión y diferencias que llevó, entre 1921 y 1923, a la formación de una nueva organización, la Unión Sindical Uruguaya (USU). Desde fines de 1917 y en 1918, el periódico ácrata *La Batalla*, orientado por María Collazo y Roberto Cotelo, había lanzado dos encuestas buscando auscultar la opinión de la militancia libertaria en torno a "los mecanismos más idóneos para hacer la revolución y para administrar la futura sociedad emergente de ella" (Rodríguez y otros, 2006, pp. 53-55), lo que implicaba pensar el proceso revolucionario que ocurría en la lejana Rusia (López, 1992b, pp. 171-172). Desde otro ángulo, el periódico anarquista *El Hombre*, dirigido por José Tato Lorenzo, argumentaba contra la revolución rusa y la "dictadura del proletariado" y sobre el posible desconocimiento de los valores y principios anarquistas, apoyando al sector llamado "purita".

Desde 1921 se creó del seno de la FORU el Comité Pro Unidad Proletaria, CPUP, luego CPUO (Comité Pro Unidad Obrera), que desembocó en setiembre de 1923 en la Unión Sindical Uruguaya (USU). En la FORU quedaron los anarco "puritas" o "puros", mientras que los anarco "dictadores" (que creían en la dictadura del proletariado), luego anarco-sindicalistas, junto a la militancia comunista fundaron la USU. Este proceso de división del anarquismo ha sido estudiado con detención por López D'Alesandro (1992b, pp. 246-286). La militancia socialista y luego comunista, influía desde la fuerte Federación Obrera Marítima (FOM), teniendo un papel importante en las luchas que se dieron hacia 1918-1919, y participando de la formación de la USU.

En esta confluencia de corrientes que simpatizaban y apoyaban la "Revolución Rusa" y la "República de los soviets", predominaba una mayoría anarco-sindicalista admirada de los novedosos órganos de poder popular, los soviets, frente a una minoría de militantes comunistas. En la USU, se proponía la destrucción del capitalismo, considerado en decadencia, que los trabajadores organizados en sindicatos tomaran el control de los medios de producción, sin contacto con los partidos políticos y que se aplicaría la acción directa y la implantación de la dictadura practicada por los sindicatos.

A lo largo de la década del 10 se fueron delineando dos orientaciones dentro del PS. Hacia 1917-1918 hubo sectores socialistas que acompañaron las luchas obreras recién mencionadas, acercándose a la posición de los anarquistas que lideraban las sociedades de resistencia. En 1920 se produjo un debate interno en el PS en torno a ingresar o no a Tercera Internacional o Internacional Comunista, creada en Petrogrado en marzo de 1919. En el congreso del PS, realizado en septiembre de 1920, se decidió solicitar el ingreso a la Tercera Internacional. Por otra parte, a partir del 2º Congreso de la IC de julio de 1920, se definió exigir "21 condiciones" para ingresar a la misma. En abril de 1921 se realizó un congreso extraordinario del PS y por una mayoría muy grande decidió aceptar dichas condiciones, adoptando la denominación de Partido Comunista.

El sector que quedó en minoría se retiró, entre ellos el líder histórico del PS, el Dr. Emilio Frugoni, y en 1922 reconstruyó un nuevo Partido Socialista, que se vinculó a la "Internacional Dos y Media".

## Los años veinte y la formación de la CGTU

Durante el decenio de 1920, en la "república conservadora" se produjeron múltiples conflictos y huelgas, algunos con enfrentamientos entre sindicalistas y policías. En 1920 ocurrió la huelga de los canillitas por el descanso dominical—que no se logró entonces—, la de los panaderos por cumplimiento de la ley sobre el trabajo nocturno con resultado positivo, y la "huelga general por tiempo indeterminado" del 27 al 29 de noviembre buscando liberar un obrero preso y el cese de las persecuciones. Si bien no obtuvo estos objetivos mostró un importante acatamiento y cierto efecto en la abstención electoral de los trabajadores en esos días (Pintos, 1960, pp. 155-156). Algunas de estas expresiones fueron reprimidas por la policía con inusitada violencia, como la que provocó la muerte de un obrero en la manifestación del 1º de Mayo de 1923 (López, 1992b, pp. 266-267), o en la ciudad de Carmelo en 1926 donde murieron cuatro personas, entre obreros y policías (Porrini, 1994, pp. 34-35). También existieron importantes acciones de solidaridad, como la campaña de varios años, con un paro general en agosto de 1927, en protesta contra el injusto y fraguado juicio y luego ejecución en los Estados Unidos de los obreros anarquistas Nicola Sacco y Bartolomeo Vanzetti.

Desde mediados de los años veinte se procesó una división en la USU. En 1927 varios sindicatos liderados por los comunistas formaron dentro de la USU el "Block de Unidad Obrera" que fue expulsado por el Consejo federal de aquella en 1928. Sobre la base del Block, en mayo de 1929 se creó una nueva organización sindical, la Confederación General del Trabajo del Uruguay (CGTU) de orientación comunista. En su programa se proponía: "Perseguir por la lucha de clases el mejoramiento y la liberación final de la clase obrera" a través del "derrumbamiento del poder capitalista y la toma de la dirección de la sociedad por el proletariado en alianza con los campesinos pobres" (Pintos, 1960, pp. 213).

Las relaciones entre el PS y el PC estuvieron influidas por definiciones políticas, tensiones y enfrentamientos entre las respectivas internacionales, la Internacional Obrera y Socialista y la Tercera Internacional (IC). Las mutuas acusaciones entre militantes del PSU y el PCU, fueron comunes en todo ese periodo, hasta mediados del decenio siguiente, influyendo definiciones como las del 6º Congreso de la IC (1928) caracterizando a los socialdemócratas de "social-fascistas" y enemigos de la clase obrera.

3.   *Desarrollo industrial, nueva clase trabajado-*
     *ra y el papel de las izquierdas (1933-1955)*

La crisis capitalista de 1929 se expresó con crudeza en el Uruguay de 1932-1933, con una disminución brutal de las exportaciones y una agudización de las contradicciones sociales y políticas. En 1929 se había creado la CGTU, la Federación de Estudiantes Universitarios del Uruguay (FEUU), y en el campo empresarial, el "Comité Nacional de Vigilancia Económica" que actuaría con medidas de fuerza (*lock-outs* patronales) tendiendo hacia la ruptura institucional.

Desde poco antes, un "segundo impulso reformista" con nuevas realizaciones estatizadoras (como la creación de Ancap, empresa refinadora de petróleo) fue contrarrestado desde 1931 por un Presidente de la República que se alió y luego condujo a las fuerzas sociales y fracciones políticas reaccionarias y golpistas. Desde ese Estado, se desplegó una decidida represión antisindical y contra el PC, en especial en febrero de 1932, y en mayo de ese año, determinando la derrota de una huelga en los arrozales del Departamento de Treinta y Tres.

El 31 de marzo de 1933, el Presidente Gabriel Terra, con intervención policial y el consentimiento tácito militar, dio un golpe de Estado de signo conservador. Contó con el apoyo de importantes fracciones políticas de los partidos Colorado y Nacional, así como de gremiales y grupos empresariales (Caetano, Jacob, 1991).

Ante el golpe de Estado los estudiantes universitarios y algunos profesores ocuparon la Facultad de Derecho y, desalojados, mantuvieron una huelga por 23 días. En relación a la ruptura institucional, la CGTU al parecer intentó realizar un paro que no se concretó. La FORU anarquista se declaró "prescindente" ante lo que consideró un simple cambio de gobierno y el portavoz del Sindicato de Artes Gráficas (uno de los pocos con que contaba la USU) tomó una actitud similar. La política del nuevo gobierno en relación a los sectores populares, aunque atendió algunos aspectos a través de políticas sociales (alimentación, vivienda, niñez, desocupación) fue muy negativa en relación a los ingresos de las clases populares, produciéndose rebajas salariales y deterioro de las condiciones de vida (Porrini, 1998, pp. 7-60). La actitud gubernamental fue francamente represiva. Ante los inicialmente escasos conflictos sindicales (victorioso en el puerto de Montevideo en 1933 y el derrotado conflicto gráfico en 1934), despidió y deportó sindicalistas, prohibió huelgas y mitines, clausuró locales y prensa obrera. Desde mediados de la década, se produjo una reactivación económica que bajó la desocupación y ocurrió una reorganización sindical, disminuyendo la represión estatal.

Las opciones que desplegaron los partidos y organizaciones de izquierda fueron diversas durante la dictadura. Las organizaciones sindicales de influencia anarquista, la FORU, la USU y el Sindicato de Artes Gráficas expresaron posiciones prescindentes ante el golpe, continuando con su prédica contraria al sistema y las instituciones de la burguesía, siendo de hecho, opositores desde el campo social. Los sindicatos comunistas de la CGTU, tampoco pudieron articular medidas concretas contra la ruptura institucional.

Las huelgas tranviaria y de la construcción en 1936 resultaron victoriosas. Al calor de una industrialización sustitutiva de importaciones (sobre una infraestructura que el país venía preparando) comenzó a crecer la clase obrera industrial y los trabajadores de los servicios así como el peso de los asalariados en la sociedad. Asimismo, se fueron produciendo cambios en el sindicalismo: en su estructura, con sindicatos por rama, en vez de por oficios; en su orientación ideológica (aumento del peso de las corrientes marxistas, en especial la comunista) y en sus bases sociales: la clase obrera industrial en la capital y otras ciudades del Uruguay. Hacia 1936-1937, el gobierno fue moderando su política hacia los sindicatos e intentó fomentar formas de concertación social, la primera de ellas en la rama de la construcción.

La izquierda socialista y comunista tuvo, hasta 1935, posiciones divergentes ambientadas en distintas interpretaciones del devenir nacional e internacional. A diferencia del PC, el PS no participó en las elecciones para la Convención Constituyente aunque sí en las siguientes. El Partido Comunista, guiado por la línea de la IC de "clase contra clase" no veía en el PS un aliado, caracterizándolos de "social traidores" y no existiendo un espacio opositor común. A partir de 1935 con las nuevas definiciones de la IC en su VII Congreso fue posible formar un Frente Popular y, junto a condiciones en el país, se ambientó un acercamiento entre socialistas, comunistas y sectores opositores de los partidos Colorado y Nacional. Funcionaron comités de frente popular en varias ciudades del país y Montevideo en 1936, pero ya al año siguiente habían fracasado (Ruiz, Paris, 1987; Frega, Maronna y Trochón, 1985). Un resabio de ese intento se expresó en las elecciones de marzo de 1938 con el "Partido por las Libertades Públicas", lema con candidatos a la Presidencia del PS que fue apoyado por el PC sin implicar un acuerdo programático ni electoral. La situación internacional inmediata volvió a complicar la relación entre ambos partidos, en especial desde el pacto germano-soviético. También fue importante como aglutinador el movimiento de solidaridad con la República española desde 1936-1939 y, después, por las izquierdas y el sindicalismo, no obstante tensiones derivadas de los enfrentamientos izquierdistas en la misma España.

A la dictadura de Terra (1933-1938) sucedió un proceso de transición y "redemocratización" bajo el gobierno del Gral. Alfredo Baldomir (1938-1943), quien dio un golpe de Estado en febrero de 1942 profundizándose el alineamiento pro-aliado y pro-EEUU en el contexto de la Segunda Guerra Mundial (1939-1945). El Estado, en un nuevo marco de fuerzas sociales y políticas (el batllismo al gobierno, creció el influjo de los industriales, bajo presidencias coloradas entre 1943 y 1951), manifestó una nueva sensibilidad hacia los trabajadores y sindicatos (Frega, Maronna y Trochón, 1987). Renovó las políticas sociales de "protección" e impulsó prácticas de concertación social y la negociación colectiva tripartita (Estado, patrones y trabajadores) en los Consejos de Salarios para la industria y servicios privados, definidos en una ley de noviembre de 1943, y que sobrevivió un cuarto de siglo hasta fines de los años sesenta.

Las concepciones del "bienestar" que se abrían con las perspectivas que ofrecía la recuperación económica del país, condicionaron y contribuyeron a la emergencia de una clase obrera y un nuevo sindicalismo que fue adquiriendo fuerza propia y que mayoritariamente tuvo "un entendimiento" con el Estado, al menos hasta 1946 (Porrini, 2005). Los Consejos de Salarios fueron un instrumento complejo: posibilitaron aumentos salariales importantes, ordenaron las luchas por el salario canalizando los conflictos, "obligaron" a votar a los obreros y ayudaron a la formación de nuevos sindicatos, que por otra parte impulsaron y orientaron militantes de organizaciones de izquierda (comunistas, socialistas y anarquistas). Asimismo, fueron una herramienta de integración social de los trabajadores, que incluyó una "electoralización" en sus prácticas, a la vez que un espacio de confrontación de poderes en que los obreros mantuvieron cierta autonomía.

Las izquierdas tuvieron un crecimiento interesante en la época. Los anarquistas, además de las antiguas FORU y USU ya decaídas, renacieron en sindicatos autónomos de "acción directa", en las Juventudes Libertarias (desde 1938) y el periódico *Voluntad*, en la militancia universitaria y en los barrios obreros capitalinos. Los socialistas y los comunistas exacerbaron sus diferencias a partir del pacto germano-soviético de agosto de 1939 y no mejoraron demasiado luego del ingreso de la URSS al campo aliado en junio de 1941. Los anarquistas, a pesar de defender el neutralismo ante la que definían como "guerra interimperialista" no eran tan castigados como el PS en su relación con el PC y sus virajes y los de la URSS ante la guerra.

En esos años nació un nuevo tipo de organización muy distinta al sindicalismo "finalista" o de "oposición" y de "oficios" predominante en el período previo. Aparecieron sindicatos y federaciones por rama de actividad: sindicatos de industria en la construcción, metalúrgicos y textiles; de servicios, como bancarios; de funcionarios públicos como maestros, de las empresas estatales de electricidad UTE y de aguas corrientes OSE. Y fueron sindicatos "de masas".

A comienzos de los años cuarenta se exploró un intento de central única de trabajadores, en el marco del mencionado resurgimiento sindical. En marzo de 1942 se creó la Unión General de Trabajadores (UGT). Las dificultades derivadas de la heterogeneidad ideológica del sindicalismo (predominaba el PC, en menor medida el PS) y de la compleja situación internacional durante la Guerra y luego en la "guerra fría", dificultaron el proceso. Existió además la coordinación "Comité de Relaciones Sindicales" (1943), asociaciones de origen católico y sindicatos "autónomos" en todo el período, de muy variado origen ideológico, y las muy decaídas en su fuerza FORU y USU.

Al fin de la guerra, el PC tuvo su máxima expresión electoral en noviembre de 1946 obteniendo una senadora, la primera en América, y cinco diputados, en tanto el PS tuvo un apoyo bastante menor. Los libertarios continuaban en los sindicatos, en ateneos en los barrios, y el movimiento estudiantil junto a las corrientes "terceristas" que no acompañaban ninguno de los dos grandes bloques, liderados por EEUU y por la URSS.

A nivel sindical, a fines de los cuarenta, el desencuentro entre las organizaciones fue mayor. Se creó la Confederación Sindical del Uruguay (CSU) en 1951, afiliada luego a la Confederación Internacional de Organizaciones Sindicales Libres, CIOSL, y a la Organización Regional Interamericana de Trabajadores, ORIT, en las que tenía un fuerte predominio la ideología anticomunista de los sindicatos de los Estados Unidos, las AFL-CIO. Se constituyó la coordinación de los "Gremios Solidarios" (Cores, 1989) surgida en apoyo "solidario" al sindicato de Ancap con una huelga general en septiembre de ese año. Muchos otros continuaron siendo "autónomos" y había "asociaciones" de trabajadores (algunas, de los numerosos empleados públicos, posiblemente con elevada composición de blancos y colorados, o católicos, no cercanos a ninguna de estas organizaciones).

En el período de "guerra fría" se dieron importantes y fuertes luchas sindicales: la de los ferroviarios en mayo-junio 1947 (un gremio muy dependiente, hasta entonces, de la patronal inglesa, la del Ferrocarril Central); la huelga de los obreros de la lana en 1950; las "huelgas generales" de los "gremios solidarios" de 1951 y 1952 (victoriosa la primera, derrotada la segunda), con aplicación de Medidas Prontas de Seguridad en marzo y setiembre del último año; movilizaciones victoriosas pero trágicas (hubo obreros muertos a manos de rompehuelgas) como la huelga textil a fines de 1954 y la metalúrgica al año siguiente. Estos hechos revelaron la pujanza del sindicalismo y, a la vez, el crecimiento de las tensiones sociales y el clima de confrontación que luego se profundizaría.

En los años cuarenta pudo percibirse la emergencia de la clase obrera como fuerza social. Esto se expresó en las huelgas de masas, en la formación de nuevos sindicatos y en la vida de los barrios obreros de la capital (La Teja, el Cerro, Nuevo París, Maroñas), en las grandes concentraciones de trabajadores, en Montevideo y ciudades como Paysandú, Juan Lacaze y Fray Bentos; en la formación de hábitos culturales propios y en la recepción y reinterpretación de mensajes culturales provenientes de los "medios" de la época (diarios, revistas, la radio y el cine) y de los partidos políticos (Porrini, 2012).

### Del Uruguay de las crisis a la Huelga General y la disolución de la CNT (1956-1973)

La historiografía es coincidente en que, desde la mitad de los años 50, en Uruguay se inició una "crisis económica" abarcativa de todos los sectores productivos y económicos, a la que se sumó la crisis social y luego política con el golpe de Estado de 1973. A fines de los 50, con los gobiernos del Partido Nacional, comenzaron las políticas económicas de corte liberal tendientes a desarticular el "estado de bienestar", seguidas de intensas luchas sociales y políticas. En 1963 Uruguay tenía casi 2.600.000 y su capital concentraba un 46% de la población.

En ese período, además, se produjo la Revolución Cubana cuya influencia se extendió a toda América Latina, y la emergencia en el Uruguay de la violencia política, la ultraderecha, la izquierda armada y los frentes electorales progresistas y de izquierdas.

Los cambios en las izquierdas, abarcaron nuevas orientaciones y liderazgos en el PS con la sustitución del "socialdemócrata" Frugoni por la línea "antiimperialista" de Vivián Trías, y en el PC, en consonancia con el XX Congreso del PC de la URSS, la de Eugenio Gómez por el liderazgo de Rodney Arismendi (Cheroni, 1984; Leibner, 2011); así como la inédita formación de una organización específica anarquista, la Federación Anarquista Uruguaya, FAU (Mechoso, 2005).

En 1962 se creó la Unión Popular (UP) con el PS, una fracción del Partido Nacional y un grupo de intelectuales; el Frente Izquierda de Liberación, (FIDEL) articulado en torno al PC y grupos de los partidos "tradicionales"; y del viejo partido católico Unión Cívica surgió el *aggiornado* Partido Demócrata Cristiano (PDC). A raíz de la polémica chino-soviética, del PC se escindió un pequeño grupo que formó el Movimiento de Izquierda Revolucionaria (MIR), y de la juventud socialista y otras vertientes, comenzó la formación del Movimiento de Liberación Nacional, MLN-Tupamaros (Aldrighi, 2001). Más adelante, en 1971, muchos de estos componentes—salvo el MIR y la FAU—confluyeron en el Frente Amplio (FA), rompiendo el tradicional bipartidismo en la política uruguaya (Aguirre Bayley, 2005).

En el terreno de los trabajadores se avanzó hacia la unificación del movimiento sindical. Se inició a mediados de los cincuenta, al calor de nuevos sindicatos en el Estado y los servicios, entre los asalariados rurales y en las formas de lucha novedosas y combativas que se practicaron, las huelgas "de hambre" y las marchas a pie desde Fray Bentos por los obreros frigoríficos, las marchas de los cañeros de Bella Unión a la capital; las ocupaciones de fábrica y el "control obrero" de la producción; las interrupciones de energía eléctrica y teléfonos como medidas de lucha gremial, mostraron la preparación y combatividad de la clase trabajadora en una coyuntura de crisis.

Entre 1959 y 1961 se conformó la Central de Trabajadores del Uruguay (CTU), cuyo Congreso Constituyente culminó en 1961, disolviéndose en 1959 la UGT. Importantes huelgas rurales y la primera marcha de los cañeros (organizados en UTAA, Unión de Trabajadores Azucareros de Artigas) en 1962, mostraron "otro" Uruguay. Se endurecieron los gobiernos del Partido Nacional (1959-1967) aplicando repetidamente Medidas Prontas de Seguridad ante conflictos gremiales. Se crearon mecanismos de coordinación y unificación gremiales: la "Mesa Sindical Coordinadora de Entes Autónomos" y la "Confederación de Organismos de Funcionarios del Estado" (COFE), y Plenarios solidarios con gremios en huelga.

Entre 1960 y 1964 hubo importantes luchas por salarios y libertades, y ese último año hubo rumores de golpe de Estado, recordando que en abril en Brasil los militares derrocaron el gobierno, y en octubre ocurrió en Bolivia. Las mencionadas luchas contribuyeron al acercamiento de las distintas tendencias sindicales, lo que se produjo en junio de 1964 al convocarse las primeras "convenciones de trabajadores", de las que surgió en un intenso proceso, la Convención Nacional de Trabajadores (CNT).

Entre 1964 y 1966 la CNT pasó de mecanismo de coordinación a ser un organismo unificado, adoptando el programa del "Congreso del Pueblo" realizado en 1965. Este congreso había reunido un conjunto de sectores perjudicados por la crisis y elaborado un "programa de soluciones", que incluía la reforma agraria, industrial, del comercio exterior, entre otras transformaciones a realizar dentro de la legalidad, detectándose la influencia de las ideas "desarrollistas" de la Comisión Económica para América Latina (CEPAL), creada en 1960. El Congreso de Unificación Sindical se realizó entre el 28 de setiembre y el 1º de octubre de 1966, siendo una de sus bases la participación pluralista de los trabajadores y de las corrientes sindicales clasistas. Se aprobaron los Estatutos, una Declaración de Principios y se adoptó el mencionado *Programa de Soluciones a la Crisis*. El Estatuto afirmó la garantía de la democracia sindical—derecho a la crítica y autocrítica—su independencia frente al Estado, patronos, partidos y sectas, y la no afiliación a ninguna central sindical internacional. La Declaración de Principios postulaba: la independencia de clase; la lucha internacional de los trabajadores y por la liberación nacional hasta llegar a una "sociedad sin explotados ni explotadores"; el acercamiento a otros sectores sociales (campesinos, estudiantes, jubilados); la solidaridad y fraternidad internacional de los trabajadores, y el latinoamericanismo.

Entre 1967 y 1973 se vivieron años difíciles. La asunción del Presidente colorado Jorge Pacheco Areco—ante el fallecimiento del Presidente Oscar Gestido—a fines de 1967 mostró una clara definición antipopular y un nuevo marco represivo para el país, los opositores incluida la izquierda y el sindicalismo. A poco de asumir, Pacheco emitió un decreto que ilegalizó seis organizaciones de izquierda (entre ellos PS, FAU, MIR, Movimiento Revolucionario Oriental), clausuró el semanario socialista *El Sol* y el diario *Época*, se produjo la aplicación permanente de "medidas prontas de seguridad" contra los movimientos sociales y partidos políticos opositores. Existió una fuerte represión estatal contra los sindicatos y hubo control salarial, eliminando las formas de "concertación social" y los Consejos de Salarios. En 1968 y 1969 se produjeron extendidas luchas populares, creció el accionar de la guerrilla urbana de izquierda, de los grupos armados de derecha (con connivencia estatal) y el debate en los sindicatos y la CNT sobre los caminos a seguir.

En medio de la rebelión juvenil y estudiantil de esos años, se produjo la muerte del estudiante Líber Arce en agosto de 1968 y de dos más en setiembre. Ello, unido a fuertes movilizaciones obreras, grandes huelgas y numerosos paros, obtuvo respuestas represivas desde el Estado. En 1968 y 1969 se delinearon dos corrientes sindicales y un debate estratégico, resultando mayoritaria la dirigida por el PC, y minoritaria la "tendencia combativa"; mientras la primera no apostó a unificar las luchas hacia una confrontación más frontal, la segunda no tuvo la fuerza para conducir esa movilización.

A inicios de 1971 se formó el Frente Amplio que logró el 18,3% de los sufragios y un 30% en Montevideo. Luego de las elecciones de noviembre de 1971 en las que triunfó nuevamente el Partido Colorado con la fórmula Bordaberry-Sapelli, el enfrentamiento Estado/MLN, paralelo al que existía con los sindicatos y la izquierda legal, se intensificó a partir de abril de 1972, influyendo en otros aspectos de las luchas populares y haciendo más compleja la coyuntura. La situación política derivó en el "golpe" de febrero de 1973 en que el Ejército y la Fuerza Aérea desconocieron la designación de un nuevo ministro de Defensa, confirmando institucionalmente un poder que ya detentaban. Los "comunicados 4 y 7" de esas Fuerzas Armadas, despertaron diferentes expectativas en los sindicatos y los partidos políticos, incluidos los de izquierda, interpretándolos algunos como cercanos al "peruanismo" de Velasco Alvarado. La crisis culminó con un Acuerdo en que el Presidente aceptó las exigencias de los militares, incluyendo crear el inconstitucional Consejo de Seguridad Nacional que institucionalizaba la participación política de los mandos militares.

Poco después, el golpe de Estado del 27 de junio de 1973 dado por las FFAA y el Presidente Bordaberry con el apoyo de sectores políticos del Partido Colorado y del Partido Nacional, sectores empresariales y sociales, y el beneplácito de la Embajada de los Estados Unidos, fue enfrentado por los trabajadores que respondieron ocupando los lugares de trabajo, y la CNT declarando la huelga general (Rico y otros, 2005). Se opuso toda la izquierda: el Frente Amplio, la Resistencia Obrero Estudiantil (ROE), el Partido Comunista Revolucionario (PCR) y otros, el sector mayoritario del Partido Nacional y sectores del Colorado. El 9 de julio se había producido la masiva concentración antidictatorial en Montevideo (y también en Paysandú) convocada por la CNT y esas organizaciones, que constituyó la máxima acción política unitaria opositora.

La huelga, con ocupación de los lugares de trabajo se extendió desde la madrugada del 27 de junio de 1973 hasta la noche del 11 de julio en que por amplia mayoría la Mesa Representativa la levantó, emitiendo un "Mensaje a los trabajadores uruguayos" convocando a continuar la lucha por otros medios. Declarada disuelta por decreto el 4 de julio, la CNT y sus sindicatos articularon formas de actuación legales y en la clandestinidad, que se mantuvieron durante el periodo dictatorial.

La huelga general respondió a una definición hecha por la CNT desde su fundación en 1964 y confirmada en sucesivos congresos. Fue posible gracias a un persistente proceso de preparación, reflexión sindical y política y de construcción de un "espíritu" que abarcó un amplio conjunto de trabajadores. En ese estado de ánimo, en la preparación de la posible medida influyeron, en parte, la masiva participación en las intensas luchas sociales de los años previos, y la demostrada vocación de los sindicatos de enfrentar el autoritarismo asumiendo la defensa de los derechos sociales y democráticos que habían contribuido a instalar a lo largo de décadas.

## Colofón

En este recorrido, con zigzagueos y en forma desigual, se puede reconocer una larga continuidad organizativa de las tres corrientes consideradas, no las únicas por cierto, que mantienen una presencia y un considerable arraigo social y entre los trabajadores.

También se pudo visualizar una amplia influencia externa en las izquierdas, por la composición migrante en los primeros periodos, por la actuación de organizaciones internacionales de esos orígenes, y la gran sensibilidad ante acontecimientos revolucionarios o contrarrevolucionarios ocurridos en diversos lugares del mundo.

Por último, se puede notar un entrelazamiento potente de las organizaciones de izquierda con las organizaciones populares, de asalariados y barriales, imprimiéndoles sentidos "clasistas", reformistas o revolucionarios a los mismos.

Un aporte en que las izquierdas han tenido protagonismo específico, además de liderarlo, es la particularidad del movimiento de trabajadores uruguayos que llevó en los años 60 a un rico proceso de "unidad programática" (unidad a partir de un Programa) y de unificación sindical pluralista, a partir de corrientes distintas y hasta confrontadas, fenómeno bastante extraño en el mundo.

Es de desear que esta aproximación sintética, pueda dar lugar y motive profundizaciones y nuevas historias de las izquierdas en Uruguay (dadas las notorias expresiones que faltan aquí) así como poder conectar y comparar con los desafíos e itinerarios de otras izquierdas del continente americano.

*Notas*

1   "Oid! Vosotros explotados de la humanidad!", en *Gli anarchici di Montevideo*, 11 de noviembre de 1888, Montevideo, IIHS.

*Bibliografía utilizada*

Barrán, José P. y Nahum, Benjamín. (1985). *Batlle, los estancieros y el imperio británico* (Tomo 6). Montevideo: EBO.

Aldrighi, Clara. (2001). *La izquierda armada. Ideología, ética e identidad en el MLN – Tupamaros*. Montevideo: Trilce.

Aguirre Bayley, Miguel. (2005). *El Frente Amplio. "La admirable alarma de 1971". Historia y documentos*. Montevideo: EBO.

Caetano, Gerardo, y Jacob, Raúl. (1991). *El nacimiento del terrismo* (Tomo 3). Montevideo: EBO.

Cores, Hugo. (1989). *La lucha de los gremios solidarios (1947-1952)*. Montevideo: Editorial Compañero / EBO.

Cheroni, Alción. (1984). *Los partidos marxistas en el Uruguay desde sus orígenes hasta 1973*. Montevideo: CLAEH.

D'Elía, Germán, Miraldi, Armando. (1985). *Historia del movimiento obrero en el Uruguay. Desde sus orígenes hasta 1930*. Montevideo: EBO.

Gallardo, Javier. (1995). La izquierda uruguaya. La parábola de los 'zorros' y los 'leones'. En Gerardo Caetano, Javier Gallardo y José Rilla (Eds.), *La izquierda uruguaya. Tradición, innovación y política* (pp. 71-46). Montevideo: Trilce.

Frega, Ana; Maronna, Mónica y Trochón, Yvette. (1987). *Baldomir y la restauración democrática (1938-1946)*. Montevideo: EBO.

González Sierra, Yamandú. (noviembre,1989). *Presencia, organización y concepciones de los internacionalistas en el Uruguay (1872-1890)*. Ponencia presentada en el seminario Historia del movimiento obrero en América Latina, CLACSO y CLAEH, Montevideo.

González Sierra, Yamandú. (1990). *100 Primeros de Mayo en Uruguay*. Montevideo: CIEDUR.

Leibner, Gerardo. (2011). *Camaradas y Compañeros. Una historia política y social de los comunistas del Uruguay,*. Montevideo: Trilce.

López D'Alesandro, Fernando. (1990). *Historia de la izquierda uruguaya. Tomo II: 1911-1918. La izquierda durante el batllismo* (Primera Parte) . Montevideo: Ediciones del Nuevo Mundo.

López D'Alesandro, Fernando. (1992a). *Historia de la izquierda uruguaya. Tomo II. La izquierda durante el batllismo* (Segunda Parte). Montevideo: Ediciones del Nuevo Mundo.

López D'Alesandro, Fernando. (1992b). *Historia de la izquierda uruguaya. Tomo X, La fundación del Partido Comunista y la división del anarquismo (1919-1923)*. Montevideo, Vintén Editor.

López D'Alesandro, Fernando. (1994). *Historia de la izquierda uruguaya I. Anarquistas y socialistas (1838-1910)* (2da. edición). Montevide: Carlos Alvarez Editor.

Mechoso, Juan Carlos. (2005). *Acción directa anarquista. Una historia de FAU. Tomo II. La fundación*. Montevideo: Editorial Recortes.

Muñoz, Pascual. (2011). *La primera huelga general en el Uruguay. 23 de Mayo 1911*. Montevideo: La Turba Ediciones.

Nettlau, Max. (14 de diciembre de 1934). Viaje libertario de través de América Latina. *La Revista Blanca*, 308, 993-994.

Oid! Vosotros explotados de la humanidad! (11 de noviembre de 1888). *Gli anarchici di Montevideo*, Montevideo, IIHS.

Oved, Iaacov. (2013). *El anarquismo y el movimiento obrero en Argentina*. Buenos Aires: Imago Mundi.

Paris, Juana, y Ruiz, Esther. (1987). *El frente en los años '30*. Montevideo: Proyección.

Pellegrino, Adela. (2003). *Caracterización demográfica del Uruguay*. Montevideo: Udelar.

Pintos, Francisco R. (1960). *Historia del movimiento obrero del Uruguay*. Montevideo: Corporación Gráfica.

Porrini, Rodolfo. (1994). *Derechos humanos y dictadura terrista*. Montevideo: Vintén Editor.

Porrini, Rodolfo. (1998). Trabajadores urbanos e industriales: su base material y sus condiciones de vida. En Rodolfo Porrini, Oribe Cures y Nelly da Cunha, *Desde abajo. Sectores populares en los años treinta*, (pp. 7-60). Montevideo: EBO

Porrini, Rodolfo. (2005). *La nueva clase trabajadora uruguaya (1940-1950)*. Montevideo: Departamento de Publicaciones de la FHCE.

Porrini, Rodolfo. (2007). "La sociedad movilizada". En Ana Frega y otros (Eds), *Historia del Uruguay en el siglo XX*, 285-316. Montevideo: EBO / FHCE.

Porrini, Rodolfo. (2012). *Izquierda uruguaya y culturas obreras en el tiempo libre. Montevideo (1920-1950)*. (Tesis de Doctorado). Area Historia. la Universidad de Buenos Aires.

Porrini, Rodolfo. (2013). *Movimientos sociales*. Montevideo: Ministerio de Educación y Cultura.

Rama, Carlos M. (1955, febrero). Los Internacionales del 75. *Nuestro Tiempo*, 2, 114-121.

Rama, Carlos M. (1956). Batlle y el Movimiento Obrero y Social. En Jorge Batlle (Ed.), *Batlle, su vida, su obra*. Montevideo: Acción.

Rama, Carlos M. (1969). *Obreros y anarquistas*. Montevideo: Editores Reunidos / Arca.

Rama, Carlos M. (1972). *Historia social del pueblo uruguayo*. Montevideo: Comunidad del Sur.

Rico, Alvaro; Demasi, Carlos; Radakovich, Rosario;Wschebor, Isabel, y Sanguinetti, Vanesa. (2005). *15 días que estremecieron al Uruguay*. Montevideo: Fin de Siglo.

Rodríguez Díaz, Universindo. (1989). *Los sectores populares en el Uruguay del Novecientos* (1ª parte). Montevideo: Editorial Compañero,

Rodríguez Díaz, Universindo. (1994). *Los Sectores Populares en el Uruguay del Novecientos* (2ª parte), Montevideo: Tae Editorial.

Rodríguez, Universindo; Visconti, Silvia; Chagas, Jorge, y Trullen, Gustavo. (2006). *El sindicalismo uruguayo a 40 años del congreso de unificación*. Montevideo: Taurus.

Zubillaga, Carlos. (1983). El batllismo, una experiencia populista. *Cuadernos del CLAEH*, 27, 27-57.

Zubillaga, Carlos. (1989) *El pensamiento socialista en Uruguay. La reflexión precursora*, Montevideo, Facultad de Humanidades y Ciencias.

Zubillaga, Carlos, y Balbis, Jorge. (1985), *Historia del movimiento sindical uruguayo* (Tomo I), Montevideo: EBO.

Zubillaga, Carlos, y Balbis, Jorge. (1986), *Historia del movimiento sindical uruguayo* (Tomo II), Montevideo: EBO.

Zubillaga, Carlos, y Balbis, Jorge. (1992), *Historia del movimiento sindical uruguayo* (Tomo IV), Montevideo: EBO.

Zubillaga, Carlos. (1997). *Pan y trabajo. Organización sindical, estrategias de lucha y arbitraje estatal en Uruguay (1870-1905)*. Montevideo: Librería de la Facultad de Humanidades y Ciencias de la Educación.

# Socialistas, artesanos y obreros en Colombia (1909-1929)

Renán Vega Cantor
Universidad Pedagógica Nacional de Bogotá

En este ensayo se analiza la influencia del socialismo en la protesta obrera y popular a comienzos del siglo XX. Se enfatizan los nexos existentes entre los artesanos, los obreros y el socialismo, recalcando la influencia que sobre todos ellos ejerció el liberalismo radical. Asimismo, se analizan las relaciones que se establecieron entre la ideología y cultura socialista de las primeras décadas del siglo XX en Colombia y la protesta obrera. Para ello se rastrean las múltiples incidencias del ideario de la Revolución Francesa y de la Revolución Rusa en el seno del movimiento popular y se examinan algunas de las expresiones particulares de la cultura socialista, recalcando la función de sus rituales, el carácter del anti-imperialismo y el papel de la prensa de izquierda como elementos embrionarios del intento de dotarse de una identificación propia que caracterizara al discurso y las prácticas socialistas.

## El socialismo y el radicalismo liberal

Las distintas expresiones de la protesta popular en Colombia en las primeras décadas del siglo XX son anteriores a la emergencia del discurso y la práctica socialista y se desarrollaron en forma independiente de estos. Todas esas expresiones de protesta tuvieron sus propios rituales, imaginarios y símbolos. Entre este tipo de prácticas sobresalían las de los artesanos que desde mediados del siglo XIX desarrollaron una cultura propia, que los diferenció de las demás clases sociales del país. De singular importancia fue el caso de los artesanos liberales influidos por el radicalismo, que en diversas regiones consolidaron unos patrones de conducta individual y colectiva, enraizados en una interpretación mestiza de la historia de Colombia y de su clase, y desarrollaron mecanismos de resistencia a las formas clericales y conservadoras predominantes en el país después del triunfo de la Regeneración en 1886.

El socialismo naciente en Colombia compartía parte de esa trayectoria cultural y simbólica de los artesanos, porque asimiló ese entramado histórico de tradiciones y costumbres que identificaban a ciertos sectores de las clases subalternas de las ciudades. El socialismo nació a comienzos del siglo XX, ligado a ese conjunto de creencias, rituales y símbolos que caracterizaban la acción de los artesanos. Esto era más evidente en las regiones del país en donde la influencia liberal radical había sido más fuerte. En Santander, Tolima, parte del Valle del Cauca y en la hoya del Río Magdalena se aprecia un mayor influjo y permanencia de ese componente radical–liberal, precisamente las zonas donde la influencia socialista fue más notable.

A la par de la influencia de las costumbres locales y nacionales, el socialismo introdujo nuevos elementos que modificaron parte de esas costumbres. Se intentó construir un socialismo mestizo, en el que al tiempo que se mantenían elementos de tradición radical se incorporaban otros, ligados a diversas tendencias socialistas provenientes de variados lugares del mundo, principalmente de Europa.[1] Aquí no emergió una sola influencia socialista (por decir algo, el marxismo) sino varias de ellas, aunque en una forma muy tenue y marginal. Si bien, antes de 1917 se sintieron algunas de esas influencias (como las del anarquismo en su versión *ravacholista*) después del impacto de la Revolución Rusa se catalizaron y concentraron esas influencias socialistas en un breve espacio de tiempo, el que transcurre entre 1919 y 1930.

Ese socialismo mestizo intentó fundir diversas tradiciones nacionales y fusionar de una manera ecléctica variadas amalgamas ideológicas y políticas, entre las cuales sobresalía como elemento aglutinador el radicalismo liberal. Esto tiene una explicación histórica fundamental: durante la clerical hegemonía conservadora (1886-1930) por el mismo hecho de su persecución y marginamiento, el liberalismo, en términos doctrinarios, era visto por importantes sectores de la población urbana del país como una ideología de resistencia y de lucha social contra conservadores e iglesia. Dada la persecución y la prohibición de lo relacionado con el radicalismo liberal (prensa, libros, autores, sociedades, etc.) por parte de los sectores políticamente dominantes, con la consolidación de un orden profundamente autocrático, se intentaba suprimir un componente político fundamental del país que tenía arraigo entre importantes fracciones artesanales urbanas.

La influencia liberal radical era evidente entre los dirigentes y activistas socialistas de las décadas de 1910 y 1920. Citemos algunos casos. Juan

Francisco Moncaleano, fundador de *El Ravachol*, y quien luego de salir del país tuvo una participación activa en ciertos círculos anarquistas de México, había sido soldado de las tropas liberales en las guerras civiles de 1895 y 1899,[2] Jacinto Albarracín, uno de los fundadores del Partido Socialista y activo impulsor del Partido Obrero, trabajador incansable con gremios artesanales, militó en su juventud en el partido liberal e incluso publicó un periódico liberal radical, *La Razón del Obrero*, del cual llegó a ser director; Ignacio Torres Giraldo, destacado dirigente del PSR, había sido un militante liberal en la pequeña ciudad de Pereira donde dirigió *El Martillo*, un *"periódico liberal doctrinario"*, cuya divisa *("publicación refractaria a toda creencia religiosa")* *no podía ser más radical* (Torres Giraldo, s. f., pp. 18-19 y 22); Tomas Uribe Márquez, el secretario del PSR, fue un militante liberal desde comienzos de la década de 1910 y todavía en 1924 aseguraba durante un Congreso Obrero que era "liberal por temperamento" y que aceptaba servirle al movimiento obrero pero sin dejar de ser liberal,[3] Raúl Eduardo Mahecha se declaró radical socialista en el Congreso Obrero de mayo de 1924[4] pese a que, en 1929, cuando evocó sus primeros años de lucha, sostenía "que de socialista cristiano, fui transformándome, poco a poco, hasta asimilar la ideología comunista" (Mahecha, 1978).

Veamos a continuación algunos de los componentes de esa cultura liberal–radical y la manera como influyó al socialismo.

### El anticlericalismo

Pervivió como uno de los elementos principales de las concepciones de los radicales desde mediados del siglo XIX, cuando se produjeron los enfrentamientos más álgidos entre Iglesia y Estado. En Colombia, por el retroceso ideológico y cultural que implicó el triunfo de la Regeneración, la Iglesia se convirtió en guardiana del orden social y cultural. Una de las disposiciones inmediatas adoptadas por el clero católico fue la censura y la persecución de todo aquello considerado como herético o pecaminoso, entre lo cual estaba incluida cualquier cosa que oliera a liberalismo, considerado en bloque como "pecado", e identificado con la masonería, el socialismo y el anarquismo. Esto originó un fuerte sentimiento anticlerical entre ciertos sectores radicales, en cuya prensa se considera a la Iglesia católica como expresión de atraso, corrupción, intolerancia.[5]

Los radicales reivindicaban cierta interpretación del evangelio en la que Jesús vendría a expulsar a los mercaderes del templo. Ellos criticaban el carácter antimoderno de la Iglesia, una institución que se oponía a lo que significara ampliación de la democracia y una efectiva libertad de pensamiento y creencias. Las referencias a Jesucristo con relación al socialismo fueron muy frecuentes durante todo este período, ya que en publicaciones de la época era común sostener que Jesús había sido el primer socialista del mundo y que el socialismo era la concreción de la igualdad y la fraternidad humanas.[6]

## La literatura panfletaria

Ante el cierre de espacios de sociabilidad política y cultural después de 1885, los que perseveraron en sus concepciones radicales se refugiaron, pese a la censura y la persecución intelectual, en el libro y en la prensa. En las primeras décadas del siglo XX emergió una prensa y literatura panfletarias, cuyo principal exponente fue José María Vargas Vila (1860-1933), el escritor nacional más famoso y leído en la época, aunque a raíz de la persecución se haya visto obligado a huir de Colombia y a vagar por distintos lugares del mundo. Vargas Vila y algunos radicales y artesanos convirtieron su pluma en un arma de combate contra los curas y los conservadores.

La lucha con la pluma era considerada como una de las formas más nobles y enaltecedoras del debate político e ideológico. Por ejemplo, los artesanos de Bucaramanga afirmaban: "debemos ponernos en aptitud (sic) de luchar con las armas nobles: la pluma y la palabra. Esto puede fácilmente conseguirse por medio del periódico, el libro, la conferencia y los centros o clubs".[7]

## Las sociedades semi-secretas

Los radicales que persistieron con su acción ideológica y cultural, aunque luego de finalizada la Guerra de los Mil Días (1899-1903), el partido liberal hubieran abandonado la organización de guerras civiles, mantuvieron hasta la década de 1920 formas de acción secretas y clandestinas y desarrollaron actitudes conspirativas. Entre los viejos generales que habían participado en la última gran guerra civil del siglo XIX sobrevivían las concepciones conspirativas, pues estaban convencidos que no había otra forma de terminar con la hegemonía conservadora.

A la par, una buena parte de artesanos y políticos radicales en diversas regiones del país (Santander, Tolima, Valle, Costa Atlántica) participaron activamente en la masonería, el espiritismo y el rosacrucismo, los cuales adquirían un carácter clandestino porque eran prohibidas y perseguidas como prácticas diabólicas e impías. En Santander, fueron particularmente influyentes entre los artesanos las doctrinas esotéricas y espiritistas, las que se mantendrían en los primeros momentos del socialismo, cuando ciertos personajes eran a la vez importantes dirigentes socialistas y cultores de esas prácticas y creencias metafísicas y religiosas (Acelas Arias, 1993).

En la fundación del Partido Socialista fueron representadas logias masónicas como la Sociedad de La Luz y luego en la corta historia del PSR fue notoria la presencia de espiritismo y teosofía en Santander, Líbano (Tolima), La Dorada y lugares del Valle (como en el municipio de Dagua). Raúl Eduardo Mahecha no ocultaba sus simpatías con algunas de esas prácticas, puesto que para ganarse la confianza de los obreros les contaba cuentos de hadas y "a través de esos cuentos, les explicaba la situación en que vivían y los incitaba a la huelga [...]. Hacía este trabajo porque el pueblo es muy supersticioso y cree más en los cuentos de hadas que en otra cosa" (Mahecha, 1978).

Gran parte de las sociedades obreras de la década de 1920 se apoyaban en las sociedades teosóficas y en las logias de masonería previamente existentes, razón por la cual estas últimas sirvieron de fachada a la organización de comités socialistas y para la difusión de su literatura, como acontecía en El Líbano y en Bucaramanga.

## El librepensamiento y la educación laica

El radicalismo se caracterizaba por el librepensamiento en términos religiosos y filosóficos, lo cual se manifestaba en la reivindicación de un sistema de educación laico y en el desarrollo de ritos completamente opuestos a los hegemonizados por la Iglesia católica, como forma de combatir además el control monolítico que esta ejercía sobre la vida civil de la población. Por esta razón, los liberales radicales impulsaron la construcción de cementerios laicos, combatieron el bautismo católico e intentaron desarrollar experimentos educativos que no estuvieran regidos por criterios religiosos ni por concepciones pedagógicas autoritarias. Esto condujo a impulsar la creación de institutos, escuelas, colegios y universidades (como la Universidad Libre) en los cuales sus hijos fueran educados de una manera no confesional.

Estos elementos muestran la influencia del radicalismo entre importantes sectores vinculados al partido liberal, entre los que sobresalen los artesanos de las principales ciudades (Bucaramanga, Ibagué, Bogotá). Este conjunto de costumbres y tradiciones entrará a hacer parte fundamental del naciente discurso y práctica política del socialismo después de 1910.

*¿Qué se entendía por socialismo?*

Sobre el origen del socialismo en Colombia, hubo continuidad y ruptura con relación al radicalismo liberal. Continuidad, porque las tradiciones políticas, ritos y discursos radicales se mantuvieron intactos en el imaginario del naciente socialismo. Ruptura, porque ese socialismo proponía cosas diferentes a las del puro radicalismo, ya que imaginaba un tipo de sociedad que fuera más allá del capitalismo, aunque no se tuvieran ideas precisas sobre la forma como se pudiera construir dicha sociedad. En ciertos casos, se insinuaba de una manera confusa que los más interesados en construir esa sociedad eran los obreros, los que "sueñan que la humanidad por ley de evolución llegará a días mejores, ese día en que ya no existirán fanatismos [...] pero si la verdadera República Universal".[8]

El intento de construir un socialismo mestizo se afianzaba en las características estructurales de la sociedad colombiana hasta antes de 1930, cuando el capitalismo estaba en proceso de consolidación, existía un débil mercado nacional y se rompía el fraccionamiento regional por la integración de carreteras y ferrocarriles. En ese contexto, no tenía razón de ser un tipo de socialismo que predicara que un partido estaba más cerca del ideal socialista en la medida en que estuviera compuesto de trabajadores asalariados, cuando éstos eran una minoría en la estructura social colombiana y hasta ahora se asistía, en algunos lugares, a su proceso de formación. Por eso, la composición de clase de los distintos grupos socialistas que existieron en Colombia antes de 1930 estaba influida por los artesanos y pequeños propietarios, tal y como sucedió con el Partido Socialista fundado en 1919 y el PSR fundado en 1926.

Aunque no se tenga una información detallada para profundizar en el estudio de esta cuestión, algunos indicadores nos ayudan al respecto. Por ejemplo, existe un listado, elaborado por miembros del propio Partido Socialista, en el que aparecen los grupos y agremiaciones que en todo el país estaban vinculados e influenciados por dicha organización. Más de 200 organizaciones que simpatizaban con el Partido Socialista o estaban influidas por éste eran de tipo artesanal, como lo indican algunas tendencias: la denominación de obrero se generalizaba, pero no para describir a los obreros sino a los artesanos; los obreros pertenecían más a sociedades de empleados que a sindicatos; en muchos lugares, alejados de las principales ciudades, era evidente que no existían ni fábricas ni industrias y tampoco se estaban construyendo obras públicas como para suponer que allí existieran obreros, aunque los artesanos que se organizaban de cualquier forma adoptaran esa denominación. Dada la composición artesanal de la economía urbana en la Colombia de comienzos del siglo XX, era apenas normal que las definiciones y prácticas socialistas tuvieran que considerar por fuerza de las circunstancias a los artesanos, los cuales aparecieron involucrados en las definiciones de socialismo. En cuanto al apelativo de socialistas, asimilado por sectores artesanales en diversos lugares del país, se pueden considerar tres sub-períodos en el lapso comprendido entre 1909 y 1929.

### 1909-1919: primeros discursos socialistas

El primer discurso socialista que emergió en Colombia estuvo fuertemente influido por el cristianismo y las concepciones religiosas. Por ejemplo *La Unión Obrera* decía en 1911: "Nosotros como socialistas, practicamos mejor la doctrina de Jesús ... pues nuestra labor es instruccionista y no destructora".[9] Este socialismo estaba teñido por concepciones católicas, que se remitían a una lectura de las tesis de León XIII, a las que presentaban como la expresión de las necesidades obreras en contra de los intereses tradicionales de los grandes propietarios, defendidos en Colombia por las jerarquías eclesiásticas. Se difundía una concepción cristiana que exaltaba al socialismo como un sentimiento loable de entrega y sacrificio a la humanidad en defensa de los más pobres y sufridos que se asemejaba al socialismo de los primeros cristianos, conducidos directamente por Jesús el Nazareno.[10]

Durante la década de 1910, distintos periódicos artesanos siguieron haciendo referencias vindicadoras del socialismo y algunos de ellos insinuaban la necesidad de crear un Partido Socialista, que "deberá ser el defensor de los fueros inviolables y de los sagrados derechos del pueblo conculcados a tiempo por un gobierno monárquico, anexo al eclesiástico, para vergüenza de la Patria".[11]

Paradójicamente, una de las características del primer discurso socialista en Colombia consistió en rechazara la política y a los políticos bipartidistas. En los discursos obreros, artesanos y socialistas entre 1909 y 1919 era común ese rechazo a la acción política, entendida como una forma de dominación de los partidos históricos. Es discursos públicos, estatutos de sociedades artesanales y periódicos, se expresaba esa repulsión frente a la política partidista.[12] Este rechazo a la política lo era también de la acción partidista de los liberales y los conservadores.

Sin embargo, a pesar de todo sus esfuerzos y manifestaciones en contra de los partidos políticos los artesanos y sus dirigentes siempre terminaban enredados con políticos y apoyando en las elecciones a uno u otro partido, lo que se constituía en una constante frustración. Esa visión antipartidista no excluyó los intentos de constituir un partido obrero, visto como la única posibilidad real de que los obreros estuvieran representados por ellos mismos, lo que se suponía iba a garantizar la defensa de sus propios intereses. Los dos intentos de constituir partidos obreros, uno en 1910 y otro en 1916, mostraban el alcance del repudio a la política tradicional, pero también la necesidad de buscar una forma de organización propia por parte de los artesanos, búsqueda en la cual estuvo involucrado, sobre todo después de 1916, el discurso socialista.

En esta primera época no existió un proyecto orgánico real a nombre del socialismo y de cobertura nacional, ya que el Partido Obrero fue ante todo un proyecto de difusión y propaganda pero no tuvo una concreción práctica significativa. Sin embargo, fue la primera agrupación que en Colombia reivindicó teórica y políticamente la importancia de la huelga y de la organización gremial como forma de alcanzar beneficios para los trabajadores. A pesar de que ese Partido no tuvo cobertura nacional ni influyó organizativamente en el fomento de las huelgas que en el país se empezaron a presentar en 1917, su discurso si tuvo un efecto a mediano plazo, pues incidió en que los trabajadores abandonaran su sumisión y resignación dentro y fuera de los talleres e iniciaran una acción independiente en su beneficio.

### 1919-1924: Intento de construir un socialismo mestizo

Una segunda fase en la historia del socialismo se presenta entre 1919 y 1924, momento marcado por la existencia del Partido Socialista, fundado en el primero de losaños mencionados, que desplegó una notable actividad política en diversos lugares del país y difundió ampliamente el término socialismo.

En el desarrollo del primer experimento partidario de tipo socialista predominó una concepción próxima al "Socialismo de Estado", que pregonaba la intervención estatal, la protección de la producción nacional, la promoción del trabajo de los artesanos, la elección de representantes socialistas para que participaran en los cuerpos legislativos locales y nacionales impulsando leyes favorables a los trabajadores, las alianzas políticas electorales con el partido liberal y el reconocimiento de la propiedad privada y el capital.[13]

Estas primeras expresiones "teóricas" del Partido Socialista se encuentran en *Las Conferencias Socialistas* de Juan de Dios Romero, publicado en 1920, para quien el socialismo "es la lucha en defensa y por la elevación del pueblo trabajador, que, guiado por la ciencia, tiende a realizar una libre e inteligente sociedad humana, basada sobre la propiedad colectiva (de) los medios de producción" (Romero, 1920, p. 3). Recalca que la propiedad colectiva es uno de los propósitos del socialismo y su objetivo es que el "obrero tenga trabajo siempre" y pueda vivir dignamente de los frutos de su trabajo, porque el socialismo debe hacer "imposible la explotación del trabajo". Para Romero "la sustancia del socialismo está en el sindicalismo, que tiene como fundamento el ahorro y la huelga [...] La idea sindicalista anhela que la doctrina socialista prevalezca con preferencia en la clase productiva, animada por aquella antipatía que sienten los proletarios por los ricos" (Romero, 120, p. 7). El sindicalismo representaba a la mayoría de la sociedad, es decir a los obreros, razón por la cual estaba llamado a "decidir la efectividad socialista en el gobierno". El sindicalismo "es diario instrumento de rebelión obrera sin violencia, y su principio fundamental es la huelga pacífica, pero firme [...] Sindicalismo es la socialización de todas las industrias" (Ibídem: 10). Para Romero un gobierno socialista debería redistribuir riqueza y posibilitar la igualdad, pero no debería restringir la propiedad.

Este primer esfuerzo práctico tuvo efectos organizativos en algunas regiones del país, como en Girardot, Bogotá, Medellín y Barranquilla. Además, el Partido Socialista participó de alguna manera en el ciclo huelguístico que se presentó en Colombia entre 1919 y 1920. No era que las huelgas desencadenadas en este momento hubieran sido preparadas por los socialistas, pero éstos sí estuvieron atentos a participar en esos conflictos laborales.[14] La prolongación de las huelgas por más de dos semanas en Bogotá llevó a los socialistas a crear una Comisión de Huelgas para responder a las orientaciones y solicitudes provenientes de varios lugares del país. El 25 de noviembre se informó que esa Comisión había organizado gremios tan diversos como herreros, mecánicos, jaboneros, transportadores, matarifes, carpinteros, ebanistas, latoneros, carreros, joyeros, y también los empleados de las fábricas Fenicia, Posada Tobón y de Fósforos.[15] En Bucaramanga los socialistas tomaron parte en las huelgas más importantes adelantadas en 1920 y 1921, tales como las de artesanos de sastrería y zapatería y la de los expendedores de la plaza de mercado (Acela Arias, 1993, pp. 193-194). Desde el punto de vista de la intervención de dirigentes del Partido Socialista en el asesoramiento de los conflictos laborales de la época, se destacó la participación de Francisco de Heredia en las huelgas del tranvía de Bogotá y la huelga ferroviaria nacional.

Los socialistas también participaron en la organización de manifestaciones contra el alto costo de la vida en la segunda quincena del mes de diciembre de 1919 en Bogotá y Girardot. En esta coyuntura, caracterizada por el alto costo de la vida que afectaba directamente a los artesanos y trabajadores urbanos, los socialistas también plantearon la necesidad de enfrentar la carestía mediante la creación de cooperativas de consumo, almacenes de víveres con precios bajos para "el pueblo socialista", restaurantes y cafés populares manejados por el Partido Socialista, como lo hicieron en la asamblea socialista de Girardot a principios de 1920.

Los socialistas de Girardot desplegaron una campaña de propaganda y organización entre los trabajadores agrarios y campesinos de las zonas circundantes, principalmente en las haciendas cafeteras. En estas zonas agrarias la adhesión al socialismo no se dio tanto por las ideas o la claridad programática o política sino por el seguimiento a los principales dirigentes de Girardot, lo cual, de todas maneras, no impidió que el Partido Socialista contribuyera a organizar las primeras huelgas agrarias, como la presentada en noviembre de 1920 en Fusagasugá.[16] Entre otros influjos del Partido Socialista se destacó su apoyo a la lucha desplegada en el Sinú por Vicente Adamo, Juana Julia Guzmán y grupos de artesanos y campesinos. En Montería, la lucha impulsada por Vicente Adamo se hizo a nombre de un socialismo que proclamaba como consigna central la libertad, la igualdad y la fraternidad (Fals Borda, 1986, pp. 147-148; Negrete, 1982, pp. 65-76).

## 1924-1929: Partido Socialista Revolucionario (PSR)

Aunque el PSR fue fundado en 1926, se venía ventilando su construcción desde 1924, momento en el cual se liquida definitivamente el Partido Socialista y se perfilan dos tendencias claras en el IV Congreso Socialista: una, la de aquellos que intentaban organizar un partido comunista que fuera reconocido por la III Internacional (representado por jóvenes universitarios y periodistas entre los que descollaba Luis Tejada) y pretendía abjurar del pasado inmediato como algo negativo, pleno de reformismo; y otros, que querían continuar con un partido socialista que aprovechara las experiencias adquiridas desde 1919 y se fundiera con la realidad colombiana mediante el conocimiento de sus problemas. Aunque en el Congreso de 1924 se enfrentaron varias tendencias, entre ellas sólo dejaron dos textos programáticos las dos mencionadas, los que posibilitan considerar la evolución de las ideas socialistas en esa época sobre el socialismo en Colombia.[17]

En ese congreso de 1924 entraron en disputa dos formas de interpretar el socialismo y de plantear la revolución en Colombia. Una, era la línea de los "jóvenes comunistas" que pretendían una adhesión inmediata a la Tercera Internacional y la adopción del nombre de Partido Comunista y de un programa calcado traído de afuera, pero que no hacía el menor esfuerzo de pensar la realidad colombiana, sino que se limitaba a reproducir esquemas provenientes de otros partidos, sin que tuviera ninguna perspectiva crítica frente a los mismos. Era, además, un lenguaje acartonado y retórico sin ningún esfuerzo de reflexión propio, en el cual se suponía además que en nuestro medio se podían aplicar mecánicamente las formas organizativas y de lucha que habían triunfado en Rusia.

Por su parte, el programa del Partido Socialista escrito por Francisco de Heredia era bastante interesante por lo que anunciaba y por el nivel de argumentación. Partía de hacer un reconocimiento de los esfuerzos anteriores hechos por el Partido Socialista, con todas las limitaciones que pudieran tener, indicando que:

> El ideal socialista se ha ido abriendo campo. Poco a poco va apareciendo entre los trabajadores colombianos el sentimiento de clase. La labor llevada a cabo por las sociedades obreras de Santander del Norte, del Valle y de casi toda la ribera del río Magdalena, es sumamente satisfactoria y permite abrigar esperanzas respecto de la futura organización del proletariado y de la reforma social. En muchas aldeas se han constituido entidades obreras, con el nombre socialista, o sin él, pero siempre anhelantes de una sociedad mejor. (De Heredia, 1925, p. 30)

Criticando la postura de quienes se negaban a estudiar la realidad colombiana y a considerarla como un dato decisivo a la hora de adoptar un programa socialista, Heredia indicaba algo que trascendía la propia coyuntura de la época, cuando hablaba sobre la necesidad de adaptar el socialismo a nuestro medio:

> Es evidente que para agrupar y a organizar al proletariado colombiano, alrededor de la voluntad de emancipación [...] es indispensable seguir el camino más fácil, que en este caso es la organización netamente colombiana, y la independencia, que nos permite maniobrar, de otras organizaciones extranjeras. (De Heredia, 1925, pp. 37-38)

Heredia criticaba de manera implícita la idea de un partido vertical, al recalcar que era imprescindible organizar al proletariado de una forma democrática, de la periferia al centro y eso debía "hacerse alrededor de las ideas y no alrededor de las personas. Es necesario que al proletariado colombiano no lo mande un hombre sino tan solo su programa". Además, se planteaba que"en cada población, o en cada vereda, se reunirán los proletarios, obreros y campesinos pobres, y constituirán una Unión de Trabajadores independientes, que pueden abrazar todos los oficios y todas las profesiones que no vivan de la explotación ni de la renta" (De Heredia, 1925, p. 19).

Otro planteamiento socialista fue el de Tomas Uribe Márquez quien intentó una definición de comunismo, noción que empezaba a ser usada a mediados de la década de 1920, que no era tanto partidista en el sentido organizativo del término sino social, es decir, con un contenido mucho más amplio, pues para Tomas Uribe Márquez "comunista es todo el que por rectitud de juicio y conducta se revela (sic) contra la iniquidad del privilegio social y aspira a la realización de una sociedad justa" (Uribe Márquez, 1925, p. 6). Comunismo no era una denominación sino una actitud de lucha contra la desigualdad y la injusticia, en la que cabían todos, incluyendo a aquellos que no se consideraran a sí mismos como comunistas. Uribe Márquez fue uno de los primeros en introducir el término comunismo en la literatura política colombiana, y en torno al mismo esboza su análisis, en el que se introducen aspectos como la crítica al capitalismo, al Estado, a la propiedad privada, y la reivindicación de socializar los medios de producción, la necesidad de desarrollar la propiedad colectiva, la denuncia de los monopolios imperialistas y la visión de la guerra mundial como resultado de la lucha entre potencias imperialistas. Ampliaba la definición de obrero ya que por tal se entendía no "solamente a los de los oficios manuales" sino a "todos aquellos que viven en las genéricas condiciones de las clases trabajadoras" (Uribe Márquez, 1925, p. 73).En esa obra se habla explícitamente de la explotación de los campesinos, de la dominación imperialista y se considera que el triunfo socialista sólo puede ser internacional, lo que sobrevendría después de una próxima guerra mundial.

Aunque el escrito de Tomas Uribe Márquez estaba muy influido por la literatura soviética, especialmente por los libros de Bujarin y algunas obras de Lenin, y su programa político se orientaba en esa dirección, porque estaba convencido de la necesidad de luchar por la construcción del comunismo, sin embargo, su reflexión no era dogmática ni excluyente, en la medida en que incorporaba distintos autores (incluyendo a personajes como Bertrand Russel) y planteaba que el comunismo será en el futuro la expresión de la auténtica fraternidad humana, porque este "es optimismo, amor a la humanidad; es el sentimiento expansivo de Walt Whitman puesto en práctica". Consideraba, además, que la lucha de los comunistas se libraba contra las dos instituciones más poderosas, la propiedad privada y el Estado, puesto que "el exceso de poder de ambas mata la vida. Esas instituciones están más de parte de unas clases que de otras, y por tanto carecen de justicia" (Uribe Márquez, 1925, p. 19).

Los debates sobre el socialismo cristalizaron en la fundación del Partido Socialista Revolucionario, el cual tuvo una muy breve trayectoria histórica (1926-1929). En este corto lapso de tiempo, diversos militantes del

PSR se encargaron de difundir un mensaje socialista a escala nacional en el que, aunque seguía imperando una gran amplitud, se iba adaptando poco a poco el uso del término comunismo como sinónimo de socialismo. Un buen ejemplo al respecto se encuentra en una carta de Guillermo Hernández Rodríguez, militante del PSR, enviada a Raúl E. Mahecha en la que le manifestaba: "La lucha eleccionaria debe aprovecharse para agitar intensamente a las masas obreras en torno a las ideas y tácticas del comunismo, o socialismo revolucionario como designamos en Colombia, por ahora, la interpretación leninista del marxismo".[18]

El PSR fue la primera organización política en la historia de Colombia en hacer un claro uso partidista, con espíritu militante, de los vocablos socialismo revolucionario y comunismo. Aunque no se tuviera toda la claridad teórica sobre el contenido y alcance de esos términos, los principales dirigentes del PSR efectuaban sus campañas y sus prédicas recurriendo a los mismos y planteando una nueva sociedad hacia el futuro inmediato, la cual sería socialista o comunista. Y este mensaje lo recibieron cientos de militantes o simpatizantes de dicho partido. El PSR tenía presencia en 16 departamentos del país y en un total de 177 municipios, lo que muestra su amplia cobertura. Ahora bien, la composición social del partido correspondía primordialmente a artesanos y luego a trabajadores de las obras públicas, de los puertos y de los enclaves bananero y petrolero.[19] En la ciudad de Manizales la policía detectó un total de 72 militantes, de los cuales describe sus actividades y profesiones. Habían 17 sastres, 10 zapateros, 7 negociantes, 6 carpinteros, 5 peluqueros, 2 "artesanos" (categoría usada por la policía), 2 abogados, 2 joyeros, 2 paperos, 2 canteros, 2 soldados, 1 vago de profesión, 1 cerrajero, 1 talabartero, 1, albañil, 1 tendero, 1 tegua, 1 hotelero, 1 carrero, 1 chichero, 1 jornalero, y 4 personas sin ninguna profesión o con profesión desconocida.[20] Según este registro, en la ciudad de Manizales los militantes del PSR eran en su mayoría artesanos, pequeños propietarios y expendedores de productos. Otro tanto sucedía en el Departamento del Huila, pues sus principales militantes eran el jefe de la Sociedad de Obreros Libres de Neiva, 2 carpinteros, 1 joyero, 1 jabonero, 1 talabartero y 1 agricultor.[21] Esto mismo se presentaba en otros lugares del país, en los que, a pesar de no tener una información tan detallada como la de Cali, si se ha captado el predominio de artesanos, como sucedía en la ciudad de Bucaramanga y en el Líbano, población cafetera del Departamento del Tolima (Acela Arias, 1993, pp. 28-85). En esta última existía una Sociedad Obrera con 46 socios, los cuales eran sastres, herreros, matarifes, peluqueros, y mecánicos.[22]

Aunque predominaran los artesanos, el PSR impulsó luchas en diversos frentes o, por lo menos, algunos de sus dirigentes y militantes participaron: Tomas Uribe Márquez era asesor jurídico de los campesinos del Sumapaz; Ignacio Torres Giraldo era dirigente de los trabajadores del ferrocarril en el Valle del Cauca; Raúl Eduardo Mahechaera alma y nervio de los trabajadores petroleros de Barrancabermeja y bananeros del Magdalena; José Gonzalo Sánchez coordinaba las luchas de los indígenas de Coyaima; María Cano, aparte de su influencia en Medellín, recorrió vibrantemente el país para denunciar con su voz apasionada la explotación y la miseria.

Raúl Eduardo Mahecha y otros miembros del PSR organizaron la huelga bananera en 1928, la que fue posible según las palabras del propio Mahecha, porque

> comenzamos a preparar espiritualmente a los trabajadores, valiéndonos del periódico 'Vanguardia Obrera' que editábamos por medio de una imprenta volante de mi propiedad [...]. Contábamos ya con sesenta camaradas ya probados en la lucha y que serían los dirigentes parciales de todo el movimiento. Algunos otros compañeros, se presentaron espontáneamente en la zona, para colaborar en nuestra tarea. (Mahecha, 1978)

### *Entre los ecos de La Marsellesa y la Revolución de Octubre*

Para Eric Hobsbawm los "ecos de la Marsellesa" retumbaron con fuerza en el mundo hasta un poco después de la Primera Guerra Mundial (Hobsbawm, 1992, p. 57-60). Colombia no fue la excepción a dicho influjo, que tuvo una notable presencia entre sectores liberales radicales y grupos artesanales desde el siglo XIX. En una sociedad antidemocrática, clerical e intolerante como la colombiana el ideario de la Revolución Francesa seguía vigente, por la sencilla razón que la democracia, con todos sus elementos constitutivos, todavía era un objetivo por alcanzar. Su influencia se apreciaba en la alusión a símbolos, signos, consignas, himnos, fechas y personajes asociados a la historia de Francia (la cual se mezclaba de una manera libre y en muchos casos arbitraria con la propia revolución).

Entre los artesanos existía una concepción muy particular sobre la noción de *pueblo,* visto como sinónimo de explotado y oprimido, en contra de los ricos, considerados como los poderosos y opulentos. Para esos sectores artesanales, en la humanidad había "dos clases diametralmente opuestas: ricos y pobres; aristocracia y pueblo. La primera formada por el capital, o sean (sic) los poderosos, y la segunda formada por el proletariado, o sea el cuarto estado, el salariado (sic), la plebe y en conjunto la maza (sic) general de trabajadores, que es, en resumen, el pauperismo".[23] Se percibía en esta apreciación una extensión semántica del a noción de pueblo (en el sentido que lo interpretaba la Revolución Francesa, ampliado en la acepción socialista que ya se le daba en diversos lugares del mundo) puesto que por tal son considerados todos aquellos que trabajan (desde luego, no sólo los obreros y artesanos) y que, con razón, eran ubicados en el último escalón de la sociedad, pues trabajador era sinónimo de pobre, es decir, de pueblo.

En cuanto al sentido de la consigna "Libertad, Igualdad y Fraternidad" los sectores socialistas le daban una interpretación mucho más amplia que la formulada en la visión formal de la democracia. Una síntesis de la elasticidad y amplitud concedida por los socialistas de la época a las ideas clásicas de la Revolución Francesa la encontramos en el Programa del Partido Socialista de 1924, redactado por Francisco de Heredia, en cuyo primer artículo se podía leer:

> La sociedad futura tendrá por base la *verdadera libertad* que es la independencia económica, la *verdadera igualdad* no solamente en la ley escrita, sino en la práctica que asegure a todo hombre cuando nace medios iguales a los de cualquiera otro para su desarrollo material, intelectual y moral, y la *efectiva fraternidad* que haga la vida más bella y más noble. (De Heredia, 1925, p. 44)

La Revolución Rusa tuvo un gran impacto en las luchas populares que se adelantaron en Colombia después de 1918 e influyó en las organizaciones políticas socialistas creadas en Colombia después de 1919. No por casualidad tras la masacre artesanal del 16 de marzo de 1919 la multitud que desfilaba por las calles céntricas de Bogotá gritaba: "Viva la Revolución", "Viva el bolchevismo", "El pueblo tiene hambre". Estas consignas mostraban que un nuevo horizonte ideológico y simbólico se dibujaba en el panorama político colombiano como movilizador de las luchas adelantadas por los socialistas.

Con la Revolución Rusa emergió un nuevo vocabulario, otros símbolos, diferentes personajes y nuevas consignas, todo lo cual ira marcando diferencias con la herencia de la Revolución Francesa. El nuevo imaginario, originado a partir de la revolución de octubre, se convirtió lentamente en un aspecto crucial en la identidad de aquellos sectores populares influidos directamente por las fuerzas socialistas prosoviéticas que se hicieron dominantes en el escenario político de la izquierda después de 1930, por lo menos en Colombia. Entre los símbolos incorporados por esta nueva tradición revolucionaria se destacaban: la Internacional; la celebración clasista del Primero de Mayo, la incorporación como personajes representativos de la lucha social a Lenin, Trotsky, Bujarin y otros dirigentes de la primera época de la Revolución Rusa; los símbolos dominantes pasan a ser la hoz y el martillo, junto con las banderas rojas con tres ochos en su interior; entre las consignas más conocidas empezaron a difundirse: "proletarios de todos los países, uníos", "viva la alianza obrera y campesina", "muerte al capitalismo", "muerte al imperialismo". "viva el socialismo", "la burguesía es una clase explotadora".

Entre los elementos conceptuales más claros que instaura la nueva tradición revolucionaria se encuentran el capitalismo y el anticapitalismo, el imperialismo, la explotación, el trabajo, el socialismo, la clase obrera, los campesinos, la dominación colonial, la lucha de clases, el internacionalismo proletario, como parte del imaginario revolucionario que se gestó después de 1917. Un ejemplo de la manera como luego de conocidas las primeras noticias sobre la Revolución Rusa se amplía de forma casi automática la simbología de los sectores subalternos influidos por el socialismo, se encuentra en una curiosa nota publicada en la prensa de la época:

*En el barrio obrero Trotzky y Lenine*

Terminada la visita a estos lotes, los visitadores se encaminaron al barrio obrero, en donde se están levantando las nuevas edificaciones para obreros. Encontraron allí las calles y carreras del nuevo barrio completamente demarcadas y sujetas en un todo a los planos acordados por la Dirección de Obras Públicas.

Entre curiosos y sorprendidos, vimos que las calles ostentan nombres un tanto exóticos en nuestro medio. En tablas pintadas en letras grandes leímos cosas como éstas: "Carrera Trotzky", "Calle Nicolás Lenine", etc.[24]

*Aspectos de la ideología y la cultura socialista*

La introducción del socialismo en Colombia al despuntar el siglo XX significó un esfuerzo por construir una cultura particular, con su propio ideario, símbolos, representaciones y rituales. En su momento esta cultura alcanzó alguna difusión, principalmente entre sectores subalternos, como artesanos, obreros de las obras públicas, algunos campesinos de ciertas regiones, pequeños propietarios e intelectuales. Dicha cultura se fue moldeando en relación directa con los proyectos de lucha y resistencia adelantados por los sectores autodenominados como socialistas. Por esta circunstancia, es necesario detenerse un instante en describir y analizar algunas de las características de esta cultura socialista.

## Rituales socialistas

Los rituales socialistas en la década de 1920 cubrían un espectro muy variado de situaciones de la vida cotidiana, bastante influidos por las tradiciones y prácticas anticlericales del liberalismo radical y por los idearios de la Revolución Francesa y la Revolución Rusa. Este influjo generó unas manifestaciones culturales *sui géneris*, caracterizadas por el sincretismo y por la variedad, puesto que cubrían diversos aspectos de la vida pública y privada. Entre esos rituales se destacaban la entonación de himnos, la formalización de juramentos de adhesión, la realización de bautismos y matrimonios socialistas y ceremonias de iniciación revolucionaria.

Hasta 1919, al parecer con cierta frecuencia entre círculos artesanales se entonó la Marsellesa en algunos lugares del país, bastante influidos por el radicalismo liberal, lo cual indicaba un continuo influjo de la Revolución Francesa, al tiempo que se entonaban también himnos socialistas de origen nacional.[25]

Los socialistas también establecieron juramentos de fidelidad y adhesión. El primero de ellos se conoció en mayo de 1919, cuando Marco Tulio Amorocho lo presentó en público.[26] Aparte de éste, se encuentran otros juramentos como uno que circuló en la población de La Mesa (Cundinamarca), de seguro redactado por gentes próximas al Partido Socialista.[27] De la misma manera, los socialistas fueron desarrollando particulares formas de saludo y despedida, que aparecían en cartas, comunicados, carteles o se pronunciaban en discursos ante auditorios obreros y socialistas, tales como "Hermanos en Lenin, salud y revuelta", "Camarada en la causa universal roja", "Fraternales saludos comunistas", "Salud y anarquía", "Salud y renovación social", entre otros.

A mediados de la década de 1920, en Bogotá, Medellín, Girardot, y otros lugares del país se instauró la Flor del Trabajo, una de las instituciones obreras y socialistas más significativas. Esta designación recaía en manos de una mujer de familia trabajadora o próxima a los trabajadores que por lo general era elegida el primero de mayo por un período de un año. Durante este tiempo acompañaba a los obreros organizados, asistía a las reuniones en las Casas del Pueblo—otra institución popular de la época—y participaba en campañas de diversas índoles en beneficio de los obreros. El PSR instituyó la Flor Roja del Proletariado en la Convención de la Dorada en 1927.[28] Además, se efectuaban bautizos, matrimonios y otros ritos socialistas, algunos de los cuales eran herencia de los artesanos radicales, que desde mediados del siglo XIX habían celebrado ese tipo de rituales laicos como una protesta y rechazo al dominio omnímodo de la Iglesia Católica. Se destacó al respecto la fundación de cementerios laicos por parte de los liberales radicales, la realización de bautizos y matrimonios civiles, con mucha fuerza en Girardot y sus alrededores. En otros lugares, influidos tradicionalmente por el radicalismo y con una fuerte composición artesanal, se realizaron ceremonias de ese tipo, inscritas en una contracultura socialista. Uno de los casos más notables se presentó en la población cafetera del Líbano, donde a finales de la década de 1920, bajo la influencia del PSR se desarrollaron bautizos y matrimonios socialistas.[29]

## El antiimperialismo

Una de las características más importantes de la lucha adelantada por los socialistas en Colombia en las primeras décadas del siglo XX fue el antiimperialismo. Este antes que una reflexión teórica se convirtió en un sentimiento popular, de carácter masivo, con gran arraigo entre los sectores urbanos. Su génesis histórica en el caso de Colombia estaba relacionada con la perdida de Panamá el 4 de noviembre de 1903, hecho organizado, financiado y respaldado militarmente por los Estados Unidos para terminar la construcción por su cuenta y en su beneficio del canal interoceánico.

Este fue el comienzo de un notable sentimiento antiyanqui en importantes sectores de la población colombiana, como se puso de presente en repetidas ocasiones: el boicot al tranvía en Bogotá en 1910 para protestar tanto contra el monopolio de ese servicio público por parte de una empresa de los Estados Unidos como contra las arbitrariedades de su gerente, que con su actitud humillaba a la población bogotana; la lucha de los trabajadores de los enclaves bananero y petrolero, en los cuales se presentaron las huelgas más beligerantes pero también las más fuertemente reprimidas por las autoridades conservadoras.

El antiimperialismo no era un sentimiento exclusivamente colombiano, pues se encontraba presente en las luchas sociales que adelantaban diversos sectores de las clases subalternas en varios países de América Latina, cuyos principales recursos económicos eran explotados por compañías inglesas o contra la ocupación imperialista por parte de los Estados Unidos de países centroamericanos y caribeños (Nicaragua, Haití, República Dominicana, Cuba, Panamá y México).

El ideario antiimperialista de algunos sectores socialistas en la década de 1920 resaltaba la resistencia y lucha de los pueblos que eran ocupados por los Estados Unidos o que sufrían la dominación imperialista. Ignacio Torres Giraldo analizó el imperialismo de los Estados Unidos, sin detenerse solamente en las implicaciones económicas y políticas que traía su expansión agresiva y criminal, al recalcar que emergía una dominación cultural, puesto que Estados Unidos lo que quería era imponer su propia cultura "edificada sobre acero y caucho fundido; sobre latones esmaltados y otras creaciones de la mecánica". "Tenemos otras concepciones sobre civilización, y lógicamente otros conceptos sobre la genialidad que debe ser mérito, es decir, virtud consagrada por la aureola del gran triunfo que se aporte a la Humanidad".[30]

Uno de los casos más sonados en la época, caracterizado por su denuncia del imperialismo fue el de los anarquistas italianos Bartolomé Saco y Nicolo Vanzetti, el cual se convirtió en un hecho mundial de repudio al gobierno de los Estados Unidos. El proceso y posterior ejecución de los anarquistas italianos suscitaron reacciones en diversos países, tanto de Europa como de América Latina (Creag, 1984). Colombia no fue la excepción, puesto que aquí desde 1921 algunas personas empezaron a enviar amenazas a los representantes diplomáticos de los Estados Unidos en Bogotá.[31]

### La prensa obrera y socialista

Los sectores socialistas realizaron esfuerzos por dotarse de órganos de difusión propios, los cuales se materializaron en la creación de periódicos varias regiones del país. Esta prensa tenía una base artesanal evidente y tuvo distinta fortuna, porque algunos periódicos solo alcanzaron a publicar unos números y tuvieron muy poca difusión, mientras que unos pocos se editaron durante muchos años, como el caso de *La Libertad*, una publicación que se mantuvo durante tres décadas.

En la primera época del periodismo socialista (1910-1919) no existía una clara diferenciación con el liberalismo radical, porque ambos estaban inscritos en un proyecto similar de organización de los artesanos y de lucha contra la hegemonía conservadora y contra el clero católico. La importancia que estos sectores artesanales le atribuían a la prensa se expresaba en uno de los números de *Chantacler* en donde se sostenía que la prensa era como la luz (la razón) en medio de un horizonte de tinieblas (el dominio de la superstición católica), porque "desde tiempos muy lejanos la Prensa ha difundido mucha luz, civilizando hombres y combatiendo al Vaticano, que tan opuesto es al progreso de las ciencias". La luz de la prensa se irradió por el mundo, primero gracias al invento de la imprenta, una poderosa arma para combatir la superstición y el dominio de la Iglesia. El siguiente paso se presentó a partir de la Revolución Francesa, cuando la Prensa se convirtió en la "verdadera cristalización de las almas libres". De todo esto, deducía el comentarista, que en Colombia era necesario luchar por la libertad de pensamiento sin la cual no se podía tener una patria libre.[32] Justamente, los artesanos radicales y los socialistas le concedieron a la prensa un papel de difusor de ideas contrarias a las defendidas por la prensa conservadora y de reivindicación de la educación y la capacitación de los trabajadores, porque esa educación era indispensable para alcanzar la luz, el saber y la ciencia que le proporcionaría las bases necesarias para pensar y actuar libremente.

Uno de los elementos más explícitos y comunes en la prensa socialista de esta época era el relacionado con los artesanos, puesto que la mayor parte de periódicos tenían como meta difundirse entre diversos gremios artesanales, con la finalidad de contribuir a su educación y a su organización como clase, y en muchos casos a infundirles dignidad y autoestima por su labor productiva. Si tenemos en cuenta la supervivencia de una cultura radical entre muchos grupos de artesanos, se entiende porque ellos asimilaron este tipo de mensaje socialista cristiano, el cual llegó a concretarse en intentos de crear partidos obreros en dos ocasiones (en 1910 y 1916). Aunque nunca haya tenido en realidad una expresión orgánica como partido, si pone de presente los esfuerzos desplegados por este tipo de periodismo en aglutinar e identificar subjetivamente a unos sectores sociales con similares características de existencia material a los cuales pretendía dirigir su mensaje. Este esfuerzo se observa en periódicos como *La Libertad*, *La Razón del Obrero*, *La Unión Obrera* y *El Obrero Moderno*, en todos los cuales los artesanos eran sus destinatarios centrales.

En las hojas periódicas que circulaban en esta primera época sobresalía la exposición de los temas que más preocupaban a los artesanos, tales como la necesidad de organizarse de manera independiente pero sin comprometerse en actividades políticas. El término política para los artesanos y los primeros socialistas era sinónimo de intereses partidistas (tanto liberales como conservadores), de guerras fratricidas, de corrupción y reparto de puestos. Este *apoliticismo* señalaba que los artesanos no debían plegarse a los intereses y estrategias electorales de los políticos, aunque este discurso no haya podido evitar que muchos de los sectores artesanales siguieran siendo presa electoral de los dos partidos. Asimismo, se exaltaban las virtudes del ahorro y de las sociedades mutuarias de los trabajadores como mecanismos que permitirían la superación de sus problemas existenciales como lo hacían la *Unión Obrera*,

*El Obrero Moderno* y *La Libertad.* En esa prensa también se reproducía buena parte de las campañas moralistas adelantadas por las élites letradas e incluso por la iglesia, como eran las relativas a la higiene, el no consumo de alcohol, el rechazo a la violencia, o la fraternidad entre los obreros.

A partir de la fundación del Partido Socialista en 1919 hasta una década después se presentó un segundo momento en la prensa socialista, en el cual aumentaron las publicaciones obreras y socialistas en diversos sitios de la República y se generó una distinción con el liberalismo en términos analíticos, aunque en la práctica en muchos de esos periódicos se siguiera difundiendo un ideario propio del liberalismo radical. En esta segunda fase sobresalió la publicación sistemática de aspectos doctrinarios del socialismo, presentando análisis y artículos escritos por autores colombianos, lo que evidenciaba las preocupaciones que rondaban a los socialistas, y la reproducción de escritos de socialistas, comunistas y anarquistas de diversos lugares del mundo, pero preferentemente europeos.

Con la aparición del Partido Socialista primero y poco después del Partido Socialista Revolucionario surgió la exigencia, por las necesidades prácticas, de tener voceros de prensa propios que difundieran los planteamientos políticos y organizativos del partido. Pese a su carácter partidista, esta prensa no era excluyente de otras tendencias políticas cercanas; porque, además, en la época el sentido del término partidista era muy amplio—como debe ser—ya que en la mayoría de los casos no se refería tanto a la organización política como a la clase (a los pobres y explotados).

El periodismo socialista se presentaba como el vocero de los obreros, aunque no era una prensa sesgadamente obrerista, puesto que los términos obrero y proletario adquirieron una connotación bastante amplia, en la que se incluía a todos los sectores sociales que trabajaban en los campos y en las ciudades y eran pobres. El apelativo de obrero se constituyó en un elemento de identificación pero no en el sentido restringido de los obreros industriales, lo cual entre otras cosas tenía poco fundamento en la Colombia de la década de 1920, puesto que eran muy pocos los obreros de ese tipo que existían en el país.[33]

En la prensa socialista estaban presentes análisis, denuncias y propuestas para los indígenas y campesinos y para otros pobladores urbanos. Incluso andando el tiempo, ciertos periódicos, como *Claridad*—el cual empezó siendo un órgano obrero en el sentido amplio de la palabra (cuyo lema durante su primera época era el de "Proletarios de todos los países, uníos")— se convirtieron en defensores de los intereses de los campesinos, y en menor medida de los indígenas, y en instrumentos de denuncia de los terratenientes, hacendados y de las formas de explotación a que estos sectores sometían a las mayorías campesinas.

En la prensa se agitaban desde las primeras páginas aspectos relativos a la ideología y doctrina de las organizaciones, grupos, partidos o círculos que la publicaban y seguía teniendo como ideario político referencias directas el pensamiento revolucionario socialista, en sus diversas tendencias, pero ya no aparecían alusiones tan directas y evidentes a la Revolución Francesa, lo que indicaba que se iba consolidando el nuevo imaginario revolucionario, influido directa o indirectamente por la Revolución Rusa, aunque esto no supuso la consolidación en ese momento de una prensa dogmática y sectaria.

## A manera de conclusión

En este ensayo se han analizado en forma sintética los vínculos culturales y políticos establecidos entre los artesanos, el liberalismo radical y el socialismo. Para ello, se partió de considerar las influencias radicales sobre grupos de artesanos que contaban con sus propios rituales, imaginarios y símbolos, que les llevaron a constituir patrones específicos de conducta individual y colectiva, enraizados en una interpretación mestiza de la historia nacional, y de su clase, lo cual les permitió desarrollar mecanismos de resistencia a las formas clericales y conservadores predominantes en el país. El socialismo naciente en Colombia compartía parte de la trayectoria cultural de los artesanos, lo que era más evidente en las regiones de mayor evidencia liberal radical, como Santander, Tolima, parte del Valle del Cauca y la hoya del Río Magdalena. Asimismo, se ha recalcado la confluencia del ideario democrático de la Revolución Francesa con el socialista de la Revolución Rusa, como soporte ideológico de las luchas obreras y artesanales de las primeras décadas del siglo XX.

## Notas

1  "Socialismo mestizo quiere significar la existencia de un conjunto de dilemas antes que un juicio sobre la pertinencia o la importancia de un proceso político. Señala, entre otras controversias, la existente entre la continuidad de las tradiciones políticas y la incorporación de nuevos patrones doctrinarios, de organización, de movilización social; la opción entre la federalización organizativa y la centralización; entre la pluralidad y la homogeneidad ideológica. La opción entre un proyecto más autónomo [...] y otro más ligado al movimiento comunista internacional" (Vanegas, 1999, p. 80).

2    *Ravachol*, No. 16, 22 de octubre de 1910.

3    *El Domingo*, 12 de mayo de 1912; *El Tiempo*, 9 de mayo de 1924.

4    *El Tiempo*, 3 de mayo de 1924.

5    *Las Dominicales*, 15 de noviembre de 1911.

6    Hugo Gartner, s. f., "Oración pronunciada por su autor en el cementerio laico en el primer aniversario del Doctor Climaco Jaramillo". Archivo General de la Nación, Fondo Ministerio de Gobierno, Sección Primera, Tomo 973, folio 10, Tipografía Variedades. (En adelante citado así: AGN, FMG, S. 1, T., f.)

7    *El Obrero Moderno*, 18 de enero de 1913

8    *El Símbolo* (Cartagena), 1 de diciembre de 1910.

9    *La Unión Obrera*, 22 de abril de 1911.

10   *El Obrero Moderno*, 28 de junio de 1913

11   *La Libertad*, 26 de noviembre de 1916.

12   *Gaceta Republicana*, 7 de enero de 1916.

13   *El Socialista*, 19 de mayo de 1920.

14   *El Luchador*, 26 de noviembre de 1919.

15   *El Tiempo*, 26 de noviembre de 1919.

16   *La Libertad*, 12 de diciembre de 1919.

17   De Heredia (1925) y "Programa del Partido Comunista de Colombia", *AGN, FMG, S. 4*, T. 212, fs. 179 y ss {¿es esto parte de Heredia (1925)?}.

18   "Carta de Guillermo Hernández Rodríguez a Raúl E. Mahecha", Bogotá, s. f. *AGN, FMG, S. 1*, T. 982, f. 416.

19   *AGN, FMG, S. 1*, T. 966, f. 116.

20   *AGN, FMG, S. 1*, T. 983, f. 189-190.

21   *AGN, FMG, S. 1*, T. 973, f. 35.

22   *AGN, FMG, S. 1*, T. 983, f. 98.

23   Juan Marco, "Ricos y pobres o aristocracia y pueblo", *Por el Pueblo*, 25 de julio de 1914.

24   *El Tiempo*, 5 de julio de 1919.

25   *La Libertad*, 5 de octubre de 1919.

26   *Gaceta Republicana*, 2 de mayo de 1919.

27   *El Tiempo*, 26 de enero de 1921.

28   PSR, "Acuerdo reglamentario de la institución FLOR REVOLUCIONARIA", Bogotá, octubre 13 de 1927, *AGN. FMG, S.1*. T. 982, f. 488.

29   *La Humanidad* (Cali), (no se registra ni la fecha ni el número del periódico). Disponible en: Archila, Mauricio (1984), "¿De la revolución social a la conciliación? Algunas hipótesis sobre la transformación de la clase obrera colombiana", *Anuario Colombiano de Historia Social y de la Cultura*, 12.

30   Carta de Ignacio Torres Giraldo al Sindicato Central Obrero, Cartagena, 27 de

enero de 1928.
31  *AGN, FMG, S. 1*, T. 843, f. 489.
32  *Chantacler*, No. 6, 29 de septiembre de 1910.
33  *El Sol*, 20 de diciembre de 1922.

*Referencias*

Acelas Arias, Julio César. (1993). "Obreros y artesanos de Bucaramanga: organización, protagonismo e ideología 1908-1935" (Monografía de Grado). Departamento de Historia, Universidad Industrial de Santander.

Archila, Mauricio. (1984). "¿De la revolución social a la conciliación? Algunas hipótesis sobre la transformación de la clase obrera colombiana". *Anuario Colombiano de Historia Social y de la Cultura*, 12.

Creag, Ronald. (1984). *Sacco et Vanzetti*. París: Editions La Découverte.

De Heredia, Francisco. (1925). *Programa del Partido Socialista*. Bogotá: Editorial Santafé.

Fals Boda, Orlando. (1986). *Historia doble de la costa* (Tomo IV, *Retorno a la Tierra*). Bogotá, Carlos Valencia Ediciones.

Hobsbawm, Eric. (1992). *Los ecos de La Marsellesa*, Barcelona: Crítica.

Mahecha, Raúl Eduardo. (1978). "La masacre de las bananeras". *Revista Teoría y Práctica*, 14.

Negrete, Víctor. (1981). *Origen de las luchas agrarias en Córdoba*. Bogotá: Fundación del Caribe.

Romero, Juan de Dios. (1920). *Conferencias socialistas*. Bogotá: Tipografía Latina.

Torres Giraldo, Ignacio. (s. f.). "Anecdotario". Copia mecanografiada sin publicar.

Uribe Márquez, Tomás. (1925). *Rebeldía y acción. Al proletariado colombiano*. Bogotá: Editorial Minerva.

Vanegas, Isidro. (1999). "El socialismo mestizo. Acerca del socialismo temprano en Colombia" (Tesis de Grado). Departamento de Sociología, Universidad Nacional, Bogotá.

# Mill Occupations and Soviets: The Mobilization of Sugar Workers in Cuba, 1917-1933[1]

Barry Carr
La Trobe University (Melbourne, Australia)

The late 1920s and early 1930s witnessed important worker and peasant mobilisations in Cuba where depression-led economic and social disruption coincided with a crisis of the oligarchic state. In August 1933, urban and rural workers helped overthrow the regime of Gerardo Machado and determined the fate of the reformist Grau San Martín government which ruled Cuba from 10 September 1933 until army sergeants, led by Fulgencio Batista, forced Grau's resignation in January 1934. In August, September and October 1933, field and mill workers seized sugar mills and estates and, in several cases, inaugurated peasant councils or soviets. This chapter "unpacks" this episode, examining how the occupations and soviets functioned and confronted the old order.

Much labour history still assumes a simple, unilinear model of protest which moves from "pre-political" forms (symbolic, non-ideological action) through successive stages of "modern" protest based on class identity and the mediation of formal ideologies and parties. Protest passes through strikes, the formation of unions, and finally arrive at the peak of radical modernity constituted by insurrection, revolutionary strikes and occupations—developments which prefigure a new anti-capitalist social order. There is an implicit assumption that there are "lower" and "higher" forms of protest, in which "lower" forms are more "primitive," lower down on the scale of "effectiveness" and so on.

The Cuban mill occupations of 1933 show the limitations of this approach. The radicalism of the sugar workers did not necessarily prefigure a post-capitalist order. In some cases seizures of the means of production were conjunctural responses to immiseration. In other cases they were preemptive, designed to forestall the cancellation of the next sugar harvest. In most cases workers did not challenge the longer-term legitimacy of private control over the enterprises where they worked. The greatest radicalism shown was when workers reversed the rhythm of everyday life; physical occupations allowed more radical breaks with the past than strikes. Hence the importance of the symbolic actions accompanying the occupations. If the world was not turned upside down, it was at least given a good shake during the summer and early autumn of 1933.

I conclude that in spite of the crucial role played by the Cuban Communist Party and its affiliated unions, the sugar insurgency cannot adequately be explicated if our point of reference is solely the world of organizations and ideologies. Nevertheless, the opportunities, timing and coordination of many actions were without question provided by formal organizations such as the National Sugar Workers Union (SNOIA) and Communist Party (PCC). Evidence of this is in the platforms, demands and nomenclature encountered in most of the occupations.

The *insurgencia* was also crucially shaped by developments in the larger society that temporarily altered the balance of class forces; the serious weakening of the state apparatus for a brief period; the destruction of the army officer corps in the sergeants' revolt of 4 September; and the appearance of civilian militias which tolerated and even supported workers. The institutional, coercive and legal structures serving the sugar mills did not function very well in August-October 1933, and this was as important in explaining the insurgency as the role of parties and ideology.

### The Depression

In the first two decades of the century the eastward shift in cane growing and milling was consolidated with the building of new "colossal" mills, mostly foreign-owned, in the provinces of Camaguey and Oriente. By 1925 these two provinces produced over 53% of total sugar compared with 20% in 1904. The impact of the depression and government attempts to restrict sugar production was accordingly very uneven. Foreign-owned mills weathered the depression better than Cuban-controlled *centrales*; larger cane-growers (*colonos*) fared better than medium and small *colonos*. The uneven distribution of the costs of the sugar *crac*, therefore, gave the political and economic crisis of the late 1920s and early 1930s a strongly nationalist inflection which on occasion provided the material and ideological base on which the interests of Cuban capital coincided (briefly) with the anti-imperialism of mill and field workers.

Between 1931 and 1933, rural wages collapsed with wages for cutting and hauling in the 1932 sugar harvest (*zafra*) falling to 20, 15 and even 10 cents per 100 *arrobas*. The US Department of Labor noted that "wages paid in 1932 are reported to have been the lowest since the days of slavery." Wages in the industrial or mill house sector were substantially higher than those received by field workers. However, the wages of skilled mill workers also declined sharply. Non-money components were also significant. These included free or subsidised housing and medical care which were provided to guarantee stability of employment and limit labour poaching. However, the depression meant that mills often closed hospitals.

More important than wages was the duration of the *zafra*. This got progressively shorter. In the boom period the *zafra* had lasted 250 days or more. In 1926 the average grinding period was 135 days. By 1933 it had fallen to a brief 66 days.

Restriction of production shortened the zafra and reduced the number of mills grinding cane. But equally important was the disappearance of factors that had helped offset seasonal unemployment. Mill construction stopped completely by 1925, and by the early 1930s public work programmes had stopped absorbing labour.

As government restriction of sugar production bit hard, the immiseration of rural life deepened. For a start, the *zafras* started progressively later; in 1932 they commenced in late January to mid February. In 1933, the situation deteriorated further since mills did not start grinding until early or mid-February. The shortening of the zafra and the increased length of the dead season (*tiempo muerto*) were accompanied by a fall in the number of mills producing a harvest. Shorter *zafras* and fewer operating mills drastically reduced the wages of sugar workers and impoverished smaller cane growers, some of whom provided support for insurgent sugar workers later in 1933.

The crisis increased emigration from the countryside. Some workers managed to find work in the coffee industry, which had experienced a modest boom. The tobacco sector also soaked up some labour and in any case the sowing and sorting of tobacco had traditionally coincided with the ending of the sugar *zafra*. But workers still begged or fled to the towns; "caravans of hunger" were a manifestation of the new exodus, attracting public attention.

*Organising the Sugar Industry – Unions and the Communist Party*

Collective action and unions developed slowly. This was partly because of considerable labour mobility and substantial opportunities for non-waged forms of subsistence. The cumulative effect was to increase the autonomy of workers, especially those who laboured in the fields. But greater autonomy may also have muted the development of class antagonisms and complicated the task of labour organisation. This is not to suggest that the tardiness of labour organisation can be explained by these factors alone. Many *centrales*, especially in the newly opened sugar zones of Camaguey and Oriente, were isolated from towns; roads were poor, although railroad links allowed contact with militant rail workers. The power of mill owners was also much greater than that of urban employers, extending into private spaces such as education, health and housing. Moreover, it was easier to maintain repression and political control in rural settings than in cities. The key institution was the Rural Guard, established by the US during its first military occupation and engaged in the task of protecting rural properties where most of its posts were located.

Sustaining union organisation was further hampered by high labour turnover, although the geographical mobility of workers could facilitate linkages between different trades. Long distances separated not only *centrales* from towns but also population clusters from each other within the huge cane properties covering the eastern provinces. The *colonias* on which some cane cutters lived could be a long way from the main *batey* (mill yard) settlement, creating problems for organisers. The sugar work-force was also differentiated along lines of status, skills and job categories, complicating collective action. Nationality and colour could be obstacles. By the mid 1920s, much of the sugar labour force, especially in the fields, was non-Cuban, mostly from Haiti and Jamaica and bringing quite different linguistic, cultural and political legacies. Labour militancy and hostility to largely foreign-owned enterprises were heavily shaped by nationalism and chauvinism (anti-imperialism does not always arise from "progressive" sources), and this challenged labour organisations, such as the communist oriented unions, that advocated cross-ethnic labour coalitions.

The antecedents of sugar sector unionisation and action have been little studied and most historians see the development as a 1930s or at the earliest a 1920s phenomenon. Yet collective worker action and strikes appeared in 1908-12 and as early as 1902 in the Cruces and Cienfuegos area of Santa Clara province. The Cruces region had the densest concentration of mills in

Cuba and many mill workers lived in the towns of Cruces or Cienfuegos, which reduced *hacendado* influence and helped sugar workers establish alliances with urban workers. In the great strikes of October and November 1917, mill workers tried to force employers to recognise unions and grant an 8-hour day and wage increases. US marines intervened on several sugar estates, as they had done earlier in the year, in February and again in June. These geographically limited strikes were unsuccessful. Most of the over 50 mills struck were located either in Santa Clara or Camaguey provinces and there were only faint echoes of the action in Oriente, Matanzas, Havana and Pinar del Río. Moreover, the 1917 and 1919 movements were led by the labour aristocracy of the mill plants, the more urbanised and skilled *mecánicos* and *metalúrgicos*, who were culturally distanced from field-workers. In the great 1917 strikes the *mecánico*—dominated leadership did not receive much support from field workers—in sharp contrast with the alliances between *batey* andfield workers 16 years later in 1933. In any event, the timing of the 1917 strikes made an alliance between workers in the industrial and agricultural branches of the industry unlikely. October and November were in the middle of the dead season when there were few field workers on the plantations and *colonias*. Those employed were engaged in work (planting, clearing land) that was not tied into the cycle of the mill plants being readied for the start of the *zafra*.

In September 1924, another great wave of sugar worker activity demanded recognition of new unions, the 8-hour day and the elimination of payment by vouchers. The initial focus was once again the Cruces region; the huge mills of the Morón and Ciego de Ávila zones in North-western Camaguey province joined in later. By November the strikes had spread to Oriente, Matanzas and Havana provinces and in early December more than thirty mills were on strike. Railroad workers played a central role. These strikes and the widespread solidarity they provoked inspired the formation in 1925 of the first national labour federation, the National Confederation of Cuban Workers (CNOC).

*The Cuban Communist Party and the Sugar Industry*

By the late 1920s the organisational drive had largely dissipated but the intervention in the sugar sector of the new (1925) Cuban Communist Party, PCC, revived organisation. Initially, the sugar sector was not well represented in national labour organisations or in the founding organisation of the PCC. This weak penetration of the sugar industry reflected the critical shortage of cadres and the narrow geographical focus of the PCC, which was concentrated mostly in Havana and in a handful of other towns such as Manzanillo.

In 1930, influenced by the US Communist Party and the Caribbean Bureau of the Comintern, the PCC and the CNOC changed tack and directed more attention to sugar. By late 1930 the Communists had established some influence in several small sugar towns of Havana province and at Banes (Oriente province), a centre of the United Fruit Company (UFC). Santa Clara province, however, was the first organisational core of the Left. During 1930, the PCC began to organise sugar workers in the industrial and agricultural sectors of mills there, especially in the town of Encrucijada. After this initial sortie into the sugar fields, the new thrust of organisation launched by the CNOC in 1931 focused on organising agricultural and industrial workers into the same union.

After the end of the1931 *zafra*, the CNOC began a drive for support among sugar workers in Camaguey province. Based in Morón, party activists, aided by rail workers, visited Adelaida, Cunagua, Jaronú, Senado and Lugareño. The first Communist cell in the province was established in Camaguey city in September 1931. In the crucial province of Oriente, however, the party's initial efforts brought very little reward. A PCC cell had been created by 1930 at Banes in the heart of the UFC empire. A few months earlier, in late 1929, a PCC cell appeared at the Mabay mill, once again with the help of the Manzanillo Communists. But only one of the first five party *militantes* seems to have been connected with the sugar mill; the remaining four were a carpenter, two shoemakers and a final-year medical student. The PCC was established in the Tacajó mill in October 1931 by a group which included a tailor, a weigher at the mill and several other men including immigrants from the Canary Islands. At Francisco (in Southeastern Camagüey), the first PCC cell was established at the end of 1932.

Creating a national sugar workers' movement now became an urgent priority for the CNOC. Since there were few genuine sugar-based unions in existence, the CNOC appealed to individuals and small groups of workers identified as likely organisers, many of them party members or individuals who would soon be recruited to the PCC. After a clandestine conference of sugar industry workers met at Santa Clara in December1932, the first national sugar union (SNOIA) emerged. There were few delegates from Camaguey and Oriente, but representatives from 32 *centrales* in all six provinces reached a commitment to build a "worker-peasant alliance."

The SNOIA / CNOC and PCC participated in the first great wave of sugar strikes that accompanied the beginning of the spring grinding season in February 1933. The most combative regions were around the "red" city of Manzanillo in south-western Oriente (Mabay, Niquero, Isabel, and Media Luna) and the whole of Santa Clara province, in particular the areas close to the Nazábal mill which was to be a major focus of worker action throughout 1933. A strong movement also arose in the Tacajó mill in northern Oriente which was later to be a spring-board into the nearby Báguanos and Santa Lucía mills and the Preston and Banes mills of UFC. The Santa Clara strikes, involving workers in 20 *centrales*, helped the PCC win new supporters among mill workers and field workers. The Santa Clara strikes also promoted cross-sectoral alliances between sugar workers and other labourers (tobacco pickers, cigarette makers, leaf strippers and cigar rollers).

Notwithstanding the Communists' role in the sugar sector, students of this period are confronted with a major problem of interpretation. The dominant tendency in post-1959 Cuban historiography privileges the role of the Cuban Communist Party and of the CNOC and denounces all other tendencies as Machado collaborationists or socialfascists. In fact, there were other tendencies in the sugar union movement which became highly critical of the actions of the CNOC and PCC in September-December 1933. These included anarchist groups and a large group of independents, some of them with Trotskyist sympathies, who operated in the Havana Labor Federation. Numbers of unions at mills in Oriente province, especially those who were members of the Unión Obrera de Oriente and the Sindicato Regional de Obreros de la Industria Azucarera de la Región de Guantánamo, were opposed to the SNOIA / CNOC. Libertarian and anarchist sentiment was substantial enough in the *centrales* and sugar fields to support a meeting in Ciego de Ávila on 31 December 1933, and there were plans to establish a national sugar workers' union opposed to the CNOC / SNOIA.

*1933: The mill Occupations*

Strikes and occupations of *centrales* began during the last months of the Machado dictatorship. They were essentially a continuation of the labour mobilisation whose first wave peaked in February 1933. The struggle recommenced in June and July and climaxed in the famous general strike that paralysed Havana and other areas of Cuba in early August, precipitating the resignation of Machado on 12 August.

The first mill occupation took place in February 1933 at the Nazábal central. In January 1933, several weeks before the *zafra* was due to commence, mill and agricultural workers presented demands for wage increases, recognition of their union and idle land for cultivation by field workers during the *tiempo muerto*. During the dispute, the strikers created many of the institutions that became associated with the worker actions of the August-September period—a *comité de huelga*, a *comité de abastecimiento* that provisioned strikers and their families with stocks taken from the company store and supplies provided by neighbouring *sitieros* and fishermen, and self-defence bodies known as *comités de estaca*. When the employers baulked at their demands, hundreds of workers penetrated the mill *batey*, seized the main buildings, the railroad lines and telephones, and imprisoned senior managers. The action ended with a partial victory for the workers.

In the February occupation, Nazábal workers (who six months later would reoccupy the mill) pioneered a new and more militant form of action. The scale of the mobilisation and the setting up of self-defence groups resembled the first stages of armed insurrection, according to the Communist Party's most incisive analyst, Rubén Martínez Villena, who reflected on these events as he journeyed home from exile in the Soviet Union.

The next stage in the worker mobilisation of 1933 occurred three months later—at the end of the *zafra*. The strikes of June and late July, which culminated in the August general strike against Machado, saw the PCC and SNOIA organise demonstrations of industrial and agricultural workers at many *centrales*. Involved were not only field and mill workers but also small and medium-sized *colonos*. In some cases, *centrales* were virtually occupied by their workers as the dead season began. At Mabay, where the best-known soviet would be proclaimed in September, refinery workers struck at the end of July. By the time Machado was toppled they had already gained control of the mill and managers' homes, as well as mill-owned lands. In the second half of August the tone and scope of the strike changed under the impact of decisions made by the PCC and CNOC, when a series of familiar institutions (Strike Committee, Comisión de Auxilio and Comisión de Estaca) were formed to maintain "revolutionary" order. At this point, the workers' strength began to be translated into mechanisms that aimed at extending their control over the central.

The bulk of the mill occupations commenced after the fall of Machado. At Soledad, Caracas, and Macareño mills, according to an owner's report: "the difficulties began between the middle and end of August." The Gómez Mena mill in the south-eastern section of Havana province was on strike on

22 August. This action involved field workers, and there were reports of a mill occupation and even land distribution. The Preston and Banes division of the UFC, two of the most heavily radicalised mills, participated in the general strike of early August, and by the middle of the month workers had founded unions and drawn up demands for an 8-hour day and the restoration of wages to 1930 levels. The first group to strike were field workers engaged in clearing the cane fields. Their action detonated a general strike of all the UFC workers that lasted for 8 days. The power vacuum created by the collapse of the *machadista* municipal authorities aided the strikers, while the temporary paralysis of the local military detachment enabled the newly constituted unions to take control of most UFC properties.

Santa Clara province, and especially the region around the towns of Cienfuegos and Cruces (where a worker-dominated Joint Committee of Action had virtually taken over municipal power),were in the forefront of the occupations. Nazábal was seized (again) in the last week of August as was Hormiguero (northeast of Cienfuegos) where a crowd of 2,000 agricultural workers (*campesinos trabajadores*) "most of them armed with revolvers and other firearms, assembled at the sugar mill and delivered to the office manager a document setting out the demands of the strikers." According to CNOC reports, 15 mills were in the hands of 60,000 workers by the end of August.

Mill occupations seem to have accelerated after the momentous days preceding the installation of the Grau San Martín government of 10 September. Most occurred within a 2-week span from 7 to 21 September. On 7 September more than 500 workers armed with machetes and sticks seized the mill, warehouses and fields of Lugareño without army interference. Occupations also began at Tacajó, where the union had 2,800 members belonging to mills, plantations and *ligas campesinas*; and at Báguanos, San Germán and Baragua. On 5 September, workers at the huge Chaparra and Delicias mills forced the manager and deputy manager to take refuge on a British freighter. The southern portion of Santa Clara province continued to be a centre of worker effervescence. At Soledad, an estimated 1,000 strikers occupied the *batey*, and several times between 4 and 19 September they confined British and US employees to the guest-house building. One thousand unemployed men arrived at the Caracas mill (near Cruces) and forced the mill manager to agree to a set of demands. A contingent of 300 workers camped out on the mill's properties and slaughtered company's cattle to feed their families, while the remaining men moved on to other mills.

Another central axis of the occupations was the northern section of Oriente province, where militant workers at radical *centrales* carried the tactic of mill occupations to less combative mills. Between 3-4 000 Tacajó workers commandeered a locomotive and carriages belonging to their mill and rode to the nearby Báguanos central to extend the strike and confront management. A few days later the same group of workers, this time strengthened by recruits from the now well-mobilised Báguanos labour force and fully armed, marched to Santa Lucía where there was no strike and no union. By now the strike and occupation wave affected the huge mills of Oriente province, like Jaronú, Boston, Preston, Cunagua and Vertientes, that had not played a major role during the first strike waves earlier in the year. In mid-September ten mills in Santa Clara, six in Camaguey and 13 in Oriente as well as most mills in Havana and Pinar del Río provinces were on strike. By the end of September 36 mills were occupied.

## Soviets

In a few exceptional cases—at Mabay, Tacajó and Santa Lucía in Oriente; Nazábal, Parque Alto and Hormiguero in Santa Clara and Jaronú and Senado in Camaguey—occupations were transformed into soviets. The period of most intense mobilisation was over by the middle of October and all the embryonic soviets had disappeared by mid-November, partly as a result of army repression. There were army assaults on Jaronú (27 October) and on 18 November an army massacre of workers at the Senado central (both in Camaguey province).

The call for soviets has complex tributaries, some of them originating in the left-turn advocated by the Comintern during 1928-1933. The Cuban Communist Party's 3 August action programme, issued during the general strike against Machado, demanded a "Soviet government of workers and peasants and the formation of 'self-defence groups' which will defend [...] mass action from the attacks of the armed forces." But references to a "Soviet government" and "self-defence groups" stopped short of calling for the establishment of soviets, defined as organs of dual power. It was only in mid-August that the Central Committee decided to radicalise mass struggle by launching demands for worker and peasant soviets supported by soldiers and sailors. The document calling on district committees of the PCC to promote soviets was presented by a young shoemaker from the "red" town of Manzanillo, Blas Roca, then general secretary of the party's Oriente district committee.

The PCC issued instructions on how to create soviets. Delegates would be elected by strike committees, revolutionary mass organisations, workers, peasants, teachers and doctors. Once established, soviets would be the deliberative and executive core of a new system of municipal power, and would nominate two commissions. One would supervise improvements in workers' material conditions, while the second would defend the new system of worker and peasant power by fraternising with the army, training workers to defend the new power and creating worker militias. The party indicated that soviets could most readily be established where government and municipal authority had broken down under pressure from the masses, or where towns or population centres were under the control of the party. The PCC gave as examples: Guines, Regla, Santiago de las Vegas, Central Hormiguero, Cienfuegos, Morón, Punta Alegre, Central Baraguá and Mabay, a list which includes provincial towns and even working-class suburbs of Havana (e.g. Regla) as well as sugar mills.

The soviets were to expropriate the properties of large landowners while respecting the property of peasants and middling *colonos*. The unemployed would be accommodated in empty homes and in the houses of rich *machadistas*, and their food needs met by confiscation of cattle and food stuffs. The new power would meet the needs of industrial and agricultural workers by implementing wage increases, an eight-hour day, and by abolishing discriminatory wages for women, blacks and young people. There were special obligations towards the black population (although no references to self-determination for the black belt of southern Oriente were included), soldiers and sailors (the election of officers was proposed) and non-proletarian sectors (prompt payment of wages to public servants, abolition of regressive taxes affecting consumers and small merchants, and price controls).

We should not exaggerate the significance of the PCC's late August decision to launch a struggle for soviets. Communication difficulties and the party's organic weaknesses made it difficult for Havana directives to filter down to the base. The organisational work of the PCC and SNOIA, in any case, was overtaken by the speed of the unfolding insurgency. In their armed defence of the mill occupations, too, some of the strikers' actions went far beyond the expectations of the Communist cadres within the SNOIA. A somewhat worried 17 September report by the Communist fraction within the SNOIA's National Bureau noted that the enthusiastic creation of Red Militias in Oriente province went beyond the SNOIA's recommendation to establish Self Defence Brigades.

The mill occupations and soviets were greatly facilitated by the Communists' newly won freedom to operate. After Machado fled from Cuba, the PCC's activities were no longer systematically repressed. For the first time the

Communists were able to open legal headquarters. In working-class suburbs of Havana, Communists held open air meetings attended by thousands of workers. At the end of August, legislation banning the PCC was revoked. Radical workers reshaped the urban landscape in ways that foreshadowed the arrival of the Red Dawn. In Regla, a port suburb of Havana, workers and students renamed the main street after the murdered student leader and founder of the PCC, Julio Antonio Mella, and in Santa Clara the Machado Children's Nursery also received Mella's name. In the old red centre of Cruces, sugar strikes were under way by the end of August, and a worker-dominated Joint Action Committee had taken control of the town government. 1 500 men on horseback and several thousand people on foot marched from the town to the sugar estates, led by the local Communist Party branch and the municipal band playing revolutionary tunes.

With the establishment of the Grau San Martín government on 10 September, tolerance of the PCC turned into a brief and fragile honeymoon. The PCC and its affiliates were given offices in the houses of former *machadistas*. The PCC itself moved into the building formerly used by the *machadista* paper *El Heraldo de Cuba*, while the *Defensa Obrera Internacional* national headquarters was set up in a Havana house once owned by the *machadista* Treasury Secretary. Another house owned by a prominent *machadista* was used by the Anti-Imperialist League and the Pioneers, the PCC youth organisation. The radicalisation of the atmosphere in Havana intensified in September as the streets filled with slogans calling for revolutionary revenge and the unionisation of the unorganised. Anti-imperialist sentiment was heightened by resentment over the activities of US special envoy, Sumner Welles, and the growing and very visible US naval presence in Cuban waters. The British Ambassador anxiously noted that:

> At all the street corners groups are busy at all times, arranging for the new order, and when my faithful cook was told that he would be beaten by the Estaca if he worked for more than eight hours he became so nervous that he took to his bed and has remained there ever since. I have had to take my meals in a restaurant... Everybody talks política, política at all times. It seems exactly as if we were living in a madhouse. (British Foreign Office papers, 1933)

While the establishment of soviets was closely tied to the work and agendas of communists, the extent of PCC influence in the much more numerous mill occupations is more difficult to assess. The role of the Communist Party has certainly been exaggerated, and post-1959 accounts emphasising the leading role of the party simply assume, unproblematically, that the PCC was a force everywhere. Yet, at Chaparra and Delicias, strike leaders told US Navy observers that they were not Communists (understandable in the circumstances) and supported the Grau San Martín government, while the local Revolutionary Militia arrested "agitators" who were "Communists" and despatched them to Havana. The Commanding Officer of the USS Taylor clearly understood the violent opposition of the Cuban Communists to the reformist Grau administration after a visit to the Nipe Bay area close to the UFC properties. He noted that few Americans understood "that the current government and the Cuban military authorities are anti-communist."

Indeed, not all the occupations and strikes were organised by the Communist-dominated SNOIA and CNOC, which certainly did not have members at every mill. Sometimes, as at San Germán (Holguín), where strikes began on 7 September, workers cautioned against joining an "advanced" organisation like the PCC-dominated Confederación Nacional de Obreros Cubanos. The Sindicato de la Industria Azucarera del Central Santa Ana reassured a newspaper that it did not have Communist tendencies and fully identified with the Grau government. Workers at those small mills in southern Oriente who were members of the Sindicato Obrero de la Industria Azucarera de la Región de Guantánamo swore allegiance to the government. The same support was offered at Alto Cedro mill. There were also reports of strikes led by people close to the militantly anti-communist ABC organization which had fought Machado and briefly supported Grau's administration; this was the case of a strike at the San Antonio mill in Santa Clara province. Certainly, though, PCC influence had regional strengths. For example, the reputation of Manzanillo as a "red" area was well deserved. Consequently, soldiers posted to that port city harassed the Communist Party, cutting electric current to the PCC local and to the CMKM radio station which was broadcasting "radical ideas."

*The collapse of army, police and state authority*

Mill occupations and sugar soviets did not obey a logic that was exclusively internal to the sugar industry and the individuals and organisations that disputed for control. The repressive apparatus of the state faltered briefly and provided opportunities for political intervention by the Left. After the fall of Machado, part of the state machinery at the provincial and municipal level collapsed, creating a vacuum which the new interim government of Dr Carlos Manuel de Céspedes (10 August-3 September) was unable to fill.

Town councils either ceased to function or were replaced by political forces drawn from insurrectionary organisations active in the anti-Machado struggle. Some of the new municipal authorities reflected the balance of forces within the local working population and were open, if only temporarily, to a broad Left that included union activists, members of the PCC and party sympathisers.

The sergeants' revolt of 4 September, the subsequent removal of the Céspedes government and its replacement by the administration of Grau San Martín further disrupted local and provincial government and added a new ingredient—the collapse of military discipline. Thus, at Banes, the removal of the mayor and other town council officials was followed by the withdrawal of senior officers from the military garrison. The impact of the collapse of the old *machadista* army was amplified by the proliferation of squads of armed civilian supporters of Grau San Martín. The roving detachments of paramilitary organisations like the Caribbean Army and Pro Ley y Justicia enjoyed quasi-official legitimacy during September and October, and used their status to enforce new social and political legislation, brooking no resistance from employers, let alone unions, like those affiliated to the CNOC or SNOIA, hostile to the Grau regime's "moderate" programme of social reform and economic nationalism.

Mill correspondence is full of references to student and "student worker" commissions travelling the island in September and October building support for the government. Using credentials issued by the Ministry of Gobernación, controlled by Antonio Guiteras, the most radical of Grau's Ministers, students visited sugar areas, spoke to army posts, fraternised with workers and mediated in labour disputes, favouring the workers, although not those who were affiliated to the anti-Grau Left like the Communist Party and the CNOC. At Manatí, for example, "soldiers and student delegates joined strikers and, forming a ring around the manager's office, forced him to sign an agreement as to wages and working conditions." Since municipal officials were powerful allies of the sugar mills in their jurisdiction, the disruption of local government weakened the employers' arsenal and gave the mushrooming sugar unions an opportunity to press their claims. The PCC quickly realised the opportunities opened up by this dissolution of municipal power, which coincided with a period when communications between the party's leadership and the base were poor.

The links between the temporary disintegration of the *ancien régime* and worker effervescence were particularly clear in Santa Clara province, especially in the south, which was affected by events in the town of Cienfuegos.

The general strike against Machado had created a particularly effective strike committee, which managed to control a large part of the economic and political life of the town in what resembled a primitive dual power situation. The new de facto mayor of Cienfuegos, Dr Angel Giraudy, looked on sympathetically as workers converted the town's *frontón* building into a hive of union activity. Giraudy was appointed Mayor after jubilant crowds forced the resignation of the *machadista* appointee soon after the tyrant was overthrown. Although Giraudy was soon forced out of office he was replaced with a triumvirate that includedthe young leftist intellectual Carlos Rafael Rodríguez.

In a very few cases, Communists played a major role in local organs of municipal power as in Regla (a working-class suburb of Havana), Guines (in south-eastern Havana province), and Santiago de las Vegas. Reference has already been made to the Joint Action Committee organised by the PCC, which took virtual control over local government in Cruces; a similar Committee emerged in Cienfuegos. This provided an opening to worker organisations and to the PCC. However, no regular pattern was visible. At Banes, the town closely tied to the UFC's Boston mill, the surge in workers' confidence was not translated into an equivalent shift in the government of the municipality. In place of the former UFC-affiliated Rafael Díaz Balart, the triumphant revolutionaries installed another UFC linked figure as Mayor.

Normal repressive forces were inoperative or weak for the first couple of weeks after the removal of the Céspedes government and the 4 September sergeants' revolt. This was true both of the Guardia Rural and of the more private sworn guards (*guardias jurados*). In any case, small groups of three to eight armed guards would have had difficulty restraining workers supported by mobile contingents of several hundred and occasionally up to almost 1,000 men. It was a wise move in these cases to resign and abandon the *batey*.

Turmoil within the Cuban armed forces also weakened the resolve of the army and police. Soldiers frequently did not intervene or, in some cases, sympathised and fraternised with the field and central strikers. At Hormiguero, 25 soldiers of the Guardia, despatched from the nearby town of Cienfuegos when trouble began, fraternised with the strikers. After the4 September coup, the army detachment at the mill was purged. The commanding officer left in charge worked closely with the Communist strike leader, José Sanjurjo, recognising him as the legitimate authority. The traditional loyalty shown by the *guardias rurales* to employers had changed so much that the US consul in Cienfuegos noted that "the manager of a nearby mill states that he prefers not to have the rural guards on the property." The same kind of insubordination also affected the sworn guards at Banes where a meeting convened by the strike committee heard a *guardajurado* tell the crowd that "antes de guarda-jurado de la Compañía, era del pueblo, y que este tenía toda la razón y debía exigirla". At Santa Lucía in Oriente, the occupying and striking workers disarmed the *guardiasjurados* with the aid of the Guardia Rural while 500 of the mill's workers allegedly received military instruction from a soldier. Soldiers who formed part of local revolutionary juntas in early September actively participated in resolving strikes on workers' terms. Fraternisation reached the point where workers at San Germán cabled the army High Command protesting the removal to Holguín of a soldier who had served the workers well, and had attended the first general assembly of the union formed at the mill.

Employers complained of the army's impotence. Manatí's administrator, Sergio Clark, charged that the army was "indifferent" during a confrontation with strikers, while the privates mingled with the strikers. The Guardia Jurada was even worse since they actually joined the strike. Two days after this incident, Clark visited Army headquarters in Havana to insist that the members of the Rural Guard post be changed. The administrator of Punta Alegre Sugar Corporation which controlled the Báguanos and Tacajó mills noted that:

> [We] can expect no support from the main body of Cuban soldiers. The sergeant at Báguanos was distinctly in sympathy with the Communists and at no time offered any help to the manager or to any of the American and Cuban families [...]. Our Commercial Department and pastures have been raided without any attempt by the soldiers to give us protection. (United States Naval Academy {USNA] records, 1933)

On 12 September, a truck carrying 20 soldiers arrived at the mill, but after a short nervous period when the strikers feared the beginning of army repression the soldiers and the strikers began to fraternise. As an eye witness account recalled "the soldiers ate abundantly, on the Company's account; they obtained gasoline and oil for their truck, and after assuring Mr. Hernández [manager of the mill] that 'the order was complete' they all left [...] cheering for the workers and the Army." The *guardias urados*, as at Manatí, turned their back on employers. At Miranda, where 3,000 members of a SNOIA-affiliated union abandoned work from 22 September to 5 October, the strike enjoyed the support of the sworn guards and the domestic servants. At the proclamation of the Mabay soviet a fraternal *guardia rural* was present. In desperation employers sent representatives to Havana to persuade the army to replace the Rural Guard members at mills where no cooperation was forthcoming.

*The character of the occupations and soviets*

Who instigated the strikes, occupations and soviets? Here, as in so many of the fragmentary accounts of mill occupations, mostly provided by mill managements and British and US diplomatic reports, striking workers and *comités de estaca* were often presented as external to the regular work force. The accounts of foreign observers are replete with references to "professional agitators," "outside agitators," and "strangers." A US consul at Cienfuegos claimed that the "agitators" at one of the American-owned mills nearby belonged to the tobacco workers' union of that city. Amid the fantasy and wishful thinking there is probably some truth in these observations. Employment levels in 1933 were certainly at their lowest for many years. Moreover, the labour insurgency coincided with the *tiempo muerto*, when the mills' disastrous balance sheets had greatly reduced the normally low contingent of cleaning and maintenance staff employed to prepare the mill plant and fields for next year's *zafra*. While some unemployed workers remained at those mills where subsistence plots were available to sustain their households, nearby towns and cities (especially in Santa Clara where mills were in close proximity to several urban centres) were swollen with hungry and destitute sugar workers. A large pool of hungry and frustrated labourers, therefore, stood ready to support any group of strikers needing assistance. Indeed, the temporary paralysis of the army and Rural Guard combined to provide a supportive cover for a new and effective tactic developed during August and September. "Flying brigades" made up of unemployed workers moved from one sugar zone to another, placing overwhelming pressure on mill administrators to accept their demands.

Putting aside the question of insiders and outsiders, who were the protagonists: mill workers, field workers or small farmers? This is an important question given the sometimes uneasy relationship between the first two groups and between workers of both sectors and the farmers, many of whom were also employers of labour. Mill workers earned considerably more than cane-cutters, and their living conditions were also more comfortable than the barracoon-like accommodation offered to *cortadores*. More importantly, workers in the *batey*, particularly machine tenders, saw themselves as culturally and socially superior to the men of the field. Moreover, we need to underscore again the fact that the occupations coincided with the dead season when only a skeleton crew of mill workers remained in the *batey* to service and repair machinery. Evidence on the comparative behaviour of mill and field labourers is mixed. During the Hormiguero occupation, the resident mill workers and office *empleados* were deliberately excluded from the occupation because of their reputation as *domesticados*. The first group to strike at the Preston and Boston mills of the UFC were field workers engaged in clearing the cane fields. While the industrial workers who lived in nearby towns were considered less under the influence of the central's management, there were fewer of them around during the dead season and they consequently took a very small part in the strike and occupation movement. Workers at Miranda, after successfully persuading the batey workers at neighbouring Marcante to join strikers in a newly founded union, complained when the same workers agreed to end the strike but ignore the interests of field workers. A review of the detailed evidence preserved in the Profintern archive in Moscow suggests that strike actions were most often initiated by field labourers with mill workers joining in a few days later. Nevertheless, even when mill and field workers joined together in collective action the skill and trade-based differentiation of the workforce in mill zones could produce tension between the two groups.

As for relations between workers and *colonos*, an issue that featured prominently in the propaganda of the SNOIA-affiliated sugar unions, there is evidence both of harmonious collaboration and tension, especially between strikers and poorer *colonos*. At Manuelita, in Santa Clara province, the field workers were joined by a group of 450-500 small farmers (*pequeños agricultores*). The movement's demands reflected this composition in that they included not only calls for an 8-hour day and wage increases but also demands for a "review of small farmers' contracts." The 2,000 *campesinos trabajadores* who marched to the administration of Hormiguero in late August demanded better conditions not only for field workers but also more generous payment for *colonos*. In the relatively few cases in which *colonos* or *pequeños agricultores* rather than industrial workers and/or field hands predominated in the strikes, the demands of the occupation forces tended to be strictly economic and did not include the political slogans popularised by the Left.

What role did black immigrant workers play in the sugar insurgency? Reports of their role in the sugar industry actions of 1933 are contradictory. Post-1959 Cuban historiography has presented a uniform and unproblematic treatment of this issue, according to which relations between black and white workers, native and foreign-born, were always shaped by concerns for class solidarity. The contemporary sources, however, do not permit such an undifferentiated reading of events. There is abundant evidence, for example, of Cuban-born workers (black and white) enthusiastically supporting the repatriation of Haitian and British West Indian workers undertaken in late 1933. On the whole, though, *antillanos* participated alongside Cuban-born workers in the mill seizures. Black workers (who constituted the bulk of the field labourers) tended to lead the seizures of sugar properties, while lists of imprisoned sugar workers held in Havana contained several Anglo surnames, a sure sign of the presence of a strong British West Indian contingent.

Foreign capitalists thought that Jamaican and Barbadian immigrants were prone to "red" activities, even if they qualified their comments with familiar reservations about workers acting "under duress" and provocation by "outside agitators." At Estrella 30 Jamaicans joined the strike although, in the words of a British employee, all but half a dozen had done so "under compulsion." At Manatí, the British chief engineer reported that the "wildest" of the men who descended on the mill to press demands were "Jamaicans and Spaniards." The identification of *antillano* workers with labour militancy was sufficiently widespread for a manager of the UFC to admit that his company would benefit from the Grau San Martín government's effort to increase the employment of Cuban-born workers, because it "gives them an opportunity to weed out the known radicals and undesirables." Since big sugar companies were hostile towards Grau's nationalist labour laws, this was a remarkable admission. The active participation by *antillanos* in 1933 is in sharp contrast with the behaviour exhibited by British West Indian workers in the tropical fruit enclaves of Central America such as Costa Rica and Panama.

The issues motivating Cuba-born and immigrant workers to seize mills and organise occupations were very complex. It is clear that sheer hunger motivated some of the actions, particularly the seizure of warehouse sugar and food stocks. The Departamento de Gobernación insisted that the discontent of workers at Mabay was provoked simply by lack of food and once the department arranged to feed the strikers the workers desisted.

Another report argued that the Mabay workers' actions reflected a pragmatic decision in face of the mill's refusal to meet worker demands ("rather than die of hunger the labourers procured food, establishing a sort of cooperative system which is far from a soviet"). On the other hand, one should be aware of the natural interest of government departments and unfriendly observers to minimise the political thrust of workers actions.

In other cases, occupations and worker militancy were driven by well founded rumours that the preparation of the *zafra* would be abandoned, destroying the limited opportunities for employment available during the *tiempo muerto*. Managements encouraged this kind of rumour to undermine worker agitation. At Parque Alto and other *centrales* where threats to suspend sugar production were circulating, the decision to occupy mills should be seen then, in part, as a pre-emptive move by workers to ensure that preparations for the next *zafra* were not suspended. The prospect of mill closures and the suspension of sugar harvests was as terrifying to *colonos* hit by the drastic cuts in sugar production and collapse in prices as it was to the sugar industry labour force. This understandable preoccupation would, for a while at least, unite workers and middling and small *colonos* around a single platform of securing the harvest for 1933-4.

Once the mills were occupied and soviets sometimes declared, how far were the structures of economic, social and political domination challenged? How far was the "politics of everyday life" altered? From all the confused detail of August-October 1933 some definite patterns emerged. There was little violence exercised against mill managers by strikers. However, the occupations, especially in their early stages, involved forms of confrontation with management that were often personalised—involving face to face verbal attacks—and heavily infused with symbolism—visible in the acts of humiliation to which employers and their representatives were frequently subjected. This behaviour suggests a policy of revenge against managers and the mill system. They are also perhaps a comment on the arbitrary and authoritarian relations between supervisors and sugar workers produced by the tight work schedules imposed during the *zafra*.

This is not to imply that these behavioural traits in any way correspond to the presence of "traditional," "archaic," "primitive," or "blind individualistic" forms of protest. The soviets and mill occupations suggest that several kinds of protest behaviour are present. There are cases, for example, where workers insisted on the dismissal of particular officials and supervisors guilty of overbearing arrogance or arbitrary behaviour, a type of demand that managers were reluctant to accept. Managerial authority was frequently perceived as excessive and arbitrary. Thus, worker humiliation of their employers can be understood as an attempt to invert traditional relationships between boss and employee. Perhaps the most potent symbol of this inversion was the *estaca*, a wooden picket that became the emblem of worker militias. In early October, a "Russian" worker at Senado sent Batista and Sumner Welles a large and splendid version of the *estaca* which was being used by the members of the soviet established at the mill, a gesture that led to the worker's arrest a week later.

Strikers locked administrators in their homes or offices and invaded the houses of senior management officials. The unions and union-run armed militias took care to control telephone connections to the mills (and therefore management links to company headquarters in Havana) as well as access by foot and by company-owned railroads. Mill employees were forced to obtain passes signed by the red militias to assure effective movement. Most significantly, employers and managers were prevented from living their accustomed life by having electricity and sometimes water services disconnected. Strikers made sure that managers were fed the simplest "workers" food, a ritualistic inversion signalling a burst of worker self-confidence. At Estrella (near Céspedes) management and office staff were not allowed to leave the *batey*. This created serious problems with food supplies, especially since strikers refused admittance to the peddlers of foodstuffs who frequented the mill properties.

At Tacajó, in an elaborate theatrical display of worker self-confidence, the strikers prevented the administrator from sleeping by installing a loud bell on the street corner near his house. Strikers also ritually humiliated senior managers in the presence of mill and field employees, a small-scale act of turning of the world upside down. At Hormiguero one of the 2,000 demonstrators who marched on the mill in late August, "grabbed Don Juan Orfila, Head of the Office staff, by the arm and told him in front of the crowd 'tomorrow I'm taking over your job you old'."

Strikers extended their control right into the domestic space of the managerial elite. Senior managers were commonly denied access to domestic servants, and there were frequent attempts to unionise the cooks and maids who served senior managers and technical staff. At Báguanos Jamaican field workers, armed with *estacas*, persuaded the female domestic servants to leave. On behalf of the domestic staff they demanded a monthly salary of $30, free meals, and an 8-hour workday. The demands also included a requirement that cooks "were to do cook work only, and the wash-women to do the washing only; in other words, a servant is a cook or a washer but she will not work at both." The bulk of the evidence, therefore, does not support the contention of the authors of Problems of the New Cuba that workers in general showed good will to management—demonstrated by "the great rarity of personal attacks which accompanied the strike movement in the sugar mills."

At certain mills strikers demanded (and obtained) management buildings and houses in which they installed local union officers. This happened at Báguanos and at Sofía where workers turned the mill school into a union office. Confiscated building materials were also used to build housing for workers. Strikers requisitioned trucks and automobiles plus fuel and commonly workers seized sugar mill railroad equipment and tracks, enhancing opportunities to mobilise sugar workers in nearby ports, towns and mill areas.

During occupations, strike committees and soviet leaderships distributed food from mill stocks and warehouses and cattle. This was one of the major concerns of the occupation forces, not unsurprisingly given that hunger was a real threat during the *tiempo muerto*. At Báguanos one of the first actions of the Strike Committee was to appoint a *comisión de auxilio* to procure food for the 1 500 strikers and their families. The company's Commercial Department was forced to deliver goods sufficient to feed people for 7 days. As a management informant bitterly commented "the advertised distribution of foodstuffs causes immediately the affiliation to the Syndicate of numerous workers from *colonia* Báguanos and its surroundings." In addition to supplies of bread and other store goods the *comité de auxilio* requisitioned cattle, bananas and root vegetables from *colonos*. All these goods were distributed only to people who held ration cards issued by the *comisión*, a powerful incentive that would build support for the strikers and union. The atmosphere at *centrales* underwent a dramatic transformation as a result of these challenges to managerial authority. At Tuinucu the strikers' delegates who negotiated with the Cuban Trading Co. in Havana, were sons of once loyal workers, noted a company official. This is a Cuba which has changed. Everywhere the workers are perfectly organised and united and well on the way to Communism. At Tacajó there was "joyfulness, marches and demonstrations every afternoon at 3 p.m., singing of the *Internationale*, free distribution of goods, and even sports (baseball) were organized by the strike committee."

In what ways did those occupations which were termed soviets differ from the more "basic" occupations? The available evidence suggests that soviet occupations involved more elaborate experiments with alternative structures regulating political, juridical and economic life. Of the soviets the Mabay example was the most advanced and solid, approaching the status of a parallel system of organisation, distribution and government. Workers seized and sold crude and refined sugar stocks, using the funds to pay the workforce and buy food for strikers and their families. Over two hundred *caballerías* of land were distributed to peasants and agricultural workers. Tools and machinery were also handed over to workers. The mill continued functioning; schools were opened; a Tribunal de Justicia was formed and sales of sugar enabled workers to purchase a modest stock of rifles and set up armed self-defence groups. The demands made by unions and strike committees show a clear pattern. They included: recognition of mill unions: a daily wage of one dollar for unskilled labour (in some cases strike committees demanded a return to 1930 wage rates); an 8-hour day with double pay for overtime; withdrawal of the Rural Guard from plantations; recognition of the right to strike; cancellation of debts owed to the company stores; no expulsions or ejections of workers and their families from *colonias*; the obligation of *centrales* to supply work tools to employees; supply by the central of a pharmacy and doctors to mill and field workers; provision of maintenance and living quarters by the mill free of charge during the dead season; no discrimination against negro, Jamaican or Haitian workers (this was generally a sign that PCC influence was strong); schools to be supplied free of charge by the central.

Worker demands and actions need to be considered against the background of the particular issues confronting the industry. There were grave worries about how many mills would actually mill in the 1934 *zafra*, as there had been for the 1933 harvest. Anxieties grew with the devastation caused by hurricanes in Matanzas and Santa Clara. This meant that the occupations would have to concern themselves with the routine maintenance of the *central* during the August-October dead season if there was any chance of production beginning. In nearly all cases workers did show a high sense of responsibility in carrying out these tasks. Indeed, in contrast to the often hysterical tone of the mill bosses and their legal representatives, outside observers often emphasised the good organisation and orderliness of the occupations. Several US Navy officers, inspecting the district around Chaparra and Delicias mills, reported "unusually good organization," "allow no depredation or unauthorized visiting," "strikers continue to be efficient," and noted the fact that the strikers were delivering water by truck and train and "extending courtesies to citizens like permitting funeral processions to operate on the railroads." Inspection of the revolutionary militias, which the officers believed were administered by the anti-communist Student Directorate, "revealed a well-organized group in each locality having as leaders several men educated in the U.S." In this case the CNOC and SNOIA seem not to have been the directing force—an important issue that is not acknowledged in much Cuban literature, which tends to link the worker insurgency of 1933 exclusively to the actions and project of the PCC in the labour movement.

*Conclusion*

The soviets did not much differ from the mobilisations that were called occupations. They tended to incorporate the same kinds of institutions that developed during the earliest occupations, although the scope and depth of their actions were greater.

In so far as parties are concerned, the role of the PCC is crucial. Yet the PCC was not the only influence at work. Anarchism and other currents were still very much alive; indeed the rapid spread of the occupations probably has a good deal to do with the fact that as vivid examples of "direct action" (*acción directa*), they could draw on the libertarian heritage in Cuba which emphasised workers' control and community autonomy. There was also a very real clash of ideologies during the summer and autumn of 1933. This was seen most clearly around those issues that isolated the PCC from the rest of the labour movement and that also divided workers. The big challenge here was the ethnic/national question, i.e. the future of Haitian and Jamaican workers, who were the target of the economic and cultural nationalism of the Grau government and of many unions. By contrast, the Communists denounced nationalist measures directed against the employment of foreign workers as ethnic chauvinism.

The great complexity and diversity of worker actions during the occupations of August-October 1933, as well as the frequent complaints in the Communist press about worker actions "getting out of control," suggest that we may be witnessing what scholars have called "slippage" of the ideas drawn from predominantly urban traditions when they were interpreted and acted on by other mainly rural ("little") traditions. In other words, artefacts may take on different meanings in the "little" tradition. Thus James Scott notes in reference to developments in Indonesia:

> [W]ith respect to the red membership cards given to Sarekat Islam adherents prior to the 1926-1927 uprisings in West Java [...] the cards were immediately accorded a magical significance; they exempted one from the poll tax and became a token of membership in a cult with mysterious powers. (1977, p. 20)

The idea of the soviet, a quintessentially urban concept, therefore easily becomes "garbled and reinterpreted," "gets out of hand" when interpreted by country folk. Since the forms of communist politics may be more easily assimilated than the formal meanings—as Scott puts it—it is not surprising that popular actions set off by political parties may quickly develop an agenda that exceeds or negates that of militants and cadres, i.e. get out of control, and therefore become constructed as adventurism. In the Cuban case the concepts of mill occupations and soviets were definitely not assimilated and reinterpreted according to the precepts of "folk magic." But the ways in which they were put into practice did recall older histories of worker autonomy and self-sufficiency as much as they echoed the agendas of militant political parties and unions. They looked "backward" as well as "forwards." They practised many of the elements of so-called "modern" politics such as mass meetings, sale of newspapers and pamphleteering. But they also built their confrontations with the existing order around personalised and often highly ritualised encounters with authority that are sometimes seen—wrongly—as markers of a more archaic, less effective politics.

## Notes

1   This chapter is based on an article previously published by the *Journal of Latin American Studies* (Carr, 1996). The reader can use the original article to access in detail the sources consulted in archives of the United States, Great Britain, Cuba, and Russia. [El presente capítulo se basa en un trabajo preexistente publicado en *Journal of Latin American Studies* (Carr, 1996). El lector puede recurrir al artículo original para acceder en detalle a las fuentes consultadas en archivos de Estados Unidos, Gran Bretaña, Cuba y Rusia.]

## References

Arredondo, Alberto. (1945). *Cuba: Tierra indefensa,* La Habana: Instituto Cubano del Libro.

Brian H. Pollitt. (1984). The Cuban Sugar Economy and the Great Depression. *Bulletin of Latin American Research, 3*(2), 3-28.

British Foreign Office papers: Public Records Office. (1933, Sept. 26). [Henceforward PRO FO 371]PRO FO 371 A/725 3/255 /14. Grant Watson to Foreign Office, London.

Cabrera, Olga. (1970). *El movimiento obrero cubano en 1920.* La Habana: Instituto Cubano del Libro.

Cabrera, Olga. (1985). *Los que viven por sus manos.* La Habana: Editorial de Ciencias Sociales.

Carr, Barry. (1996). Mill Occupations and Soviets: The Mobilization of Sugar Workers in Cuba 1917-1933. *Journal of Latin American Studies,* 28, 129-158.

Chakrabarty, Dipesh. (1989). *Rethinking Working Class History: Bengal 1890-1940.* Princeton: Princeton University Press.

de la Torriente, Lolo. (1956). *Mi casa en la tierra.* La Habana: Ucar García.

del Toro, Carlos. (1979). La fundación de la primera central sindical nacional de los trabajadores cubanos (Los congresos obreros de 1892 a 1934). In Juan Pérez de la Riva (Eds.), *La República Neocolonial. Anuario de Estudios Cubanos,* 2.

Dumoulin, John. (1974). El primer desarrollo del movimiento obrero y la formación del proletariado en el sector azucarero – Cruces 1886-1902. *Islas,* 48, 3-66.

Dumoulin, John. (1980). *Azúcar y lucha de clases.* La Habana: Editorial de Ciencias Sociales.

García, Ángel y Mironchu, Piotr. (1987). *Los soviets obreros y campesinos en Cuba,* La Habana: Editorial de Ciencias Sociales.

García, Francisco. (1969). *Tiempo muerto: Memorias de un trabajador azucarero.* La Habana: Instituto del Libro.

González Echevarría, Carlos. (1984). *Origen y desarrollo del movimiento obrero camagüeyano.* La Habana: Editorial de Ciencias Sociales.

Grobart, Fabio. (1966). El movimiento obrero cubano de 1925 a 1933. *Cuba Socialista,* 60, 88-119.

James, Ariel. (1976). *Banes: Imperialismo y nación en una plantación azucarera,* La Habana: Editorial de Ciencias Sociales.

Kaye, Martin & Louis Perry. (1933). *Who Fights for a Free Cuba?* New York: Workers Library.

López Segrera, Francisco. (1989). *Sociología de la colonia y neocolonia cubana.* La Habana: Editorial de Ciencias Sociales.

Martínez Vaillant, Facundo. (1972). *El antiguo central Francisco: símbolo de una sombría historia poco conocida.* La Habana: Departamento de Orientación Revolucionaria del CC-PCC.

Núñez Machín, Ana. (1981). *Memoria amarga del azúcar.* La Habana: Editorial de Ciencias Sociales.

Perez, Louis. (1972). Supervision of Protectorate: The United States and the Cuban Army, 1898-1908" *Hispanic American Historical Review,* 2(2), 250-271.

Perez, Louis. (1975). Capital, Bureaucrats, and Policy: The Economic Contours of United States-Cuban Relations, 1916-1921. *Inter-American Economic Affairs,* 29(1), 250-271.

Portuondo Moret, Octaviano. (1979). *El soviet de Tacajó: experiencias de un estudiante de los años 30.* Santiago de Cuba: Editorial Oriente.

Recio Ramírez, Rogelio. (1973). Breve historia de la lucha en la central Mabay desde su fundación hasta el año 1933. In Mirta Rosell (Ed.), *Luchas obreras contra Machado.* La Habana: Editorial de Ciencias Sociales.

Roa, Raúl. (1982). *El fuego de la semilla en el surco.* La Habana: Editorial de Ciencias Sociales.

Rojas, Ursinio. (1979). *Las luchas obreras en el central Tacajó.* La Habana: Editora Política.

Rosa Callaba, Juana. (1983). Aquellos primeros soviets cubanos. *Bohemia,* 75.

Scott, James C. (1977). Protest and Profanation: Agrarian Revolt and the Little Tradition, Part II. *Theory and Society*, 4, 211-246.

Soto, Lionel. (1985). *La Revolución de 1933*. La Habana: Editorial de Ciencias Sociales.

United States Naval Academy [USNA] records. (1933, Oct. 6) RG 5 9. 837.00/4207. Maurice Leonard to Edward Reed, enclosed in Summer Welles to Secretary of States, I 1 Oct. 1933.

Vivo, Hugo. (1950). *El empleo y la población activa de Cuba.* La Habana: Publicaciones de la Asociación Nacional de Industriales de Cuba.

Zanetti, Óscar. (1976). *United Fruit Company: Un caso del dominio imperialista en Cuba.* La Habana: Editorial de Ciencias Sociales.

Zanetti, Óscar y García, Alejandro. (1987). *Caminos para el azúcar.* La Habana: Editorial de Ciencias Sociales.

# Las corrientes de izquierda y la militancia fabril en la Argentina de entreguerras

Diego Ceruso

Instituto Ravignani – CONICET / Universidad de Buenos Aires

Desde *sindicalismo* los inicios de la década del veinte, la Argentina inició una paulatina diversificación de su matriz productiva dentro del marco general de un capitalismo agroexportador. El aumento de la participación de la industria en la economía se potenció en la década siguiente con la sustitución de importaciones. Esto implicó un crecimiento cuantitativo de los trabajadores en ese sector y un impacto en un movimiento obrero que venía ganando posiciones e influencia en la vida política. A la incidencia inicial del anarquismo y el socialismo en el mundo sindical, se sumó a principios de siglo XX la del *sindicalismo* revolucionario y más adelante el comunismo. Con sus especificidades, estas corrientes de izquierda advirtieron la necesidad de intervenir en el plano gremial y establecieron vínculos con los trabajadores. En este lapso de veinte años que enfocamos, el heterogéneo espacio de la izquierda ejerció la hegemonía en la clase obrera y sus organizaciones construyendo, con vaivenes, una fuerza política relevante. La trama organizativa construida en este período fue compleja y el terreno que permite dilucidarla aún es vasto.

En particular, dirigimos nuestra atención sobre un aspecto del mundo del trabajo en este período. El *sindicalismo* argentino ha sido destacado por numerosas variables a lo largo del tiempo. Una de ellas fue la capacidad que obtuvo de ramificarse hasta las fábricas y empresas generando estructuras en los sitios de producción que fomentaron la afiliación, posibilitaron un control de las condiciones de trabajo, vincularon a las dirigencias con las bases, entre otras características. Este rasgo atípico resulta central para explicar su solidez a lo largo del siglo XX y, generalmente, fue abordado exclusivamente a través del desempeño de las comisiones internas. Nuestra intención es reconstruir la experiencia sindical en los lugares de trabajo entre 1920 y 1930 y, de este modo, enriquecer la mirada del proceso histórico.

Pretendemos dar cuenta de instancias colectivas de organización de los trabajadores. Esto es, estructuras prioritariamente ligadas a los sindicatos (aunque no exclusivamente), compuestas por un conjunto de obreros y ancladas en el establecimiento laboral. Es por ello que por momentos nos referimos a la existencia de delegados como instancias individuales a sabiendas que en su mayoría eran elegidos por sus compañeros de trabajo y, en consecuencia, constituían una manifestación de una voluntad eminente colectiva. Desde principios del siglo XX, y quizá con anterioridad, pueden encontrarse menciones de la presencia del delegado gremial en el lugar de trabajo aunque esta situación permanece en gran parte inexplorada. Así, aunque veremos de otro tipo, la intención es rastrear las estructuras integradas por un conjunto de obreros. El trabajo de base al cual nos referimos implica explorar no sólo la acción obrera en el sitio de producción sino investigar su creación y el funcionamiento concreto extendido en el tiempo. Nos circunscribimos al estudio del desempeño del movimiento obrero en las décadas del veinte y del treinta en la Capital Federal y sus alrededores. La prioridad recae en los gremios industriales aunque, tangencialmente, referimos a los sectores de transportes y servicios.

La perspectiva seleccionada supone reducir la escala de análisis y allí radica su fortaleza y debilidad simultáneamente. Por un lado, enriquece la mirada ahondando en una dinámica de organización escasamente trabajada para la época. Por el otro, este enfoque inhibe las generalizaciones ya que limita la mirada sobre un aspecto específico y particular del campo sindical. Entendemos que en este período se produjo una irrupción del trabajo de base en la industria. Esto no quiere decir que haya sido el comienzo de este tipo de prácticas. Pero las diversas corrientes políticas con presencia entre los trabajadores de la época advirtieron (más tarde o más temprano) que obtener o solidificar la presencia en los lugares de trabajo sería un elemento de importancia para ganar o conservar cierta influencia. Iniciamos nuestro estudio en los años veinte ya que a partir de allí se evidenció la tendencia de la industria a preponderar en la estructura económica y finalizamos con el gobierno militar que en su desarrollo posterior daría lugar a la aparición del modelo sindical peronista. El golpe de Estado de 1943 constituyó un jalón que redefinió el mundo del trabajo y, más allá de las continuidades existentes con la experiencia previa, una de sus consecuencias fue el hecho que las corrientes de izquierda perdieron influencia.

## El trabajo de base en la historiografía argentina

Inicialmente, la historia de los trabajadores fue narrada por sus protagonistas. Estas producciones, denominadas "militantes", fueron escritas por referentes de cada una de las corrientes políticas. Las producciones del anarquista Diego Abad de Santillán (2005), los socialistas Jacinto Oddone (1988 y 1949) y Alfredo López (1974), el *sindicalista* Sebastián Marotta (1970) y el comunista Rubens Iscaro (1973) son las más representativas. Concebidas como una suerte de "historias oficiales", caen en omisiones y se caracterizan por su ausencia de reflexión y autocrítica. Pero este sesgo no debe impedir reconocer el esfuerzo por recopilar documentos y enumerar huelgas, luchas y conflictos que otros textos obvian deliberadamente. En esta misma línea inscribimos a las memorias, autobiografías y biografías obreras. Se caracterizan por el tono autocomplaciente pero ingresan en ámbitos, como el lugar de trabajo o la percepción de los trabajadores, en los cuales resulta difícil acceder. Injustamente criticados por estar subordinados al plano político, estos escritos son de consulta inevitable.

Nicolás Iñigo Carrera (2004) estudió la huelga general de enero de 1936. Su investigación enfocó la lucha de los trabajadores ya que, a partir del ordenamiento de los enfrentamientos, se podría determinar la "estrategia de la clase obrera". A través de una investigación minuciosa y documentada, observa la influencia de la izquierda superando la mera reproducción de las posiciones institucionales (sindicales o políticas) y reconstruye la dinámica obrera en los barrios de la Capital Federal aunque sin reparar en el sitio laboral puntualmente.

Hernán Camarero (2007) investigó el desenvolvimiento del Partido Comunista (PC) en el mundo del trabajo durante las décadas del veinte y treinta. En su intención de dar cuenta de la estrategia partidaria, abordó las políticas gremiales de base y, en particular, la estructura celular impulsada. La descripción pormenorizada del trabajo cotidiano de las células fabriles, sumado a los comités de fábrica y lucha, convierten a este estudio en uno de los pocos en el que confluyen la perspectiva de análisis y el período encarado aquí. En la misma dirección, nuestra investigación sobre la segunda mitad de la década infame colaboró en identificar la presencia de comisiones internas en los sindicatos industriales más importantes (Ceruso, 2010). Allí destacamos que en los gremios conducidos o codirigidos por los comunistas (textiles, construcción y metalúrgicos) existió un entramado organizativo en donde las comités sindicales en los lugares de trabajo ocuparon un lugar trascendente. Esto nos permitió desacoplar el surgimiento de las comisiones internas de fábrica de la instauración del modelo sindical peronista (Doyon, 1984, pp. 210-212; 2006, pp. 289-290). Algunos autores ayudaron a cimentar este enfoque fechando la aparición de la representación sindical en los establecimientos laborales con posterioridad a 1946 (James, 1981, p. 333; Basualdo, 2008, p. 5). Esta extendida visión adjudicó al *sindicalismo* peronista una originalidad que, al menos en este aspecto, no tuvo.

El estudio de Mirta Lobato (2001) permitió dar cuenta de la labor de los obreros de frigorífico en Berisso. A través de fuentes empresariales y orales, prioritariamente, logró narrar la experiencia al nivel de las fábricas y mostrar los cambios estructurales y políticos internos en un período extendido. Su investigación registró las tensiones de género y étnicas en los sitios de producción aunque tiende a mostrar estas dimensiones como aspectos escindidos del carácter de clase. De este modo, la clase obrera parece constituirse en una categoría subsidiaria de otras identidades: "la condición de trabajador estaba en la base de la conformación del ciudadano" (Lobato, 2002, p. 215).

Este somero repaso abarcó los estudios más representativos que hicieron foco en el trabajo de base del movimiento obrero y la izquierda en la Argentina de los años veinte y treinta aunque de ningún modo los aportes se resumen a los textos mencionados.

### Las corrientes políticas y la organización del sitio laboral

El desafío consiste en encarar una investigación sobre la historia de la organización en el lugar de trabajo del movimiento obrero industrial y el rol de la izquierda entre 1916 y 1943. Esto constituye una originalidad en varios aspectos. En referencia al objeto de estudio, no abundan los estudios que afronten el análisis del proletariado fabril en estos años. Las investigaciones mayormente repararon en las áreas de transportes y servicios (ferroviarios y marítimos) en el período, o bien, consideraron dicho actor social pero con posterioridad a 1943. Además, la historiografía argentina, en términos generales, no priorizó la perspectiva aquí seleccionada. El enfoque desde las fábricas y empresas permite trasvasar la mirada sobre las centrales obreras y los sindicatos y, de este modo, poder dar cuenta de las ricas experiencias organizativas en los sitios de producción que, de otro modo, permanecerían veladas. Asimismo, ello colabora en posicionar a la fábrica como un ámbito importante en la conformación de la identidad de la clase obrera, como señalaba Antonio Gramsci (1972, p. 291). La búsqueda de amalgamiento entre el movimiento obrero y la izquierda está basada en la convicción acerca de la dinámica conjunta que, de otro modo, quedaría mutilada en tanto presentaría caminos bifurcados.

Una visión global nos habilita a señalar un elemento cuantitativo de gran importancia: la militancia en las plantas industriales mantuvo una tendencia creciente durante las tres décadas que investigamos. Hay allí una primera determinación estructural. Nos referimos a la extensión del proceso de industrialización y las características asociadas a él. En el marco de una crisis mundial y el desarrollo de la Primera Guerra, la economía argentina incrementó la diversificación de su matriz productiva aunque sin modificar su caracterización de capitalismo agroexportador. El paulatino crecimiento de la industria implicó un aumento de los trabajadores en ese sector y la generalización de las grandes fábricas. Esta tendencia se afianzó con mayor nitidez con posterioridad a la crisis de 1929 y, en particular, a partir que la economía retomó la senda de crecimiento y dejó atrás las consecuencias más fuertes de la depresión. A partir de los primeros años de la década del treinta, la industria se situó como el área económica más dinámica y esto produjo un aumento de la cantidad de trabajadores. Indudablemente, el incremento de las dimensiones de las unidades productivas propició un terreno fértil para conformar estructuras colectivas de agremiación de los obreros. Conforme ganaron peso, los rubros industriales se mostraron más activos y el movimiento obrero que allí se desempeñaba avanzó en los niveles de organización y presencia en los lugares de trabajo.

Simultáneamente, registramos que la figura individual del delegado gremial estuvo asociada en mayor medida a los pequeños y medianos establecimientos mientras que las estructuras colectivas ganaron peso conforme proliferaron las fábricas de grandes dimensiones como consecuencia del avance de la gran industria en el proceso de trabajo. El aumento de la cantidad de obreros por planta dificultaba la funciones del delegado en tanto la capacidad de abarcar las funciones de control, negociación, etc. Ligado a ello, las instancias colectivas de representación no sólo habilitaban una mejor articulación de las tareas sino, además, constituían un pilar de mayor peso sobre el cual cimentar el trabajo sindical.

La historiografía ha señalado la fase ascendente del movimiento obrero a partir de 1917 destacando la apertura de un ciclo huelguístico de gran envergadura. La novedad de esta nueva etapa de conflictividad fue el dinamismo en el proceso de organización y confrontación de los gremios industriales. En este sector se sucedieron una serie de huelgas de gran repercusión: entre

1917 y 1918 los obreros frigoríficos produjeron violentos conflictos en Zárate, Berisso y Avellaneda; la huelga metalúrgica de 1919 iniciada en los talleres Vasena; en 1918 existieron diferentes huelgas de magnitud en la provincia de Córdoba en los gremios del calzado, gráficos, madera y construcción; entre otras. En este escenario, el comunismo, el *sindicalismo*, el anarquismo y el socialismo encararon el trabajo gremial con particularidades y desarrollaron políticas específicas que repercutieron en la perspectiva de análisis que proponemos.

En el sector de transportes y servicios, se puede registrar la existencia de organizaciones de base como las comisiones de reclamos ferroviarias o los denominados consejos de personal entre los trabajadores de las empresas Harrods y Gath y Chaves. El caso de los empleados de comercio de estas empresas se destaca porque en marzo de 1921 designaron un consejo de personal en el cual sorprende la claridad de la definición de las funciones, roles, designaciones, presencia de cargos renovables y cupo femenino, entre algunas de sus características.[1] También vale aclarar que existió un acuerdo con las empresas para la constitución de este consejo y, precisamente, este elemento es el que denota suspicacias ya que la política de conformación de estructuras sindicales "amarillas" era una táctica patronal extendida.[2] Asimismo, en diciembre de 1917 una comisión de 28 miembros (dos por sección) inició las primeras gestiones del pliego de condiciones con la patronal en los talleres de la metalúrgica Vasena a un año del inicio del conflicto que desembocó en la denominada Semana Trágica.[3] Pero, en este caso, sólo se formó para la negociación específica y no podemos registrar su permanencia en el tiempo.

El avance de la militancia en el sitio de producción no fue un proceso uniforme en tanto pudimos relevar diferentes instancias. Observamos la existencia de comisiones, comités o consejos que cumplían tareas en las fábricas y empresas aunque encontraron continuos obstáculos para poder popularizar sus actividades a un número importante de establecimientos y extenderlo a lo largo del tiempo. Promediando los años veinte, vimos una sustancial diversificación de estas formas pues en diferentes áreas se efectivizaron las células partidarias comunistas, los consejos obreros, cuerpos de delegados, comisiones internas, comités de fábrica, entre otros. En este momento, el trabajo de base gremial todavía se encontraba relacionado tanto a estructuras partidarias como sindicales. El proceso evidenció un salto cualitativo y cuantitativo en la década de 1930. Por un lado, el fenómeno de la presencia proletaria en los sitios de producción se potenció con la consolidación del desarrollo industrial. En relación a ello, los sindicatos por rama cobraron fuerza, situación que les permitió aumentar los niveles de organización del movimiento obrero. Los elementos decisivos que coadyuvaron para vigorizar este panorama fueron, por un lado, la condensación de los esfuerzos tras la unificación de varias estructuras gremiales tras la incorporación de los comunistas, los más activos, producto de la adopción por parte del Partido Comunista (PC) de la estrategia del 'frente popular', y, por el otro, la coyuntura abierta por la huelga de la construcción de fines de 1935 y la general de enero de 1936, que dotó de un fuerte impulso a la organización gremial. El proceso de mayor envergadura en el *sindicalismo* industrial fue el de la Federación Obrera Nacional de la Construcción, creada en 1936, que configuró una experiencia cabal y eficaz en varias áreas y que muy destacadamente cimentó su poderío, a nuestro entender, en la capacidad de irradiar su influencia hasta los sitios de trabajo. En un lugar destacado se encuentra también el caso de la Unión Obrera Textil, de menor dimensión pero quizá de mayor búsqueda de reglamentación, que habilitó una importante experiencia de *sindicalismo* de base. Entre los metalúrgicos existió también un nutrido crecimiento de sus estructuras de planta al igual que entre los gráficos. Ambos ejemplos comparten la condición de haber profundizado sus tareas hacia finales de los años treinta, aunque siempre con prácticas previas, más acotadas, en las cuales se basaron.

Por otro lado, y ya en lo cualitativo, la multiplicidad de formas señalada para los años veinte fue menguando conforme avanzamos en la investigación. Durante los treinta, pero más marcadamente desde mediados de la década, la organización en el lugar de trabajo definió su fisonomía en torno a los comités de obras y empresas, para el caso de la construcción, y a la comisión interna de fábrica y sus singularidades para el resto de los gremios: estructuras de base, ligadas al sindicato, elegidas por los obreros, que ejercieron el control y la vigilancia de las condiciones laborales y de los convenios colectivos, con funciones de representación frente a la patronal y con la pretensión concreta de institucionalizar legalmente su existencia y funciones, entre diversas características. En suma, lo señalado en la cantidad y en la forma de la experiencia narrada muestra que la organización de la planta industrial había seguido una parábola ascendente en los casi treinta años investigados y, por el otro, que, aunque existieron profusos 'repertorios de organización', la militancia de base tendió a homogeneizarse en torno a la figura y las funciones de la comisión interna de fábrica.

La investigación corroboró que la experiencia de la militancia en el sitio de producción había sido influida de modo decisivo por los lineamientos de cada una de las corrientes que formaron parte de nuestra investigación: comunismo, socialismo, anarquismo y *sindicalismo*.

*El comunismo*

El comunismo indudablemente fue la corriente que definió la experiencia más profunda de inserción en las plantas industriales a lo largo del período. Pero esta no fue la característica desde sus inicios pues como fracción de izquierda del socialismo, luego como Partido Socialista Internacional y en los primeros años como Partido Comunista, no alcanzó una presencia tan gravitante, al menos en las unidades de producción. Como mostró Camarero (2007), fue con posterioridad a la adopción del tándem constituido por la proletarización y la bolchevización partidaria que comenzó a cimentar posiciones en el movimiento obrero. Allí, en torno a 1925, el PC orientó sus esfuerzos a la conformación de las células, principalmente aquellas de fábrica o taller. El 'repertorio de organización' celular le habilitó al PC el ingreso en las ramas industriales más importantes como la construcción, textiles, metalúrgicos, madera y la carne, prioritariamente. A partir de ello, consiguió aumentar su influencia entre los trabajadores aunque sin poder plasmarla en ámbitos dirigenciales sindicales y de las centrales obreras, más allá del inherente Comité de Unidad Sindical Clasista, en la segunda mitad de los veinte. La célula fabril, partidaria y clandestina, abrió el surco para el trabajo de base que desplegaron de modo sistemático y perseverante.[4] Nuestra investigación nos permitió observar un cambio táctico hacia finales de la década de 1920 que no había sido analizado detenidamente por la historiografía. En paralelo a la adopción de la estrategia de 'clase contra clase', los comunistas profesaron la construcción del frente único por la base y ello repercutió en el impulso a las estructuras en los lugares de trabajo. Estos comités de fábricas o de empresas, grupos o secciones sindicales, entre otros nombres que recibieron, capitalizaron el éxito de las células y se erigieron como su 'relevo organizativo', profundizando el proceso. Estas instancias se extendieron en aquellos rubros industriales mencionados y solidificaron la política comunista de conformación de sindicatos únicos por rama. En igual dirección pareció guiarse la experiencia de las escisiones del PC en este momento. El Partido Comunista Obrero, conocido como "chispismo", tuvo en los últimos años de la década del veinte una incidencia limitada. También tuvo lugar la ruptura capitaneada por José Penelón que encarnó el Partido Comunista de la Región Argentina (luego de la República Argentina). Ambos casos, de modo restringido y circunscripto a la Capital Federal y sus alrededores, lograron incidir en ciertas fábricas textiles y metalúrgicas e impulsar una política de base similar a la descripta para el PC oficial.[5]

Como dijimos, nos inclinamos a pensar que entre el trabajo de las células y el de las comisiones internas existió en los sindicatos comunistas una experiencia de base escasamente analizada. Desde finales de 1927, tras la definitiva supremacía de Stalin en las estructuras del comunismo soviético y de la Internacional Comunista se propició la idea de un cambio de etapa a nivel mundial ya que, superado el período de estabilidad, se iniciaba un "tercer período" de crisis final del capitalismo. En este marco, la colaboración del comunismo con las fuerzas socialdemócratas era inviable y se impuso la estrategia de clase contra clase que inhibió acuerdos con las fuerzas políticas "burguesas" y "reformistas". Esta orientación sectaria y aislacionista, debido a la imposibilidad de coordinar trabajos con las otras fuerzas de izquierda, conllevó la creación de "sindicatos revolucionarios" y dejó como única posibilidad de trabajo mancomunado la construcción del frente único por la base y con aquellos obreros que desconocieran a sus dirigencias ajenas a los preceptos del comunismo. Sostenemos que durante los primeros años de la década del treinta y, frente al éxito de implantación celular previo, los comunistas impulsaron estructuras de trabajo de base en las fábricas y empresas que incluyeron la apertura a la participación del conjunto de los trabajadores.[6] Asimismo, estas instancias de representación comenzaron a debilitar su vinculación directa con el PC para establecer lazos dentro de la estructura sindical prioritariamente. Denominadas de diversas maneras (comités de fábricas, comités de empresas, grupos sindicales, secciones sindicales, entre otros), la mayoría de ellas cumplían la misma función y tenían similares características: eran estructuras en el lugar de trabajo que incluían a todos los obreros, ligadas orgánicamente al sindicato de industria, elegidas por los trabajadores, afincadas en las secciones internas de las fábricas, por mencionar algunas. Aunque esto no implicó el abandono total del trabajo en células.

Creemos que el comunismo gradualmente priorizó el trabajo de base en estructuras que incluyeron a todos los obreros de la fábrica y con vinculación dentro del sindicato. El desarrollo más extendido de esta experiencia se produjo en la construcción pero también en textiles, metalúrgicos, frigoríficos, madera e industria del vestido. Por ejemplo, en la preparación y el desarrollo del conflicto de la huelga de la carne de 1932 los comunistas enfatizaron la conformación de instancias gremiales en las secciones internas de las empresas. Esta tarea, aunque circunscripta a los frigoríficos Anglo y La Blanca de Avellaneda, evidenció un momento de transición en la estrategia comunista (Ceruso, 2012). El mismo proceso emprendió en 1934 la célula comunista de la metalúrgica Klockner cuando advirtió la necesidad de comenzar a publicar el periódico de empresa bajo la órbita del "grupo sindical" con la intención de incluir al resto de los trabajadores.[7]

Desde mediados de los treinta, y tras un nuevo cambio estratégico, esta vez con el 'frente popular', los comunistas plasmaron lo construido y condujeron o codirigieron relevantes sindicatos en los que confluyeron con otras fuerzas: la Federación Obrera Nacional de la Construcción, la Unión Obrera Textil, el Sindicato Obrero de la Industria Metalúrgica y también entre los obreros cárnicos, madereros y de la industria del vestido, principalmente. Allí desarrollaron el mutualismo, la salud, la recreación, entre las características ya marcadas por Camarero. Pero de modo distintivo, el rasgo de mayor peso en estos sindicatos fue su ramificación hasta los sitios laborales pues la capacidad de desarrollar este *sindicalismo* de base los dotó de una fortaleza hasta allí inédita en el movimiento obrero argentino.

En consecuencia, encontramos en el comunismo una política sistemática y específica de trabajo de base que se inició con las células, que luego de modo gradual y transicional se desplazó hacia estructuras más inclusivas como los comités de fábricas y secciones sindicales, para finalizar en el desarrollo e impulso de las comisiones internas fabriles. Puede observarse el modo en que un Partido sometido a los designios de Stalin y con políticas que, sin escalas, fueron desde el sectarismo y aislacionismo al frentepopulismo, desarrolló una política exitosa en términos de obtener mayor presencia en el movimiento obrero industrial y desplegó una incesante labor al nivel de planta. Resulta imperioso distinguir entre una política gremial eficaz que, promovida de modo paulatino y perenne, le permitió al comunismo convertirse en dominante al interior del *sindicalismo* en el marco de un Partido sometido al arbitrio estratégico estalinista y con una estructura uniforme e inflexible. Ambas variables, la efectividad entre los trabajadores y el desvarío de la camarilla partidaria, deben converger en un análisis cabal acerca de su devenir.

### El socialismo

El Partido Socialista (PS) desde su fundación asistió a un debate interno sobre su desempeño en el mundo sindical. Como mostraron varias investigaciones, existió una preferencia por importantes áreas como el ejercicio electoral y el desarrollo de centros políticos, bibliotecas, asociaciones deportivas, el universo cultural, entre otras. Para el PS, el gremial siempre resultó un campo en el cual no debía dotarse de una estrategia específica ni trabar una relación estrecha respecto del partido, lo que en ocasiones le valió rupturas de fuste (Camarero, 2005). Los intentos por reconciliar el plano político y sindical finalizaron con choques con la estructura partidaria, este fue el caso del Comité Socialista de Información Gremial, o con rupturas, tal fuel el caso del Partido Socialista Obrero (PSO), por mencionar algunos. Pero esto no inhibió la presencia de sus militantes en relevantes estructuras, como el caso de la Unión Ferroviaria, pero sí le impidió una presencia orgánica. Enunciemos una serie de reflexiones sobre su proceder.

En primer lugar, no debemos olvidar que la expresión gremial de mayor difusión para los socialistas fue el sector de transportes y servicios. Entonces, al enfocar las áreas industriales, no resulta extraño encontrar una presencia débil. Pero a finales de la década de 1910 y comienzos de los veinte, intentó configurar los consejos obreros en rubro del calzado, aunque su presencia fue más bien efímera y circunscripta. Enrique del Valle Iberlucea señalaba la necesidad de fomentar estructuras de control de la producción en el régimen capitalista que sirvieran como cimientos de la sociedad futura.[8] Desde los inicios de la década del veinte, en el periódico del sindicato socialista del calzado, pueden observarse los intentos por conformar los consejos obreros en la fábrica. En un primer lugar cumplirían funciones de vigilancia y mejoramiento de condiciones de trabajo aunque se vislumbraba la necesidad que se prepararan para ejercer el control de la producción. Algunas de las funciones que se planteaban para estas instancias eran la representación proporcional, relación con el sindicato, composición por secciones y negociación con la patronal. Los consejos se impulsaron en las principales fábricas de calzado, con éxito dispar, pero no parecieron mantener la estabilidad.[9] Durante la década de 1920, se conformaron efímeros consejos obreros en las empresas Bermolen y Noel y Gouvet pero, incluso durante los años treinta, el sindicato mayoritario de la industria intentaba obtener su funcionamiento efectivo y concreto. No se abandonó el reclamo por el control sindical en el sitio laboral pero con escasa capacidad de materializar la intención programática de modo extendido y duradero en el gremio. Casi como una excepción, en los años treinta los trabajadores de Grimoldi nombraron un consejo de delegados. Los consejos obreros en la industria del calzado tuvieron presencia en los estatutos del sindicato pero no lograron plasmar en concreto su funcionamiento de modo amplio y sostenido en el tiempo.

Asimismo, es indispensable resaltar el caso de los textiles. Allí, desde mediados de los veinte, los militantes y cuadros del PS construyeron una sólida posición que repercutió en los sitios de trabajo y que se trasladó hasta la primera mitad de la década infame. Durante la primera mitad de la década de 1930 el sindicato socialista se denominó Federación Obrera Textil y luego de 1934 cambió su nombre por Unión Obrera Textil. En esos años se desarrolló un definido proceso de funcionamiento de estructuras de base. Especialmente en dos grandes empresas del barrio de Barracas, Salzmann y Piccaluga, los socialistas construyeron su base gremial e impulsaron el funcionamiento y reconocimiento de comisiones internas. Esto también se extendió a fábricas de menor dimensión como La Textilia, en la localidad de Quilmes, y tuvo presencia en los estatutos gremiales.[10] Entre 1936 y 1939, los socialistas compartieron el sindicato con los comunistas. Más allá de las disputas entre ambos, durante esta breve unificación se registró una expansión y un desempeño cotidiano y efectivo de las comisiones internas en el gremio.

Un último caso por señalar es el del gremio gráfico. Con una tradición que se remonta a fines del siglo XIX constituyeron uno de los núcleos más organizados del movimiento obrero argentino. A partir de su fundación en 1907, la Federación Gráfica Bonaerense (FGB) se estructuró como la institución más importante. Durante las décadas del veinte y del treinta casi la totalidad de las corrientes políticas tuvieron presencia en la FGB, en algunos años incluso la conducción sindical estuvo en manos del PSO, pero la mayoría socialista en el sindicato no se vio afectada de manera significativa. En la segunda mitad de los treinta, las principales empresas gráficas contaban con comisiones internas de funcionamiento cotidiano, reconocido y extendido. Las fábricas Rosso, Fabril Financiera y Estampa (luego comentaremos que aquí parecieron influir los anarquistas), entre otras, contaban con su organización gremial de base.[11]

Los casos de la industria del calzado, los textiles y los gráficos muestran el trabajo de base en los sindicatos socialistas pero por el momento resulta apresurado concluir la existencia de una política sistemática de esta corriente en los gremios en los que tenían una influencia significativa. Sin desconocer los procesos mencionados, la disociación entre la política partidaria y la gremial junto a la escasa homogeneidad de la dinámica socialista en el movimiento obrero dificultan adjudicarle una estrategia específica generalizada en favor de la militancia en los sitios de producción. Más bien parecieron esfuerzos ligados y circunscriptos a cada uno de los sindicatos que una política partidaria de fomentar la organización en el sitio laboral. Quizá la carencia de una labor metódica y coordinada de esta fuerza sea la causa por la cual resulte dificultoso observar una regularidad en las experiencias narradas. Sin impugnar aquello de la debilidad socialista en la industria, el importante caso textil debería introducir un matiz a dicha reflexión. Asimismo, creemos beneficioso ahondar el estudio de este gremio para analizar si existen experiencias que también coloquen reparos a la escisión de la política partidaria y la gremial, analizada, entre otros, por María Cristina Tortti (1989). Igualmente, y en lo que observamos aquí, la práctica sindical del PS careció de una coordinación en un doble plano: entre las dirigencias gremiales y éstas respecto del partido. Esta disociación, que en los hechos se reflejó en autonomía, lo dotó de cierta inorganicidad en el universo sindical.

## El anarquismo

Nuestra investigación se inició en el momento en el que el anarquismo evidenciaba cierta revitalización luego de la dura derrota de 1910. El avance del *sindicalismo* fue sólo uno de los motivos de su tendencial pérdida de influencia entre los trabajadores. Indudablemente también influyó la incapacidad de la institución más representativa de la corriente, la FORA V Congreso, de adaptarse a los cambios en el sistema productivo impuestos por la creciente relevancia de la industria en los años veinte y seguir propiciando la estructuración por gremial oficios en lugar de los sindicatos por rama. Esta inadecuación forista abrió paso para el surgimiento de nuevas propuestas dentro del anarquismo. Un primer error de algunos estudios fue el de reducirlo a la FORA y las organizaciones que la orbitaban. Además, al mostrar la diversidad del campo ácrata se ven los intentos por repensar algunos de los preceptos del forismo como la mencionada organización por oficios que, conforme se extendía el paisaje industrial, resultaba inadecuado. No observamos desde 1916 y hasta los años treinta una voluntad del anarquismo, principalmente forista, de trascender en los lugares de trabajo más allá de la figura individual del delegado. La excepción fue la Alianza Libertaria Argentina (ALA) que, en su tránsito al *sindicalismo*, propugnó la conformación de sindicatos por rama y de consejos obreros en las fábricas y empresas. Uno de sus objetivos principales fue actuar al interior de la Unión Sindical Argentina (USA), central obrera creada en la primera mitad de los veinte, para conformarse en su vanguardia hacia posiciones revolucionarias. Entre sus principales integrantes se encontraban Enrique García Thomas, Juan Lazarte y Sebastián Ferrer, entre otros (Doeswijk, 2013). La ALA postulaba entre sus principios "propagar los sindicatos de industria, los consejos de fábrica, aconsejando el uso de las armas de la acción directa, prefiriendo las acciones de conjunto para la obra revolucionaria del anarquismo".[12] En la práctica, se fusionó con la USA pero no queremos dejar de señalar la existencia programática de una corriente surgida del campo ácrata, reposicionada al interior del *sindicalismo*, que propugnaba la necesidad de insertarse en los sitios de producción.

El cambio trascendental en el mundo libertario ocurrió ya en la década de 1930 con la creación del Comité Regional de Relaciones Anarquistas, convertido luego en Federación Anarco Comunista Argentina (FACA), y de la Alianza Obrera Spartacus (AOS).[13] La FACA surgió oficialmente a fines de 1935 aunque su desempeño debe enlazarse a la creación del Comité Regional de Relaciones Anarquistas durante 1932 que fue la estructura que la precedió e inspiró. Presumiblemente la AOS se conformó durante 1934 y entre sus fundadores y militantes más destacados se encontraba Horacio Badaraco. El punto de partida en el que confluyeron ambas organizaciones fue que estimaron caducos ciertos principios "clásicos" del anarquismo argentino. Nuevas lecturas sobre la realidad les permitieron desechar la organización por oficios e impulsar los sindicatos por rama. También consideraron que el nuevo escenario industrial había convertido a la fábrica en un lugar central. La concentración en grandes establecimientos colaboró para que estos grupos optaran por focalizar los esfuerzos en obtener representación al nivel de las fábricas, empresas y talleres. En la misma dirección, tanto la AOS como la FACA extendieron su acción sindical más allá de los sindicatos anarquistas.

La FACA estimuló el trabajo fabril como consecuencia, en parte, del cierre de los locales sindicales luego del golpe de Estado de 1930 y tuvo incidencia en algunos gremios de la construcción, los gráficos, ferroviarios, industria del pescado, entre otros. Por ejemplo, la rama juvenil de la FACA, las Juventudes Libertarias, tuvo injerencia en la conformación del Sindicato Obrero de la Industria del Pescado en la ciudad de Mar del Plata en donde fomentaron la creación de comisiones de control en las fábricas (Nieto, 2011). Asimismo, los faquistas integraron hacia 1943 una corriente en la FGB que se denominó Agrupación Sindical Gráfica desde la cual incentivaron el desarrollo de las comisiones internas. En particular, en la ya mencionada instancia de base de la fábrica Estampa cumplieron un rol destacado los hermanos Fernando y Floreal Quesada junto a Luis Danussi, todos ellos integrantes de la FACA.[14] En cambio, la AOS arribó al convencimiento de priorizar la militancia de base como consecuencia de la formulación de lo que denominaron "Pacto Obrero". A grandes rasgos, la propuesta giraba en torno a establecer relaciones entre las diferentes corrientes de la izquierda con presencia gremial para construir nexos organizativos que permitieran a cada uno de los grupos mantener su estructura compartiendo información, programas y apoyos con el resto. El lugar de trabajo era el corazón del "Pacto Obrero" y para concretarlo había que procurar afianzarse sindicalmente en todos los sitios de producción. Spartacus tuvo presencia en algunos sectores pero fue en el gremio de pintores, donde empalmó con el desempeño comunista en la construcción, en donde logró construir una mayoría que le permitió concretar comisiones de fábrica en las principales empresas.[15]

La FACA sostenía que la tarea gremial debía realizarse en la clandestinidad dado que el movimiento obrero había sido colocado en dicha situación. Se referían tanto a la ilegalidad formal como a la represión en tiempos de supuesta normalidad constitucional. Spartacus rechazó esta postura por considerar que debilitaba la organización obrera y, en contraposición, estimuló la búsqueda de espacios de legalidad en coyunturas favorables. Pero, además, el diagnóstico sobre la necesidad de organizar a los trabajadores en las grandes fábricas sobrellevó la dificultad de toparse con la presencia nutrida y activa de los comunistas en los principales gremios. Spartacus fomentó el trabajo mancomunado mientras que la FACA cuestionó los métodos comunistas por centralistas y reformistas. Estas corrientes lograron desandar gran parte de las inadecuaciones foristas pero, al mismo tiempo, chocaron con la presencia comunista, mucho más gravitante, que había construido durante la década previa una experiencia en los gremios industriales con una política que incluía, entre otros puntos, desarrollar un entramado organizativo en la base obrera. Ambos grupos cuestionaron ciertos pilares del forismo: rechazaron las organizaciones por oficio, propiciaron los sindicatos únicos por rama, incentivaron su participación en sindicatos controlados por otras fuerzas y fomentaron trasladar el trabajo de los locales gremiales a los centros productivos. Ello les habilitó cierto dinamismo en algunos sectores y, con diferencias ya señaladas, lograron regenerar sobre nuevos fundamentos la práctica libertaria. Sin menoscabo de este proceso, pero sí mensurándolo, su limitado influjo fue menos consecuencia de su acertado diagnóstico del cambio de situación, que producto de la pericia de los militantes del PC que habían edificado un entramado de base durante la década previa que obturó el avance anarquista.

### El sindicalismo

Por último, el *sindicalismo* desde mediados de los años diez se instaló como un actor de peso en el mundo gremial y un fuerte interlocutor en el movimiento obrero. La historiografía ha señalado una serie de preceptos, algunos de ellos de notable flexibilidad, para su caracterización: su predilección por la lucha económica, el planteo sobre la construcción de una nueva sociedad a partir de horadar el capitalismo con la obtención de conquistas, su pretensión de "apoliticismo", su búsqueda de independencia respecto de los partidos, su mayor desempeño en las áreas económicas de transportes y servicios, entre otros. A partir de lo investigado, realizaremos una serie de reflexiones. El cierre del ciclo de huelgas en 1921-1922 dejó una central obrera, la Federación Obrera Regional Argentina (FORA) IX Congreso, bajo conducción del *sin-*

*dicalismo* pero con serias disputas internas con el socialismo y el comunismo. Reconvertida en Unión Sindical Argentina en 1922, su orientación *sindicalista* se acentuó con el correr de los años. Durante la década del veinte no se vislumbra una política de parte de esta corriente política de impulso al trabajo de base en los gremios de su influencia aunque resta profundizar acerca de su labor en transportes y servicios. Existió alguna preocupación en el Sindicato Obrero de la Industria del Mueble, uno de los más importantes de la USA, por organizar a los trabajadores en los talleres a través del nombramiento de delegados e incluso la aspiración de conformar estructuras colectivas.[16] Pero esto no constituyó en ningún caso una política sistemática. Luego de 1930, y tras la creación de la Confederación General del Trabajo (CGT), tampoco se desplegaron esfuerzos organizativos en los lugares de trabajo. Hacia 1937, en la reflotada y debilitada USA, los *sindicalistas* impulsaron la creación de instancias de base en la minoritaria industria del tabaco.[17] Allí existieron con cierta regularidad comisiones internas, en particular en la fábrica Piccardo.

Resulta indiscutible que el campo de acción predilecto por el *sindicalismo* fueron los gremios como los marítimos y los ferroviarios pero aquí comprobamos su sólida presencia en algunos sectores industriales, aunque de menor valía. Nos referimos al caso de la madera y del tabaco, además de la ya mencionada ALA, en donde registramos el proceder *sindicalista* junto al impulso a la organización en el sitio de trabajo. Al igual que en el caso del socialismo, esta experiencia no alcanza para cuestionar la preferencia por los sectores de transportes y servicios pero colaboran en otorgar visos de complejidad a una corriente que posee aún múltiples flancos que escudriñar y que, hasta aquí, ha sido mejor abordada en sus años formativos.

Uno de estos elementos que entendemos amerita una profundización es si, además de la escasa presencia en los rubros industriales, existieron otras razones que provocaron la pérdida de influencia entre los obreros. Cabe preguntarse si la escuálida inserción en los lugares de trabajo no debilitó las posiciones de esta corriente. Más allá de conducir la CGT desde su creación hasta 1935 no imprimió a su práctica un interés por la conformación de instancias de base como modo de solidificar posiciones. Con las salvedades ya mencionadas para el gremio maderero y el del tabaco, el *sindicalismo* pareció una expresión gremial de cúpulas y esto se evidenció con mayor claridad en la década del treinta. Esto no deja de ser llamativo pues en el discurso de esta corriente el lugar de trabajo ocupaba un sitial de importancia pues el 'embrión' de la sociedad futura y la emancipación de la clase obrera hundían sus raíces en los centros de producción.

*Comentarios finales*

En una mirada historiográfica global, la pesquisa recorre un camino iniciado por una vasta producción que corroboró el consistente entramado organizativo del movimiento sindical entre 1916 y 1943. En esta línea, aportamos a contradecir la visión difundida, y extendida, acerca del momento casi fundacional que supuso la irrupción del peronismo para el *sindicalismo*. Asimismo, entendemos que lo abordado se encolumna detrás de las investigaciones que demostraron que dicha experiencia política y sindical ocurrida en la primera mitad del siglo XX fue influida de modo decisivo por las diferentes corrientes de la izquierda argentina. Este itinerario, iniciado por trabajos como los de Celia Durruty (1969), Miguel Murmis y Juan Carlos Portantiero (2004), José Aricó (1987), Juan Carlos Torre (2011) o Hiroschi Matsushita (1986), entre otros, y que en los últimos treinta años fue robustecido por determinantes producciones como las de Nicolás Íñigo Carrera y Hernán Camarero, se encuentra en la actualidad en pleno progreso. Allí, en la intersección entre la fértil práctica proletaria en el mundo sindical y la destreza de las izquierdas, creemos puede situarse la contribución de esta investigación.

Nuestro trabajo nos conduce a matizar el planteo que, generalizando, estipulaba la aparición de la organización en las plantas laborales como producto del modelo sindical peronista. Aunque en ocasiones actuaron con cierta prudencia al señalar la 'difusión' y no la 'aparición' de las instancias de base, el sentido inequívoco fue el de anudar la experiencia en los sitios de producción al período posterior al golpe de Estado de 1943. Allí recabaron, por ejemplo, producciones como las de Louise Doyon y Daniel James, entre otras nacionales e internacionales. En particular, Doyon, además de situar a las comisiones internas como consecuencia del modelo sindical peronista, caracterizaba a los comités obreros en los lugares de trabajo existentes con anterioridad como instancias escasamente representativas, que cumplían la función de crear intereses comunes entre patrones y trabajadores y para ello fueron creados por los sectores empresarios. Al menos en los gremios industriales, el movimiento obrero desplegó diversas instancias de base, sindicales y partidarias, para obtener presencia y ganar posiciones. En momentos de conflicto, las comisiones internas y otras entidades, ejercían la representación obrera y no buscaban aunar intereses con la burguesía. Las continuas represalias contra los trabajadores dan cuenta de la resistencia patronal y estatal a su funcionamiento. Éste se ejerció a través de numerosos roles: negociación frente a la patronal, vigilancia en los lugares de trabajo, control de las condiciones laborales, comunicación con el sindicato, organización y fomento de la afiliación sindical, entre otros. Asimismo, comprobamos que no fueron impulsadas por los empresarios como mecanismo de manipulación, tal cual se planteaba: "… la mayoría de los comités preperonistas no eran parte integrante de la estructura sindical y, de hecho, muchos fueron creados por la patronal para alentar `una conciencia de comunidad de intereses` entre el patrón y sus obreros" (Doyon, 1984, p. 211). Establecimos la conformación de estos organismos de base como herramienta de organización proletaria. Esto no implica que en otros gremios hayan existido condiciones que corroboren o verifiquen situaciones disímiles de las aquí sostenidas.

Otro elemento común fue la búsqueda de reconocimiento. Las comisiones internas y otras estructuras recurrieron sistemáticamente al pedido de legalización a la patronal y, en algunas ocasiones, vimos la intención de avalar su existencia y regular sus tareas en los convenios colectivos y estatutos gremiales. Los pedidos también fueron recurrentes en solicitar al Estado el sostén legal. La intermediación de las diferentes instancias estatales, como el cada vez más vital Departamento Nacional del Trabajo o los laudos ministeriales, resulta importante al momento de valorar su representatividad, tal fue el caso de las numerosas ocasiones en que diferentes comisiones ocuparon el lugar de interlocutor y fueron reconocidas de hecho por el Estado. En paralelo, vimos las políticas represivas e intimidatorias del Estado en sintonía con el proceder burgués, pues los despidos, suspensiones y detenciones eran solamente algunas de las prácticas usuales contra quienes organizaban, o intentaban hacerlo, los sitios de trabajo.

Las comisiones internas y los cuerpos de delegados tuvieron un rol destacado en el mundo del trabajo en la Argentina, principalmente en la segunda mitad del siglo XX. Pero esto no debe impedirnos reparar en la presencia de otras instancias previas. Durante las décadas del veinte y treinta funcionaron diversas estructuras en el sitio de producción: consejos obreros, células, grupos o secciones sindicales, comisiones internas y comités de fábricas. Entendemos que para la segunda mitad de la década infame la comisión interna primó dentro del campo sindical y ejerció distintas funciones: representación obrera frente a la patronal, vigilancia en los lugares de trabajo, control de las condiciones laborales, comunicación con el sindicato, organización y fomento de la afiliación sindical, entre otras características. En este momento, los trabajadores no parecieron impulsarlas con la intención de dotarlas de un cariz antiburocrático, como pudo generalizarse en la década de 1970 o en experiencias de la actualidad aunque, de manera marginal, los anarquistas lo señalaron.

Los comunistas fueron los más dinámicos en desplegar estrategias de organización que incluyeran la ramificación hasta las unidades de producción. Esto contribuyó, junto a otros factores, en su entronización como la fuerza política más dinámica en el *sindicalismo* en la segunda mitad de la década infame. En la misma línea, la carencia por parte de los *sindicalistas* de una política de este tipo coadyuvó a su gradual retracción en el mundo del trabajo. El caso de los socialistas se inscribe en su lógica difusa y sinuosa respecto del movimiento obrero. Señalamos que en algunos sindicatos socialistas existieron experiencias destacables pero no parecieron producto de una política específica partidaria sino, más bien, arrestos limitados a personajes o gremios puntuales. El caso del anarquismo navega entre las luchas intestinas de los años veinte y su esfuerzo por elaborar propuestas remozadas de cara al movimiento obrero en los treinta; todo enmarcado en su pérdida de influencia entre los trabajadores. Aunque es destacable que los grupos ácratas de la década de 1930 y los comunistas fueron los únicos en desarrollar, con distinto impacto, una política sindical sistemática para obtener presencia en el sitio laboral.

Indudablemente el panorama de la organización del trabajo de base se modificó luego del golpe de Estado de 1943. Pero el desempeño del movimiento obrero durante los veinte años previos dejó huellas que se retomarían con posterioridad. El modelo sindical peronista se cimentó sobre una nutrida y variada experiencia anterior. Con potencialidades y formas disímiles, las corrientes políticas con presencia en el campo gremial en las décadas del veinte y del treinta identificaron a la militancia de base como una herramienta para solidificar posiciones. La importancia que cada una le otorgó, y en el momento que lo hizo, influyó, junto con otros elementos, en la robustez de sus estructuras sindicales.

El itinerario nos condujo a enfocar los sitios de trabajo y capturar allí un despliegue de prácticas colectivas, políticas y sindicales, impulsadas por el proletariado fabril. Para ello trasvasamos ciertas estructuras y redujimos la escala de análisis para explorar y finalmente descubrir un vasto y rico universo. En este trayecto certificamos la existencia de un corpulento entramado organizativo de base que se mantuvo en crecimiento constante desde 1916 y hasta 1943. Este proceso no puede disociarse del desempeño de la izquierda con el que se desenvolvió en íntima relación. Los estrechos lazos orgánicos que vincularon al movimiento obrero industrial y a la izquierda en este período permitieron que ambos coadyuvaran a gestar una profusa experiencia de militancia en los lugares de trabajo.

## Notas

1 Departamento Nacional del Trabajo, *Crónica mensual 1918-1922,* IV, 42, junio de 1921, pp. 679-681.

2 "Consejo del personal de Harrods y Gath y Chaves", *Folleto de la Asociación del Trabajo,* p. 51.

3 "Vasena", *La Protesta,* XXI, 3201, 23 de octubre de 1917, p. 4.

4 "Carta orgánica de las células de fábrica", en PC de la Argentina: "Informe del Comité Ejecutivo al VII Congreso a realizarse los días 26, 27 y 28 de diciembre de 1925, en Buenos Aires", pp. 14-17, Archivo Estatal Ruso de Historia Social y Política.

5 Entre otros: "La conquista de las fábricas y los trabajos en el barrio", *La Chispa,* II, 44, 22 de octubre de 1927, p. 2; "Los obreros de la fábrica textil de Barlaro se hacen respetar", *Adelante,* I, 1, 4 de febrero de 1928, p. 7.

6 Entre otros: "La lucha económica y las tareas de los comunistas", *La Correspondencia Sudamericana,* segunda época, 23, 31 de diciembre de 1929, pp. 11 y ss; "Sobre los comités de fábrica y los sindicatos de industria", *El Trabajador Latinoamericano,* (Órgano oficial de la Confederación Sindical Latino Americana), I, 8, 31 de diciembre de 1928, pp. 19-24.

7 "Aclaración", *Klockner: Órgano de los obreros del establecimiento metalúrgico Klockner S.A.,* abril 1934, p. 3.

8 Enrique Del Valle Iberlucea, "La doctrina socialista y los consejos obreros", Buenos Aires, Agencia Sudamericana de Libros, s/f, [c. 1920].

9 Ministerio del Interior, Departamento Nacional del Trabajo, *Crónica Mensual del Departamento Nacional del Trabajo 1918-1922,* p. 982; "Obreros en calzado", *Organización Obrera,* IV, 184, 4 de junio de 1921, p. 2.

10 "Entre la Casa Salzman y los obreros textiles firmóse una tregua", *La Vanguardia,* XXXIX, 9258, 10 de enero de 1933, p. 4; "El proyecto de estatuto de la Unión Obrera Textil", *El Obrero Textil,* V, 24, diciembre de 1938, p. 6.

11 "Una comisión interna por cada personal", *El Obrero Gráfico,* XXXI, 276, noviembre de 1938, p. 2.

12 Enrique García Thomas, *Comentarios a la Primera Conferencia Regional de la Alianza Libertaria Argentina* (Vol. 1), Ediciones de la Agrupación Libertaria "El Trabajo", ALA, Vol. I, 1924.

13 Un trabajo más extenso sobre el tema en Ceruso (2011).

14 "Movimiento obrero", *Acción Libertaria,* I, 5, 20 de abril de 1934, p. 6.

15 "¿Qué es el 'pacto obrero'? Una posición para el proletariado", *Spartacus. Obrero y Campesino. Comunista Anárquico,* II, 5, 1 de mayo de 1935, p. 4.

16 Mateo Fossa, "Sobre el nuevo Sindicato O. de la Industria del Mueble", *Acción*

*Obrera*, I, 3, junio de 1924, p. 5.

17  "Triunfaron los obreros del tabaco", *USA*, II, 53, 3 de agosto de 1938, p. 1.

## Referencias

Abad de Santillán, Diego. (2005). *La F.O.R.A.: Ideología y trayectoria del movimiento obrero revolucionario en la Argentina (1933)*. Buenos Aires: Libros de Anarres.

Aricó, José. (1987). Los comunistas y el movimiento obrero. *La Ciudad Futura. Revista de cultura socialista*, 4, 15-17. (Originalmente publicado como: (1979), Los comunistas en los años treinta, *Controversia*, 2-3 [suplemento, 1], 5-7.

Basualdo, Victoria. (2008), *Los delegados y las comisiones internas en la historia argentina. Una mirada de largo plazo, desde sus orígenes hasta la actualidad*. Buenos Aires: DGB Bildungswerk / Ebert Stiftung / CTA / Fetia.

Camarero, Hernán. (2005). Socialismo y movimiento sindical: una articulación débil. La COA y sus relaciones con el PS durante la década de 1920. En Hernán Camarero y Carlos Miguel Herrera (Eds.), *El Partido Socialista en Argentina: sociedad, política e ideas a través de un siglo* (pp. 185-217). Buenos Aires: Prometeo.

Camarero, Hernán. (2007). *A la conquista de la clase obrera. Los comunistas y el mundo del trabajo en la Argentina, 1920-1935*. Buenos Aires: Siglo XXI Editora Iberoamericana.

Ceruso, Diego. (2010). *Comisiones internas de fábrica. Desde la huelga de la construcción de 1935 hasta el golpe de estado de 1943*. Vicente López: PIMSA-Dialektik.

Ceruso, Diego. (2011). El trabajo sindical de base del anarquismo argentino: la FACA y la Alianza Obrera Spartacus. *A Contracorriente. Una revista de historia social y literatura de América Latina*, 8(3), 233-254.

Ceruso, Diego. (2012). Partidos, sindicatos y organización en el lugar de trabajo. La huelga de los obreros de la carne de Avellaneda en 1932. *Trabajo y Sociedad. Sociología del trabajo, estudios culturales, narrativas sociológicas y literarias*, 16(19), 263-280.

Doeswijk, Andreas. (2013). *Los anarco-bolcheviques rioplatenses: 1917-1930*. Buenos Aires: CEDINCI.

Doyon, Louise. (1984). La organización del movimiento sindical peronista, 1946-1955. *Desarrollo económico. Revista de Ciencias Sociales*, 94, 203-234.

Doyon, Louise. (2006). *Perón y los trabajadores. Los orígenes del sindicalismo peronista, 1943-1955*. Buenos Aires: Siglo XXI Editora Iberoamericana.

Durruty, Celia. (1969). *Clase obrera y peronismo*. Buenos Aires: Pasado y Presente.

Gramsci, Antonio. (1972). *Notas sobre Maquiavelo, sobre la política y sobre el Estado moderno*. Buenos Aires: Ediciones Nueva Visión.

Iñigo Carrera, Nicolás. (2004). *La estrategia de la clase obrera, 1936*. Buenos Aires: Ediciones Madres de Plaza de Mayo.

Iscaro, Rubens. (1958) *Origen y desarrollo del movimiento sindical argentino*. Buenos Aires: Anteo.

Iscaro, Rubens. (1973). *Historia del movimiento sindical* (Tomo 2). Buenos Aires: Fundamentos.

Iscaro, Rubens. (1981). Racionalización y respuesta de la clase obrera: contexto y limitaciones de la actividad gremial en la Argentina. *Desarrollo Económico. Revista de Ciencias Sociales*, 83, 321-349.

Lobato, Mirta. (2001). *La vida en las fábricas. Trabajo, protesta y política en una comunidad obrera, Berisso (1904-1970)*. Buenos Aires: Prometeo / Entrepasados.

Lobato, Mirta. (2002). Rojos. Algunas reflexiones sobre las relaciones entre los comunistas y el mundo del trabajo en la década de 1930. *Prismas. Revista de historia intelectual*, 6, 205-215.

López, Alfredo. (1974). *Historia del movimiento social y de la clase obrera argentina*. Buenos Aires: Peña Lillo.

Marotta, Sebastián. (1970). *El movimiento sindical argentino. Su génesis y desarrollo* (Tomo III. Período 1920-1935). Buenos Aires: Lacio.

Matsushita, Hiroshi. (1986). *Movimiento Obrero Argentino, 1930-1945: Sus proyecciones en los orígenes del peronismo*. Buenos Aires: Hyspamérica.

Murmis, Miguel y Portantiero, Juan Carlos. (2004). *Estudios sobre los orígenes del peronism*. Buenos Aires: Siglo XXI Editores Argentina.

Nieto, Agustín. (2011). Activación obrera y democracia. Experiencias micropolíticas de un grupo subalterno: las obreras/os del pescado, Mar del Plata (1942-1966). *A Contracorriente. Revista de Historia Social y Literatura en América Latina*, 9(1), 175-202.

Oddone, Jacinto. (1949). *Gremialismo proletario argentino*. Buenos Aires: La Vanguardia.

Oddone, Jacinto. (1988). *Historia del socialismo argentino*. Buenos Aires: CEAL.

Torre, Juan Carlos. (2011). *La vieja guardia sindical y Perón. Sobre los orígenes del peronismo*. Buenos Aires: Ediciones RyR.

Tortti, María Cristina. (1989). *Clase obrera, partido y sindicatos: estrategia socialista en los años '30*. Serie Cuadernos de Historia Argentina, 2. Buenos Aires: Biblos.

# Izquierdas, sindicatos y militares en el bloque democrático del Ecuador de interguerras (1925-1945)

Valeria Coronel
FLACSO Ecuador

El pensamiento contemporáneo debe al giro sociológico marxista de los años '70 el haber asestado un contundente golpe al mito predominante en los programas para el desarrollo democrático de la guerra fría. Los conceptos de dependencia y heterogeneidad estructural, decolonialismo interno y neocolonialismo, acuñados por la generación del marxismo estructuralista, se construyeron en este marco. Fueron una alternativa teórica contraria a la idea de que las sociedades latinoamericanas podrían desmantelar las resistencias arcaicas de sus sociedades, generalizar la forma mercancía en las relaciones sociales de producción e intercambio y así verían surgir sociedades mas igualitarias sobre las cuales se asentaría naturalmente un sistema político democrático. Al mismo tiempo, esa generación se divorció en agrios términos de la izquierda histórica de cada uno de los países, particularmente de los partidos comunistas a los cuales cuestionó en su lectura teórica y su estrategia política.

La crítica mas difundida contra los partidos comunistas fue que este partido habría arrojado a los movimientos populares a una lucha antifeudal de la mano de una burguesía estructuralmente dependiente e incapaz de constituir un actor revolucionario (Marini, 2012).

De esta disputa entre izquierdas se desprendió una imagen generalizada del fracaso de las revoluciones democráticas en América Latina que marcó el paradigma revisionista en historiografía latinoamericana (Knight, 2013).En las guerras republicanas e interpartidistas del siglo XIX así como en la disputa entre izquierdas y derechas de las décadas de la crisis mundial, la historiografía "revisionista" de cada país vio elites que manipularon a las clases populares empujándolas a luchar por nociones de emancipación que no expresaban sus propios intereses de clase.

El proceso de la primera mitad del siglo XX en el Ecuador se juzgó así desde el punto de vista de una generación marcada por el cierre de la era del imaginario nacional y los inicios del neoliberalismo. Para Fernando Velasco, la reforma agraria tan deseada por los comunistas había sido realizada en los setenta como una modernización capitalista desde arriba y en ella se había revelado la condición de dependencia de la burguesía. Los estados latinoamericanos fueron descritos como asentados necesariamente sobre raíces autoritarias (Cueva, 1990 y 2008; Velasco Abad, 1979).Al analizar el caso ecuatoriano, esta generación largamente influyente sobre la historiografía describió un proceso dominado por distintas facciones de la elite oligárquica, que se consolidaban tras una sucesiva serie de olas revolucionarias frustradas. Entre éstas se incluía la guerra que llevó al triunfo Alfarista en 1895, la revolución juliana de 1925 que dio el golpe de gracia al estado oligárquico, y la revolución gloriosa de 1945 que movilizó a las organizaciones populares y las izquierdas contra la elite oligárquica en el poder en nombre de aspiraciones radicales.

La ficción de las coaliciones democráticas había llevado siempre al desengaño de las clases populares. Así, el radicalismo Alfarista de 1895 había dado lugar a un régimen oligárquico. El socialismo de los '20 en su afán reformista solo había facilitado el retorno del poder de manos de la oligarquía agroexportadora a la oligarquía terrateniente e industrial de la sierra. El comunismo, influyente en la política popular entre mediados de los '30 y el fin de la Segunda Guerra Mundial, había arrojado al movimiento popular a los instrumentos de la política burguesa. Para algunos autores esto determinó que el campesinado indígena ecuatoriano se perdiera entre papeles jurídicos y discursos proletarios que le eran ajenos y careciera del ímpetu revolucionario del campesinado en otros países (Zamosc, 1994).

En este trabajo ofrecemos una mirada de la izquierda ecuatoriana de la interguerra que intenta conjugar aprendizajes derivados del marxismo estructuralista de los '70 y distancias frente a este paradigma. En el primer sentido es fundamental el observar a las clases trabajadoras en su heterogeneidad con lo cual se observa la presencia sustantiva del campesinado en clivajes regionales y étnicos en relación con la diversa gama de actores que se identifican como obreros entre las clases trabajadoras. En el segundo aspecto nos parece fundamental volver a estudiar a los partidos comunistas dentro de los terrenos históricamente específicos de la disputa política. En este sentido, la izquierda ecuatoriana hasta mediados del siglo XX se caracteriza por una cercanía muy relevante existente entre el Partido Comunista y los partidos

Socialista y Liberal Radical, entre los cuales se establece una coalición definida como un bloque democrático antagónico en varios terrenos a las derechas de raigambre conservadora y falangista. Esta cercanía implicó una distancia de las directrices de la internacional comunista que ha sido poco reconocida por los críticos de fines del siglo XX. Esta cercanía entre el Partido Comunista y los otros partidos fundamentales de la izquierda (el partido histórico del republicanismo radical o Alfarismo y el Partido Socialista), como lo explicamos, dependió claramente del papel que tuvo el campesinado, de las comunidades y gobiernos étnicos dentro de la disputa interpartidista, dentro del proceso de formación de la categoría pueblo y la formación del estado nacional en el Ecuador.

El proceso que describimos ha exigido una revisión de la composición de las clases populares y de sus procesos de politización en diálogo con otros sectores sociales y de manera históricamente contextualizada. También ha sido sustantivo el observar el papel de la clase media y pequeña burguesía radicalizada en la disputa interpartidista y el vínculo entre estas clases y las populares, particularmente en un país carente de un pacto oligárquico firme en el período. Finalmente una lectura de tres ciclos históricos dentro del período de estudio que oscilan entre momentos de acción colectiva y momentos de usos emancipatorios de la justicia nos permiten empezar un necesario proceso de reevaluación de los alcances y límites de las revoluciones democráticas en América Latina y, dentro de éstas, el papel jugado por las izquierdas.

Este trabajo suma por tanto a la mirada compleja sobre las clases populares en contextos de heterogeneidad estructural o colonialismo interno que propuso el marxismo estructuralista, una relectura de los procesos de politización de las clases populares en el marco de la disputa entre movimientos políticos por la hegemonía en un período histórico que estuvo marcado por una idea de la revolución de largo aliento, republicana y nacional popular.

Este trabajo revisita el proceso de constitución de la izquierda en interlocución con otros partidos y con organizaciones políticas populares entre la crisis del régimen oligárquico y el fin de la Segunda Guerra Mundial. Observa la articulación, tensiones y negociaciones que configuraron la tendencia democrática dentro de la contienda política por definir el carácter del estado. Me detengo en tres momentos: la formación de los derechos sociales (1926-1931); la disputa partidista, militar y sindical (1932-1938) y la revolución popular y la contrarrevolución velasquista (1944-1946).

*Liberales, socialistas y campesinos en un ciclo de reforma social*

La masacre obrera del 15 de noviembre de 1922 perpetrada por el ejército liberal constituyó un punto de quiebre dramático para el obrerismo de la costa que por décadas había identificado al liberalismo como una corriente de lucha popular comparable a la revolución francesa.[1] Aunque los obreros liberales pensaban que el partido había sido secuestrado por la oligarquía, solo se animaron a forjar tienda política independiente tras la masacre. Por su parte, como lo había anunciado la elite intelectual del Partido Liberal (PL), la crisis del liberalismo fue una oportunidad para que el Partido Conservador intentara recuperar el poder mediante la apelación a un obrerismo católico.[2]

Así, mientras sobrevivientes del obrerismo liberal, entre ellos Luis Maldonado Estrada y Alejo Capelo, contaban sus muertos y fundaban los primeros núcleos socialistas en resistencia a la oligarquía, el joven adalid de la elite terrateniente, Jacinto Jijón y Caamaño, organizaba una insurrección que buscaba dar fin al régimen liberal en base a un ejército que reunía a la dirigencia de la Acción Social Católica, el artesanado católico y una masa de peones de las haciendas. Derrotar a Jijón fue fácil para el ejército bajo las órdenes del presidente. El golpe certero contra el estado liberal en crisis lo dio un grupo de jóvenes oficiales que logró respaldo dentro del ejército para liderar la transición e instalar un régimen reformista que se conoce como la Revolución Juliana.

La nueva historiografía ecuatoriana ha leído la llamada Revolución Juliana (el golpe militar adelantado por jóvenes oficiales del ejército que dio el tiro de gracia al estado liberal), como una oportunidad abierta para el retorno de las elites serranas al poder. Mientras, las clases populares parecen atravesar una crisis de vínculos paternalistas. La diversificación económica de la elite terrateniente, la presión sobre el campesinado que desborda los pactos asentados en la costumbre en la sierra, en la costa la crisis cacaotera y el desplazamiento campesino son señalados como factores determinantes de la crisis del paternalismo y, por tanto, de la aparición objetiva de una masa carente de vínculos de autoridad.[3] Sobre este vacío se habría construido la interpelación populista que inauguró la política de masas en el país bajo el liderazgo de José María Velasco Ibarra (Maiguashca, 1991; De la Torre, 1993).

En este artículo proponemos argumentos contrarios. Afirmamos que el ciclo de las reformas julianas favoreció la demanda de justicia del campesinado y la formación de los derechos sociales. Y que la articulación política del pueblo corrió un sendero trazado por el proceso de formación de las izquierdas y del movimiento popular. Frente a éste, el velasquismo se describe como una alternativa reactiva. En nuestro argumento, la crisis del paternalismo fue resultado no del cambio económico perse, sino de la evolución de la conflictividad política. La conflictividad que marcó históricamente la relación entre clases agrarias y particularmente de las comunidades indígenas con la hacienda, se transformó en el transcurso de esas décadas hacia estrategias que combinaron coaliciones con organizaciones partidistas, formación de plataformas de agregación, formación de una dirigencia popular y la concepción de un horizonte radical y popular.

Leonardo Muñoz describió el ambiente revolucionario de la Juliana como propicio para el socialismo que fue fundado como partido en 1926. "Aprovechamos los seis meses de gobierno revolucionario cuando don Luis Napoleón Dillon mandaba en la Junta civil-militar ... realizamos asambleas, nombramos comisiones por la reunión del Congreso del partido; y un Comité Central organizador del Congreso del PSE". Efectivamente, la Junta se propuso permanecer en el poder sólo el tiempo indispensable para preparar el terreno de una Asamblea Constituyente enfocada en la reforma y en este sentido promovió la formalización del sistema de partidos políticos, entre ellos el Partido Conservador que era oposición, el Partido Liberal Radical (refundado) y el Partido Socialista que se veían como aliados en la tendencia democrática.

En el mismo año de 1925, cuando la aristocracia quiteña buscaba seducir a la Junta, ésta recibió comunicaciones provenientes de todos los rincones del país en las que les exponían los múltiples conflictos irresueltos entre campesinos y haciendas, el secuestro de la justicia, la violencia y servidumbre a la que estaba sometida "parte de la nación". Así los militares entraron en conocimiento de poblaciones campesinas las cuales pusieron a prueba la consistencia de las convicciones de liberales sociales y socialistas.

El período fue propicio para la formación de una coalición política mucho más interesante de lo que ha reconocido la historiografía. A partir del golpe militar de la llamada revolución juliana, mucho antes de la Segunda Guerra Mundial, se conformó una tendencia reconocida como democrática en la que confluyeron organizaciones políticas del liberalismo social dentro de los cuales se destacaba el ejército, un sector republicano del histórico Partido Liberal, la naciente izquierda socialista y la organización sindical. En la tendencia democrática del período 1925-1931 se articularon distintos antagonismos para construir un poder que disputó eficientemente el liderazgo de la nueva derecha de raigambre conservadora en constitución.

La primera junta cívico militar, presidida por Dillon, fue popular por atacar la especulación de los precios y los víveres y por el decreto del 13 de julio de 1925 y por crear el Ministerio de Previsión Social y Trabajo (MPST). Este organismo fue encargado de atender la cuestión social, atender la demanda de justicia en conflictos laborales y de tierra y de regular y planificar el crecimiento social del país. Estuvo encargado de crear una legislación específica para este propósito y tuvo capacidad de imponer procesos redistributivos por sobre la propiedad privada.

Con la renovación de la Junta, el 10 de enero de 1926 se cambió la composición de la Junta de Gobierno y se integraron cuadros civiles del liberalismo social como Julio C. Moreno, Homero Viteri, Isidro Ayora, Humberto Albornoz, entre otros dirigentes que expandieron las atribuciones del MPST considerándolo como un instrumento político para la articulación de las clases populares dentro de la tendencia partidista que dirigía el estado. Así, se creó la Inspección General del Trabajo y se instalaron Comisarias en el territorio. Los socialistas presentaron ante la asamblea constitucional de 1929 la ley de patrimonio territorial con la cual el estado se definió como el actor dirimente en asuntos de distribución de la tierra, y, en su representación, el MPST se volvió un actor decisivo en lo relativo a recursos territoriales declarados de interés social.[4]

La ley declaraba de utilidad pública la expropiación de terrenos para fines de colonización, explotación agrícola, saneamiento y para el establecimiento, urbanización o ensanche de poblaciones. Así se beneficiaría a las poblaciones que reclamaran no tener forma de subsistir o crecer y se atendería las demandas de parroquialización, también se reconocerían terrenos de comunidades en "justo título de dominio así no estuvieren constituidas por cultivos u otra clase de obras".[5] La ley daba cabida para que el estado revirtiera tierras privadas, baldías o en concesión a empresas extrajeras, por razón de utilidad pública. Estas medidas sirvieron para fortalecer la posición del campesinado demandante al tiempo que se fortalecía al Estado, a cargo de un registro general de las tierras municipales y comunales, de pueblos y caseríos.

En palabras del Ministro de Previsión, Pedro Egües, se estaba implementando una forma de "socialismo agrario":

> Esta ley prescribe la revisión de títulos de todas aquellas tierras que fueron adjudicadas como baldías en 1875: ordena la reversión al Estado—su legítimo dueño […] sujetando la adjudicación a condiciones de provecho general […]. Instituye la reserva de tierras del Estado, de acuerdo con la novísima tendencia que prevalece en la política agraria de los países cultos, y que es también uno de los postulados indeclinables del socialismo agrario, quizá el más intransigente de todos, pero seguramente el que puede exhibir mayor

fondo de justicia.[6]

Algunas figuras claves del joven Partido Socialista fueron nombradas para la dirección, asesoría, administración y representación jurídica de este ministerio, sus concepciones sociales imprimieron el desarrollo de la institucionalidad pública y marcaron una tendencia favorable a las demandas campesinas.

En este marco, las comunidades indígenas sujetas a trabajo servil en la hacienda Changalá en Pichincha y Patagua en Imbabura, entre muchas otras que reclamaban la intervención del estado contra la violencia gamonal y el reconocimiento de su legítima posesión de tierras disputadas contra la hacienda, lograron movilizar los recursos estatales a favor de sus causas. La prensa alarmada habló de "movimientos bolcheviquistas" que obtenían resultados favorables a sus reclamos (Vargas y Carrión, 1988, p. 511).

Llegaron también demandas de poblaciones campesinas de la costa donde la retirada del negocio del cacao había dado pie a una tensa competencia por la tierra entre las comunidades y los empresarios que incursionaban en la economía azucarera y arrocera. Los campesinos denunciaron ante el estado a los monopolios comerciales y los altos arrendamientos. A su favor actuaron algunos círculos del Partido Socialista que, complementariamente a los que ocupaban una posición en el Ministerio, fomentaban la organización así como una prensa de izquierdas que le daba seguimiento. Así, el periódico *La Vanguardia* hacía eco de la petición de los campesinos al Supremo Gobierno y describía poblaciones secuestradas por poderes que atentaban contra el estado, por lo cual recomendaban proceder a la expropiación.[7] Los socialistas instaban al presidente Isidro Ayora, nombrado por la Junta a continuar con la reforma:

> La Junta de Gobierno Provisional, que terminó en sus funciones hace pocos días, alentaba el mayor entusiasmo con respecto a redimir a los treinta mil habitantes que yacen en una situación inferior a la de los esclavos y tengo la seguridad de que usted, señor Presidente, como Ministro que fue entonces de Previsión Social, sabrá hoy enfocar el problema y resolverlo con la urgencia que la necesidad del mal lo requiere.[8]

En respuesta, la asamblea nacional declaró como propiedad pública las tierras de Eloy Alfaro, Naranjito, General Elizalde en mayo de 1928 y permitió la compra de tierras a los colonos.[9] Esas decisiones se contraponían a 30 años de desarrollo del derecho privado sobre la tierra y no fue el único caso, sino sólo uno de los múltiples procesos de redistribución de tierras del período.

El reconocimiento de los trabajadores, los indios y campesinos como sujetos jurídicos y políticos se veía como una reparación de su ciudadanía y su pertenencia a la nación, pues los emancipaba de la dominación personal y los ligaba al el estado, que a su vez, se asentaba sobre nuevas bases sociales, el pueblo, y no sobre los intereses privados de las oligarquías. El concepto de voto funcional también fue recogido por la legislación del período juliano particularmente por la constituyente de 1929 con lo cual además de los derechos sociales se abría la representación política de los representantes del ámbito laboral y campesino en la Asamblea legislativa, naturalmente del lado de la tendencia democrática.

Si bien una parte de las demandas de las comunidades campesinas e indígenas había podido ser parcialmente resuelta mediante la intervención del estado, la expropiación de tierras de hacienda involucraba la reacción violenta de la elite terrateniente en el escenario local y la búsqueda del poder por parte de la derecha, lo cual amenazaba con presionar a la tendencia democrática a establecer un pacto y frenar las reformas.

Así, algunos sectores del partido socialista que acompañaban al campesinado a nivel local plantearon que el escenario exigía una ampliación de la organización sindical y la construcción de confederaciones. En efecto, en agosto de 1929, *La Vanguardia* reproducía una comunicación del Sindicato de Obreros Agrícolas y Campesinos de Cayambe y las comunas de Abatag y Valenzuela (documento firmado por cabecillas indígenas como Jesús Gualavisí) en la que instaban a los trabajadores a que se organizaran sin miedo a la represión patronal pues los sindicatos luego se agregarían en Ligas y federaciones con poder suficiente para confrontarlos.

> En las haciendas donde hubieren por lo menos 50 trabajadores, se formará un Sindicato de hacienda que tendrá un Secretario Central, un Tesorero, un Secretario que lleve las actas de las sesiones y un cabo por cada veinte peones. Cuando en las haciendas hubieren pocos peones, se formará un Sindicato con los peones de dos o más haciendas. Los jornaleros que no viven en las haciendas pueden formar un sindicato aparte de las haciendas cuando en un lugar hubieren siquiera 50, de lo contrario entrarán en el sindicato de la hacienda más próxima. Los campesinos libres que tienen en propiedad un pedazo de tierra y que no son asalariados, formarán ligas de campesinos. Las comunidades agrarias se organizarán como las ligas llevando el nombre de comuna. Tanto las ligas campesinas como las comunas, tendrá dos secretarios y un cabo por cada veinte trabajadores. Cada mes se hará una Asamblea general con todos sus miembros del sindicato, liga o comuna [...].Todas

las ligas, sindicatos y comunas de una provincia, nombrarán un Directorio provincial, compuesto de representantes de todos los sindicatos, ligas y comunas de la provincia a razón de un representante por cada cien miembros [...]. Cuando en todas las provincias estén organizados los obreros agrícolas y los campesinos, se reunirá un Congreso Nacional de obreros agrícolas y campesinos de todas las provincias para formar la Federación Nacional.[10]

## El ciclo de la contienda partidista y de las alternativas de la izquierda

Si el año 1929 había sido el de la reforma más profunda del Estado desde la revolución juliana, el año de 1931 ratifico la visión de los socialistas de que habría una reacción violenta. Precisamente fue Isidro Ayora, el último presidente de la juliana, el que actuó en forma violenta para impedir la reunión de un Congreso de cabecillas indígenas planeada en Cayambe. Se temía que la dirigencia indígena llevara a nuevas fronteras el significado de la reforma socialista.[11]

Uno de los efectos de esta represión fue una división de las izquierdas entre bandos que justificaban la protección de la actoría del estado y los que veían en la confluencia socialista con el régimen de Ayora un divorcio del pueblo. La formación de una organización política comunista, aparte del socialismo, se ha explicado como resultado de la suscripción de un sector del Partido a la Internacional Comunista (Páez Cordero, 2001), sin embargo, influyó que el acontecimiento de 1931 significara, para algunos militantes, que la colaboración del PSE con las reformas julianas no estaba sustentada sobre una convicción seria en la revolución. La revolución juliana, y con ello la visión del Partido Socialista como agente transformador, había terminado, y tal como lo habían avizorado, sólo la organización popular podría empujar el cambio iniciado e impedir el ascenso de la derecha que ya se veía en otros países (Coronel, 2012).

Efectivamente, la reacción terrateniente dio lugar en 1932 a un movimiento político de raigambre conservadora que movilizaba una base artesanal católica y que dio el triunfo electoral a Emilio Bonifaz. La fractura de la izquierda probablemente contribuyó en debilitar la hegemonía del bloque liberal-socialista, y sin embargo, esta coyuntura reanimó a la tendencia liberal socialista a recuperar la dirección política perdida mediante el recurso a movilizar el apoyo del ejército. En este momento de tensiones, la continuidad de la reforma dependía del respaldo del ejército nacional a la tendencia democrática.

En ello fue fundamental la intervención de un sector del liberalismo social del ejercito representado por el general Alberto Enríquez Gallo, a la cabeza del batallón Yaguachi, que en 1932 desplegó todas las tácticas de la guerra para tomarse la ciudad de Quito en nombre del estado nacional y la defensa de la constitución. La "batalla de Quito" o "guerra de los cuatrodías", fue un ejercicio del poder militar que respaldaba la reforma social cuando las organizaciones partidistas internamente tensionadas no habían logrado mantenerse en posición para contener el avance del catolicismo moderno o derecha. Las dos tendencias fundamentales en la arena política ecuatoriana volvían a ser el civilismo conservador y el estatismo con respaldo militar como lo había leído el historiador Pedro Fermín Cevallos para el siglo XIX. El ejército y los partidos afines usaron toda la fuerza a su alcance contra los círculos obreros católicos y los círculos de resistencia conservadora que se levantaron en el territorio nacional hasta finalmente derrotarlos en Quito. En ese contexto, se definió una nueva etapa de identidad política del ejército que no cesó de actuar en política hasta el fin de la Segunda Guerra Mundial.

Si del lado del bloque democrático que componían los socialistas y liberales sociales se había revitalizado el ejército como actor dirimente, del lado de las organizaciones sindicales se configuraba un movimiento popular en el que se tejían puentes interregionales e interétnicos en el ámbito campesino y laboral. Aunque a ello contribuyeron círculos socialista de la sierra cercanos a los sindicatos, el proceso fue acompañado fundamentalmente por el Partido Comunista.

A pocos años de la fractura entre socialistas y comunistas, la capacidad de acción coordinada de los sindicatos había alcanzado un nuevo nivel. Más allá del crecimiento numérico de la organización sindical, las organizaciones populares iban en proceso de articulación horizontal. Las huelgas de la industria textil de la sierra de 1934 habían estado acompañadas por la movilización de sindicatos campesinos y comunidades indígenas politizadas contra la hacienda. La falta de resolución de conflictos que marcó los años de 1931 a 1934 llevó a la radicalización de los cabecillas y la búsqueda de una alternativa de empoderamiento en alianza con el Partido Comunista que promulgaba la articulación de organizaciones nacionales. Así, una comunidad indígena como un sindicato podía asumir varias identidades en el marco de varias tácticas complementarias de articulación política. Se representaba así mismo como comunidad, como sindicato, como miembro del partido, como partícipe de la confederación, entre otros discursos que se sumaban al de su reconocida ancestralidad.[12]

El PC promovió la constitución de una voz pública campesina tanto en acciones colectivas como en el espacio de la prensa (Coronel, 2012). Los círculos comunistas constituyeron un espacio de mutuo aprendizaje de procesos de identificación política entre trabajadores rurales de la costa y sus pares indígenas de la sierra. La migración interregional los había juntado antes pero el PC había logrado formular nociones de identidad colectiva a los que confluían los distintos núcleos en su diversidad. El concepto clase y pueblo, por ejemplo, no tenía connotaciones homogeneizantes sino que denotaba la confluencia en colectivos mayores.

El periódico *Lucha Popular* fue un espacio de noticias y comentario sobre los conflictos locales, con participación a través de cartas y pronunciamientos. La intención era que fuese un órgano de expresión popular de base campesina, en el que pudieran asistir integrantes de partidos, pero no un órgano del partido que instruyera al pueblo a la vieja usanza liberal y conservadora. Se diferenciaba de *Bandera Roja* (periódico de doctrina y educación muy apegada a los lineamientos de la Internacional Comunista) pues "si dentro de la organización se encuentran comunistas es porque es el frente único de todos los trabajadores pertenezcan o no a cualquier partido político".[13]

El método de "Comités de lucha popular" se replicaba en Quito, Riobamba, Ambato, Cuenca, Guayaquil, Esmeraldas "por el mejoramiento de las condiciones de vida de los trabajadores y contra el gobierno de hambre y de terror de Martínez Mera".[14] La alternativa de la asamblea campesina era ejercer una presión organizada hasta ser reconocidos como interlocutores de todas las instancias del poder político, el consejo, la gobernación, el estado central "a base de una poderosa organización de las masas populares en lucha decidida por las reivindicaciones".[15] Apuntaban a constituirse en una alternativa política en el poder seccional alternativa al poder oligárquico y también a los círculos velasquistas que estimulaban prácticas clientelares.[16] Formaron el "Frente Único en la Lucha Electoral" en el cual convocaban a los trabajadores "de todos los partidos" a unirse contra el consejo de los gamonales.[17]

En la campaña presidencial de 1933, la Central Sindical Campesina de Milagro postuló a Ricardo Paredes como candidato a la presidencia de la república. Paredes no era un líder político en la costa, era un dirigente de clase media profesional que se había convertido en promotor de un proceso de radicalización del campesinado indígena en la sierra. Para muestra del afán de constituir una plataforma nacional, el núcleo comunista del Guayas levantaba la candidatura de un dirigente serrano.

La revitalización del ejército como actor político actuó paradójicamente a favor de la sobrevivencia de la legislación social, mientras quitaba respaldo del bloque democrático a las alternativas políticas construidas por la organización popular. En los treinta fue amplio el protagonismo de Alberto Enríquez Gallo quien igual que otros militares, se declaró demócrata y constitucionalista, partidario del pueblo, mientras asumía la jefatura militar con el objetivo declarado de consolidar los actores civiles de la vida política. Para ello, usó la fuerza militar contra el ascenso del liberalismo oligárquico y del moderno conservadurismo. Más adelante, promovió la constitución de un sistema democrático con un diseño de Asamblea en el que tenían representación equitativa los partidos.

Al tiempo que los militares fortalecían la posición democrática social en la contienda partidista y empujaban cada vez más una legislación social construida por esta izquierda, monopolizaron por muchos años el espacio necesario para la emergencia de un liderazgo civil de la tendencia de izquierda. Con ello, el reclamo de un retorno a la democracia civil fue abanderado más bien por portavoces del civilismo conservador, y los candidatos electorales de la izquierda socialista o comunista tuvieron poca credibilidad demostrada en las urnas.

Es así que las instituciones democráticas instaladas por la tendencia en cuestión sentaron condiciones para el ascenso de líderes de signo contrario. Velasco Ibarra, entre estos, ocupó una silla en la asamblea nacional instalada por los mismos militares, y desde allí configuró el perfil de líder civil con el cual triunfó en las elecciones de 1934 por sobre la izquierda. Para recuperar el terreno perdido ante la reforma socialista y para contener a las clases populares imbuidas del discurso de derechos, Velasco intentó hacer una reforma sustantiva a la constitución de 1929 y resquebrajar la institución asamblearia, tan cara para liberales y socialistas.

Enríquez Gallo y la vanguardia socialista del ejército quitaron respaldo al presidente electo por atentar contra la constitución. Las aspiraciones dictatoriales de Velasco se frustraron provocando su renuncia. Su conocida frase, "me precipité sobre las bayonetas" hace referencia a la frustrada propuesta que hiciera al general Enríquez para que apoye su propuesta de un país gobernable. Los comunistas y socialistas habían logrado un reencuentro ante la posibilidad de elecciones. Hasta habían pensado en el triunfo de un candidato de origen militar: el coronel Luis Larrea Alba (esta vez dependiente de las organizaciones partidistas y organizaciones populares); sin embargo, esta alternativa tampoco fue respaldada por el ejército.

La dirigencia militar nominó a Federico Páez como dictador civil en 1936 por encima de las aspiraciones electorales de los partidos de izquierda. Esta preferencia fue probablemente resultado de un acuerdo entre el Partido

Liberal y la plana mayor del ejército para mantener las riendas contra la amenaza de retorno del conservadurismo y de una desconfianza en el PC.

El gobierno de Páez fue uno de los más complejos para la tendencia democrática. Poco tiempo después de instalado, prescindió de los acuerdos interpartidistas que le daban un espacio importante al socialismo. Con la instalación de la dictadura civil de Páez se había impedido el potencial ascenso de una dirigencia política de izquierda al ejecutivo y se había debilitado a la izquierda al punto que la asamblea y la dirigencia socialista fue perseguida por el nuevo régimen. Bajo una bandera anticomunista persiguió a los asambleístas y soterró el trabajo de los socialistas en el MPST.

Estudiado en Francia y EEUU, Páez intentó motivar a la élite empresarial para liderar un proyecto de seguridad social alternativo al de la izquierda. Después de despedir al conjunto de funcionarios del MPST y de sustituir todos los abogados y sociólogos por ingenieros agrícolas y civiles, se propuso una serie de cambios en el esquema de actores reconocidos por el estado.[18] En primer lugar, creó una cámara de agricultura e industria que sustituiría la vieja asociación nacional de agricultores del período oligárquico. Propuso entregar a estas corporaciones la representación, ante el MPST, de las ramas económicas de su actividad y de todo el recurso humano de cada rama. Los patronos serían los encargados de exigir seguridad para los trabajadores y contribuirían en este empeño. La ley de seguridad social establecía que los sindicatos debían inscribirse en estas cámaras y, solamente previo acuerdo entre las distintas clases y representantes que componen su actividad, buscar intervención del Estado. La política de reparación que inspiraba el reconocimiento de las organizaciones y de sus derechos se desplazaba por un creciente énfasis en el "asistencialismo" a través de la Caja del seguro social.

El gobierno de Páez favoreció la modernización empresarial en el agro y la industria, con lo cual solo una parte de la militancia conservadora se opuso a su gobierno, además contó con el General Enríquez Gallo como ministro de defensa y, con ello, logró una estabilidad extraordinaria. El ministro de defensa, otrora cabeza militar de la tendencia liberal-socialista, se concentró en ese ciclo en la modernización de la institución militar, confiando en que respaldaba un régimen de afines.

Se había resquebrajado el pacto que empujaba al socialismo a compartir el escenario estatal con el liberalismo social, se encontraba proscrita la organización comunista, y el ejército estaba desmovilizado. Se sintió claramente la amenaza de un régimen de modernización autoritario. Se gestaron procesos de insurrección al interior del ejército, pero estos fueron rápidamen-

te descalificados como incursiones del comunismo levantados por el desenga-
ñado militar de izquierda Luis Larrea Alba.[19]

Para el historiador socialista Rodas Chávez, el reencuentro se había
hecho posible cuando luego de la segunda conferencia de Partidos Comunistas de Latino-América, realizada en octubre de 1934, la consigna de la construcción de un Gobierno de los soviets fue abandonada y los comunistas asumieron la táctica de los frentes populares. Sin embargo, más que un resultado
de ese giro global, el reencuentro entre comunistas y socialistas fue motivado
por el resquebrajamiento de la coalición política que había brindado un espacio significativo al socialismo en la reforma del estado. Es así que un sector
del socialismo se acercó a las dinámicas organizativas que experimentaba el
movimiento popular.

El biógrafo Héctor Coral Patiño narra que el 9 de octubre de 1936
el general Enríquez recibió la visita de varios dirigentes socialistas, antiguos
aliados del liberalismo social en la asamblea, que le hicieron ver que ya no
estaba jugando a favor de su tendencia. Le mencionaron la represión y el favor
(oneroso para el país) que el régimen de Páez hacía a las compañías extrajeras.
Ante ello, Enríquez habría renunciado y luego ascendido a jefe supremo en
representación de la que aun creía "la única fuerza organizada del país", el
ejército, y se comprometió a convocar una constituyente una vez realizara una
serie cambios en el territorio y fortaleciera a los partidos organizados (Coral,
1988: 188).

Dentro de una ambigüedad clásica que determinó el protagonismo
militar dentro de la tendencia, mostró desconfianza al proceso desatado por
la organización comunista, particularmente a su dirigencia, pero al tiempo
favoreció la regulación del capital en nombre de que la explotación minera y
petrolera debía ser regulada en beneficio de los intereses nacionales. Enarboló
un discurso de soberanía y describió sus decisiones en el mandato dictado
por el pueblo ecuatoriano a que sus derechos laborales fueran garantizados
por el estado. Las compañías extranjeras, exigidas a pagar multas y suscribir
nuevos contratos que estipulaban impuestos sin precedentes, buscaron apoyo
en sus gobiernos, particularmente el norteamericano pero ni la intervención
de sus embajadores logró doblegar la posición nacionalista del general que
asociaron a la influencia internacional de Lázaro Cárdenas (Coronel, 2013,
pp. 171-183).

El discurso nacionalista de Enríquez Gallo portaba consigo un fuerte
escepticismo frente a lo que llamaba la madurez de las organizaciones políticas partidistas y del movimiento popular para sostener la democracia. El
general desplazó del discurso radical el énfasis en el tema de la ciudadanía, la

nacionalidad, los derechos, la reparación de la ciudadanía del pueblo (bandera del liberalismo social y el socialismo) para instalar el paradigma de una industrialización por sustitución de importaciones como fundamento de la democracia en el país. En esta línea reorganizó las finanzas públicas logrando en base al disciplinamiento tributario un incremento del tesoro fiscal de 8 millones de sucres a 120 millones, a lo cual se sumó la instalación de un sistema crediticio nacional y regional favorable a la industria y al comercio interno, e inclusive el uso de las instalaciones del histórico MPST para la exhibición de la industria nacional.

Comprometido con entregar el poder al cabo de la reorganización nacional en manos de una asamblea nacional constituyente en agosto de 1938, el programa ISI perdió vigor. Sin embargo, pasaron las últimas reformas sociales forjadas por el trabajo silencioso de los abogados socialistas. El Código del Trabajo fue redactado por Miguel Ángel Zambrano en base a la experiencia de demandas, juicios, a la observación de la compleja organización social y del trabajo rural, indígena, doméstico e industrial, fue complementado con los desarrollos jurídicos de la España prefranquista y del código mexicano sobre contratos colectivos y aprobado en la asamblea nacional de 1938.

En el Código del Trabajo fueron recogidas una serie de regulaciones laborales que se fueron formalizando desde 1925, cada una de ellas resultado de decisiones tomadas en el marco de conflictos y demandas en torno al trabajo precario y a los derechos sobre la tierra. En el año 1938, el Código del Trabajo recogía estas regulaciones en un cuerpo unitario. En el campo, las Subinspectorías del Trabajo Agrícola pasaron a desempeñar funciones de mediación y regulación de los conflictos laborales. Se crearon Comisiones de Salario mínimo, encargadas de fijar salarios para los trabajadores del campo y la ciudad y el código hablaba de un camino hacia la reforma agraria.[20]

En la asamblea el Código pudo haber sido rechazado, tal como ocurrió con la ley de inquilinato, pero la defendieron enérgicamente dos figuras: del socialismo, Arturo Pozo y un alto dirigente del partido liberal, el Dr. Humberto Albornoz (Zambrano, 1962). Descartarlo hubiera sido una provocación. El código del trabajo y el régimen jurídico de las comunidades indígenas y campesinas era una legislación altamente valorada por una amplia red de organizaciones campesinas y obreras politizadas.

Con la promulgación del Código, el sindicalismo se volvió obligatorio, la patronal debía formalizar contratos y reconocer derechos a los trabajadores y el estado daba registro y reconocimiento de sujetos de demandas. Los ingenieros y expertos agrícolas que había puesto Páez en el MPST habían sido desplazados por el retorno de los socialistas. En este marco se produjo un acelerado y numeroso proceso de atención a demandas en el que participaron los socialistas Gonzalo Pozo, Gonzalo Oleas, Luis Felipe Chávez y Néstor Mogollón, entre otros. Estos dieron paso a un masivo proceso de reconocimiento de comunidades, cooperativas y sindicatos que atravesaban un amplio espectro social, popular, regional, étnico e incluso identificaban a la clase media como miembro de sindicatos de maestros, periodistas, artistas y empleados públicos, entre otros.

Entre otros datos del impacto de la promulgación de estas leyes, las estadísticas nacionales describen que entre 1938 y 1943 se incluyeron, bajo la categoría de entidad jurídica territorial "Comuna indígena", 1212 comunas que integraban a 602 473 personas suscritas bajo su régimen. Esta era sólo una de las categorías de ciudadanía corporativa desarrolladas en el proceso.[21] Entre estas organizaciones reconocidas por el estado, y además ligadas a organizaciones partidistas, tuvo lugar un proceso redistributivo considerable (Coronel, 2009).

El proceso ecuatoriano generó el disgusto de las potencias internacionales al punto que en la liga de las naciones el país perdió el apoyo del gobierno norteamericano para lograr un arbitraje internacional en sus conflictos fronterizos con el Perú. Aunque Enríquez Gallo se había empeñado en modernizar las FF.AA., los gobiernos ulteriores soslayaron este proyecto y particularmente, el gobierno de Arroyo del Rio desarmó al ejército para dar paso al instrumento de respaldo de su régimen: los carabineros. En 1941, el país fue testigo de cómo el avance militar del Perú sobre el territorio ecuatoriano avanzó sin tropiezos lo cual contribuyó dramáticamente a su ilegitimidad y posterior derrocamiento por el movimiento de la llamada Revolución Gloriosa (1944).

*La bisagra de la revolución, la contrarrevolución y el inicio de la Guerra Fría.*

Como antecedentes de ese momento de expresión política de la organización popular, en el año 1943 se había reunido el Congreso de trabajadores del Ecuador donde acudieron "montubios, negros e indios" integrados en las organizaciones regionales con el propósito de conformar una central nacional única. El gobierno de Arroyo los recibió con una violenta represión (Aguirre, 1983, p. 135). Según el relato de Lombardo Toledano y Guillermo Rodríguez, presidente y vicepresidente de la CTAL presentes en Quito en ese año, la reacción de Arroyo contra el Congreso contrastaba con el auspicio que recibía ese tipo de iniciativas en otros gobiernos de América Latina (Lombardo Toledano, 1983, pp. 17-41; Rodríguez, 1983, pp. 17-41).

En contraste con el discurso socialista en torno al ideal de una "ciudadanía corporativa" (Paredes, 1943), los dirigentes sindicales Primitivo Barreto o Miguel *Ángel Guzmán*, veían una disputa por la constitución de una "línea política de clase" un bloque de trabajadores también descrito como un "poderoso bloque ciudadano" que aspiraba a participar por voz propia, de la dirección política nacional (Barreto, 1983, pp. 171-197; Guzmán, 1983, p. 152). En la coyuntura más rápida entre 1943 y 1946, los procesos de autonomía de la organización de trabajadores dentro de una "línea política de clase" estuvieron en el centro.

Efectivamente la represión del congreso obrero fue uno de los desencadenantes de la crisis final del régimen Arroyista. La primera acción directa de conjunto coordinada entre las direcciones regionales de Guayas y Quito, se dirigió a deponer el régimen mediante acciones en todas las provincias del país, principalmente en la capital y el Guayaquil. La Comisión política de la asociación democrática ecuatoriana ADE constituida para coordinar el levantamiento sugirió a los trabajadores que iniciaran el movimiento para ser secundados por el Ejército. Según el dirigente sindical Miguel Ángel Guzmán los trabajadores de Quito se negaron a estas instrucciones y exploraron sus propias alternativas, contemplaron que carentes de instrucciones de un Comité Nacional debían seguir actuando en sus lugares particulares. Constituyeron en Quito un Comité de Huelga compuesto por estudiantes universitarios y dirigentes trabajadores, que asumió el control de forma provisional hasta que la Federación de Trabajadores del Guayas, a quienes Guzmán declara haber reconocido como la genuina dirección política de la clase trabajadora, les envió órdenes y táctica a seguir.

La organización dirigida por Pedro Saad había hecho saber a las organizaciones de Quito que en Guayaquil se proclamaría la insurrección la noche del 28 de mayo y coincidía en la tesis del ADE de que en Quito la vanguardia sería del ejército. Siguiendo estas instrucciones, según relata Miguel A. Guzmán, el comité de huelga espero solo para constatar que el Ejército ya no seguía el guión esperado por el bloque democrático (Guzmán, 1983, pp. 143-161). En ese escenario los trabajadores dieron un paso significativo para la consolidación de su propia actoría sustituyendo a la vanguardia militar por sus propias instancias de dirección política. Inspirados en la revolución que había levantado la organización de trabajadores en Guayaquil y, sin esperanza de ser secundados por los tradicionales actores del bloque democrático, el Comité de Huelga "se aventuró a la hecatombe y decretó el paro general el día 29" logrando dar dirección eficiente a manifestaciones callejeras que conformaban Comités Electorales (Guzmán, 1983, pp. 143-161).

Luego de ello, los trabajadores dirigieron al candidato a la presidencia por el ADE, el mismo Velasco Ibarra, un documento en el que se le exigía una serie de compromisos que ayudarían al objetivo de la organización de trabajadores de irrumpir como actor político dominante en la revolución nacional. Debía apoyar el Congreso Nacional de Trabajadores y la formación de la Central CTE, proteger el Código del Trabajo y se le advertía que "cuando la CTE lo creyere conveniente" se ampliaría esta legislación. Se sumaron visiones de la participación obrera como cogobierno del sistema de bienestar social y de la planificación económica. Se le exigía dar reconocimiento y representación al movimiento campesino e indígena del Ecuador en términos similares.[22]

El orden de la gran manifestación popular con la cual se había inaugurado la CTE del día 4 de julio de 1944 deja ver como el proceso organizativo y la dirección política de los trabajadores se había superpuesto sobre un amplio número de sindicatos, había predominado sobre el sector artesanal, y al tiempo había dado forma y cabida a sectores medios subordinándolos a su dirección. En la CTE la clase media no constituía la vanguardia política, sino más bien era un actor que se acogía a la plataforma impulsada por los trabajadores. Así, en orden jerárquico habían entrado a la nueva organización el Comité Nacional de los trabajadores y el Consejo Regional de la Sierra, también entre las agregaciones mayores se contaba la Unión sindical de Pichincha y la SAIP que, para el momento, era una plataforma de agregación artesanal, proletaria y campesina asesorada por el Partido Socialista.

Eran parte integrante de esta organización una serie de sindicatos de empresas públicas, sindicatos de obreros de la industria textil, sindicatos y sociedades del sector artesanal, un comité indígena y una serie de delegaciones de organizaciones indígenas regionales. Bajo la dirigencia política y al lado de las organizaciones de clase, se habían integrado una serie de actores que se pueden reconocer por sus profesiones como elementos de la clase media, entre estos los empleados de la Caja de Pensiones, la Unión Nacional de Periodistas, la Federación de Estudiantes Universitarios, el Sindicato de Escritores y Artistas, el Sindicato de Empleados de la Caja del Seguro, entre otros.

Manuel Agustín Aguirre, senador funcional por los trabajadores, fue nombrado primer vicepresidente de la Asamblea Constituyente de 1944, miembro de la comisión legislativa permanente y presidente del congreso extraordinario de 1945 (Granda, 2008; Rodas Chaves, 2006). El criterio de las organizaciones de trabajadores se impuso en estas posiciones como resultado del cálculo que hiciera Velasco, recientemente ascendido, del poder que había acumulado el movimiento de los trabajadores dentro de la revolución.

La constitución de 1945 ratificaba la categoría trabajo como ejercicio a favor de la sociedad, lo que le hacía al trabajador sujeto de derechos especiales. Asimismo la constitución ratificaba la noción de que la tierra estaba reglamentada por los intereses de la colectividad, una razón superior a la de la propiedad. El bien común estaba por encima de cualquier otra fuente de status y la utilización de la riqueza del país estaba subordinada a los intereses de la colectividad. Esto afirmaba la potestad del estado para exigirle obligaciones sociales a la propiedad y reconvertir su función. Cuando lo exigieren los intereses económicos del país, se podría nacionalizar, previa expropiación, los bienes de empresas privadas que prestaran servicios públicos, así como reglamentar su administración.

La carta llevó a un nuevo nivel los mecanismos de la democracia funcional. Se veían las organizaciones de clase como poderosos sujetos colectivos dirimentes. Así, se confirmaban 25 representantes funcionales en la asamblea acompañando a los partidos, 10 del sector de la educación y la cultura, 7 del empresarial, 7 de las clases trabajadoras e indios, más 1 del ejército. Se trataba de consolidar un ámbito democrático popular y de darle garantías. Así se fundó la comisión legislativa permanente, el Tribunal de Garantías Constitucionales y una serie de Consejos que debían estar regentados por el sistema de representación funcional, al tiempo que se instalaba formas asamblearias con representación funcional en los gobiernos seccionales.

La contrarrevolución velasquista de 1946 apuntó precisamente contra el conjunto de derechos sociales que se habían formado por la izquierda en el largo ciclo, y contra la estructura de gobierno que exigía la participación de incómodos representantes funcionales dentro de los consejos. Velasco dijo que la organización política popular y sus representantes empoderados por la constitución de 1945 atentaban contra la soberanía popular:

> [L]o que predomina es el deseo de que prevalezcan en la práctica jurídica del estado ecuatoriano los intereses de clases, es la preocupación clasista la que quiere hacerse sentir en los consejos provinciales, en el gobierno municipal, en los consejos parroquiales, en el congreso nacional… contrarrestar la soberanía popular con los intereses de asociaciones y grupos es desvirtuar por completo la soberanía popular. (Vega, 2014, p. 121)

Para Velasco el "corporativismo de clase" generaba una "pesadillesca institucionalidad", en la que la permanentemente participación de representantes funcionales, resultaba en una falsa mediación entre el pueblo y su autoridad.

Al contrario de lo que propuso el canon de interpretación de la izquierda de la década del '70 (Cueva, 1970), la reacción Velasquista contra la Constitución indica que la izquierda había desarrollado en el derecho social y en la contienda partidista un peligroso instrumento contra la oligarquía y que éste ya estaba en manos de las organizaciones de clase. En frases como "Trabajadores del Ecuador acercaos a mí sin intermediarios", se apuntaba a la destrucción de la representación funcional, que había devenido en plataforma para el ascenso de dirigentes orgánicos del movimiento popular (Vega, 2014, p. 122).

En un marco global cambiante de inicios de la guerra fría, Velasco logró dar un golpe a la asamblea democrática mediante un pacto con una facción del ejército que ascendía en base a una nueva red clientelar forjada por el coronel Carlos Mancheno, figura clave de la interlocución entre el ejército ecuatoriano y las agencias de inteligencia norteamericana de la postguerra.[23] Se encargó en primera instancia de destituir a la plana mayor del ejército, degradando entre estos al general Enríquez Gallo entre otros altos mandos identificados con el liberalismo social y el socialismo. La constitución de 1946 desechaba las instancias jurídicas y políticas que reconocían el poder de las organizaciones populares. Al cabo de un año, Velasco fue destituido por el mismo coronel Mancheno. Entre 1945 y 1946, el Ecuador fue escenario de ciclo más radical de la izquierda histórica de un golpe de estado que conjugaba en la figura de Velasco las fisuras de la democracia de entreguerras, de la formación de una derecha dispuesta a intervenir en la política de masas, y la presencia de factores que intervinieron para modificar los ejércitos aliados desde inicios de la guerra fría (Grandin y Gilbert, 2010).

El detalle histórico, hasta cierto punto abigarrado que hemos ofrecido a lo largo de este trabajo, ha intentado mostrar los vínculos históricos entre tradiciones políticas democráticas y tradiciones políticas de izquierda. Así observamos los vínculos cercanos que existieron entre el republicanismo radical, tan arraigado en las identidades políticas populares y en un sector de la pequeña burguesía en el Ecuador que conjuntamente definieron un bando partidista y espectro social que pudo articular actores corporativos diversos como el ejército y los sindicatos a movilizaciones conjuntas. Esta identidad, lejos de ser subrepticiamente conservadora, dio paso a una hegemonía nacional popular que primó por sobre la oligárquica. Ésta se caracterizó por la expansión de la ciudadanía de clase y étnica, promovió la formación de identidades colectivas de tipo nacional. Asimismo generó procesos redistributivos y ligó nuevos sujetos de derecho políticos a sujetos del derecho social. Como observamos, la dinámica entre organización, conflicto y construcción estatal dio paso a un liderazgo de la izquierda y de la dirigencia popular hacia un horizonte de universalización de la ciudadanía pero con bases organizadas. El trabajo muestra ciclos diferenciados por el tipo de relación entre los partidos de izquierda, sus vanguardias y las clases populares. Hemos observado momentos de primacía del movimiento socialista burocrático, otros de preponderancia del movimiento indígena, campesino y las vanguardias socialistas y comunistas en diálogo, y hemos percibido el ascenso de un liderazgo obrero en la década del '40 que hegemonizó sobre los recursos organizativos de la izquierda campesinista y étnica de los '30. En conjunto, hemos propuesto que reformas sustantivas del estado fueron inspiradas en la capacidad que tuvo el bloque democrático y, dentro de éste, las izquierdas y organizaciones populares, de instalar su hegemonía, recoger demandas y expandir los derechos políticos en un sentido antioligárquico y anticolonial. En este sentido, el uso de la ley por parte del pueblo lejos de ser un signo de conservadurismo, fue un signo de fortaleza y de su capacidad de forjar el estado nacional sobre procesos de hegemonía y no de imposición instrumental de la racionalidad oligopólica del capital. El estado fue contradictorio pero no simplemente oligárquico, incluso fue un estado nacional popular en estas décadas sustantivas de la revolución de mediados del siglo XX. Con estos antecedentes, concluimos que los años de 1944-1946 fueron años de una violenta transición en los que se libró una batalla entre revolución y contrarrevolución en la bisagra entre dos eras. La revolución democrática liderada por la izquierda en el Ecuador existió contra todo pesimismo, pero paradójicamente tuvo su momento mas alto en el año mismo que separaba la era de la democracia revolucionaria de la era de la democracia post-política.

*Notas*

1  *Bandera Roja*, Semanario Socialista. Año 1, 5 de junio de 1920.

2  *Circular del Arzobispo de Quito al clero secular y regular y los fieles católicos de la Arquidiócesis*, Quito: Imprenta del Clero, 1922.

3  Los estudios sobre la crisis del paternalismo en la zona rural han planteado mayoritariamente que se dieron donde un nuevo sector de arrendatarios habría subvertido los límites de la explotación regulada por la costumbre (Clark, 2003, pp. 117-130; Prieto, 1980). En la costa, John Uggen lo ligó a la crisis de la gran propiedad cacaotera y la reconstitución de la pequeña y mediana propiedades (Uggen, 1993; citado en Maiguascha, 1991, p. 96). La diversificación industrial habría producido un proletariado desvinculado del paternalismo en la sierra (Ibarra, 1984; Bustos, 1991, p. 99)

4   Pedro Pablo Egüez Baquerizo, *Informe que presenta a la Nación, el Sr. Dr. Pedro Pablo Egüez Baquerizo, Ministro de Previsión Social y Trabajo*, Quito: Imprenta Nacional, 1928.

5   O N° 467, 20 de octubre de 1927. Decreto supremo del 13 de octubre de 1927.

6   Pedro Pablo Egüez Baquerizo, *Op. Cit*, p. 101.

7   *La Vanguardia* (1927), 1(3), 5-7.

8   Ibid., "Solicitud del 16 de abril de 1926, firmada por el Dr. Manuel Costales".

9   Pedro PabloEgüez Baquerizo, *Op. Cit.*, pp. 99-100; Oscar Efrén Reyes, *Los últimos siete años*, Ecuador: Ediciones del Banco Central del Ecuador, 1ed. 1933 [1997], p. 87.

10  "Instrucción firmada por Jesus Gualavisi", *La Vanguardia* (1929, 20 de agosto), Año II, 24, 4.

11  AIFP, fondo MPST, caja 218, Informe de Francisco Murillo Maldonado, del 27 de agosto de 1929.

12  "Hacienda Bartolo Toacazo" AIFP, fondo MPST, caja 280.

13  *Lucha Popular*. Director Segundo Ramos. Segunda quincena de febrero de 1934, N° 1, p. 1

14  Ibídem, p. 1.

15  Ibídem., 20 de enero de 1934

16  Ibídem., 22 de septiembre de 1934, N° 12, p. 4

17  Ibídem., 27 de octubre de 1934, N° 16, p. 1

18  *Boletín del Ministerio de Prevision Social, Trabajo, Agricultura e Industrias*. Año 1 número 1 1937.

19  *AHMRECI*, C. 27.5, "Movimiento comunista en el Ecuador", México, 5 de diciembre de 1936, pp. 593-597.

20  Mediante decreto supremo N° 210, del 5 de agosto de 1938; RO N° 78-81, del 14-17 de noviembre de 1938.

21  Dirección Nacional de Estadística, *Ecuador en Cifras 1938-1942*. Quito: Imprenta del Ministerio de Hacienda 1944.

22  Unión Democrática de Trabajadores. "Aspiraciones que la clase trabajadora del país presenta en consideración del Dr. José María Velasco. Marzo de 1944." (Citado en León, Ibarra e Icaza, 1983, p. 100).

23  Con distintas estrategias, el caso de genocidio en Guatemala estudiado por Gregory Grandin, así como el velasquismo y el gobierno de Galo Plaza, se apoyaron en dispositivos internacionales para contrarrestar las democracias de raigambre comunista del "hemisferio occidental" (Grandin y Gilbert, 2010).

## Referencias

Aguirre, Manuel Agustín. (1983). El congreso de los trabajadores. En Jorge León, Hernán Ibarra y Patricio Icazaio (Comps.), *Formación y pensamiento de la CTE* (pp. 135-143). Quito: CEDIME.

Aguirre, Manuel Agustín. (1984), Breves memorias sobre la Revolución del 28 de mayo de 1944. En Varios autores, *El 28 de mayo de 1944, Testimonio* (pp. 213-235). Guayaquil: Imprenta de la Universidad de Guayaquil.

Barreto, Primitivo. (1983). Apuntes históricos del movimiento obrero y campesino del Ecuador. En Jorge León, Hernán Ibarra y Patricio Icazaio (Comps.), *Formación y pensamiento de la CTE*, (pp. 171-197). Quito: CEDIME.

Becker, Marc. (2008*). Indians and Leftists in the Making of Ecuador's Modern Indigenous Movements.* Durham, NC: Duke University Press.

Capelo, Alejo. (1983). *El crimen del 15 de noviembre.* Guayaquil: Universidad de Guayaquil.

Chiriboga, Manuel y Clark, Kim. (2003). La formación del Estado Ecuatoriano en el campo y la ciudad (1895-1925). *Procesos*, 19, 117-130.

Coronel, Valeria. (2009). Orígenes de una democracia corporativa: estrategias para la ciudadanización del campesinado indígena, partidos políticos y reforma territorial en Ecuador (1925-1944). En Eduardo Kingman (Ed.), *Espacios y flujos Historia social urbana* (pp. 323-365). Quito: FLACSO.

Coronel, Valeria. (2011), *A Revolution in Stages: Subaltern Politics, Nation-StateFormation, and the Origins of Social Rights in Ecuador, 1834-1950* (Tesis de doctorado) New York University.

Coronel, Valeria. (2012). La fragua de la voz: cartas sobre revolución, subjetividad y cultura nacional-popular. En *Vienen ganas de cambiar el tiempo: epistolario entre Nela Martínez Espinosa y Joaquín Gallegos Lara. 1930 a 1938*, 381-501. Quito: Instituto Metropolitano de Patrimonio.

Coronel, Valeria. (2013). Justicia laboral y formación del Estado como contraparte ante el Capital transnacional en Ecuador (1927-1938). *Revista Illes i Imperis (monográfico) Justicia, violencia y construcción estatal*, 15, 171-183.

Cueva, Agustín. (1990). El Ecuador de 1925 a 1960. En Enrique Ayala Mora (Ed.), *Nueva Historia del Ecuador, Volumen 10: Época republicana III:*

*El Ecuador entre los años veinte y los sesenta*, 92-110. Quito: Corporación Editora Nacional.

Cueva, Agustín. (2008). El velasquismo: ensayo de interpretación (1972). En Alejandro Moreano (Ed.), *Entre la ira y la esperanza y otros ensayos de crítica latinoamericana. Fundamentos conceptuales Agustín Cueva*, 92-110. Bogotá: Siglo del Hombre / CLACSO.

Cueva, Agustín. (2012). *Ensayos Sociológicos y Políticos*. Quito: Ministerio de Coordinación de la Política.

Doñoso Armas, Manuel. (1982). *El 15 de noviembre de 1922 y la fundación del socialismo relatados por sus protagonistas*. Quito: Corporación Editora Nacional.

De la Torre Espinosa, Carlos. (1993). *La seducción velasquista*. Quito: Libri-Mundi.

Durán, Cecilia. (2000). *Irrupción del sector burócrata en el estado ecuatoriano 1925-1944: perspectiva a partir del análisis de la vida cotidiana de Quito*. Quito: AbyaYala.

Goetschel, Ana María. (2008). *Educación de las mujeres, maestras y esferas públicas. Quito en la primera mitad del siglo XX*. Quito: FLACSO.

Gramsci, Antonio. (1971). *Selections from the Prision Notebooks*. New York: International Plublishers.

Granda, Víctor. (2008). *Manuel Agustín Aguirre y el socialismo hoy*. Quito: Ediciones La Tierra.

Grandin, Greg y Gilbert, Joseph. (Eds.). (2010), *A Century of Revolution. Insurgent and Contra Insurgent Violence during Latin America's Long Cold War*. Durham, NC: Duke University Press.

Guerrero, Andrés. (1975). *La hacienda precapitalista y la clase terrateniente en América Latina y su inserción en el modo de producción capitalista: el caso ecuatoriano*. Quito: Escuela de Sociología de la Universidad Central del Ecuador.

Guzmán, Miguel Ángel. (1983). Informe al Comité Nacional de Trabajadores. Abril de 1944. En Jorge León, Hernán Ibarra y Patricio Icazaio (Comps.), *Formación y pensamiento de la CTE* (pp. 91-99). Quito: CEDIME.

Ibarra, Hernán. (1984). *La formación del movimiento popular 1925 – 1936*. Quito: CEDIS.

Ibarra, Hernán. (2006). Entre la oposición y la colaboración: El Partido Socialista Ecuatoriano durante el gobierno de Galo Plaza (1948-1952). *Ecuador Debate, 67*, 37-60.

Gilbert, Joseph, y Nugent, Daniel. (Eds.) (1995), *Every Day Forms of State Formation: Revolution and the Negotiation of Rule in Modern Mexico.* Durham and London: Duke University Press.

Gilbert, Joseph; Le Grand, Catherine, y Salvatore, Ricardo. (Eds.). (1998). *Close Encounters of Empire: Writing the Cultural History of U.S.-Latin American Relations.* Durham, NC: Duke University Press.

Páez Cordero, Alexei. (2001). *Los orígenes de la izquierda ecuatoriana.* Quito: Abya-Yala.

Knight, Alan. (2013). *La revolución cósmica. Utopías, regiones y resultados – México 1910-1940.* México, D.F.: Fondo de Cultura Económica.

León, Jorge; Ibarra Hernán, e Icaza, Patricio. (Comps.) (1983), *Formación y pensamiento de la CTE.* Quito: CEDIME.

Lombardo, Vicente. (1983). Informe de mi recorrido por América Latina. Octubre de 1942. En Jorge León, Hernán Ibarra y Patricio Icaza (Comps.), *Formación y pensamiento de la CTE* (pp. 17-41). Quito: CEDIME.

Maiguashca, Juan y North, Lisa. (1991). Orígenes y significado del velasquismo: Lucha de clases y participación política en el Ecuador, 1920-1972. En Rafael Quintero (Ed.), *La cuestión regional y el poder* (pp. 89-161). Quito: Corporación Editora Nacional / FLACSO / CERLAC.

Mariátegui, José Carlos. (1928). *7 ensayos de interpretación de la realidad peruana.* Lima: Empresa Editora Amauta S.A.

Marini, Ruy Mauro. (2012). *El maestro en* Rojo y negro. Quito: Editorial IAEN.

Mouffe, Chantal. (2007). *En torno a lo político.* Buenos Aires: Fondo de Cultura Económica.

Moreano, Alejandro. (Ed.) (2007). *Agustín Cueva. Pensamiento fundamental.* Quito: Campaña Eugenio Espejo por el Libro y la Cultura.

Muñoz Vicuña, Elías. (1983). *El 15 de noviembre de 1922. Una jornada sangrienta.* Guayaquil: Litografía e Imprenta de la Universidad de Guayaquil.

Paredes, Ángel Modesto. (1943). Los nuevos signos de la cultura en el mundo de la post-guerra. Destino de Indo América. *Revista Forense y Federación Interamericana de Abogados*, s.p.

Reyes, Oscar Efrén. (1933). *Los últimos siete años.* Quito: Talleres gráficos.

Rodas Chávez, Germán. (2006). *Partido socialista Casa Adentro.* Quito: Ediciones La Tierra.

Rodríguez, Guillermo. (1983). Informe sobre el Congreso de la unificación de los trabajadores Ecuatorianos. Marzo de 1943. En Jorge León, Hernán IbarraPatricio Icaza (Comps.), *Formación y pensamiento de la CTE* (pp. 41-91). Quito: CEDIME.

Rodriguez, Linda Alexander. (1985). *The Search for Public Policy: Regional Politics and Government Finances in Ecuador, 1830-1940*. Berkeley, Los Angeles y London: University of California Press.

Rosero Vargas, Max y Carrión, Pablo. (1988). Cronología 1920-1929. En Carlos Marchán Romero (Comp.), *Crisis y cambios en la economía ecuatoriana en los años veinte* (pp. 475-503). Quito: BCE.

Saad, Pedro. (1983). Discurso en el Congreso de la CTE. Julio de 1944. En Jorge León, Hernán Ibarra y Patricio Icaza (Comps.), *Formación y pensamiento de la CTE* (pp. 161-171). Quito: CEDIME.

Unión Democrática de Trabajadores. (1983). Aspiraciones que la clase trabajadora del país presenta en consideración del Dr. José María Velasco. Marzo de 1944. En Jorge León, Hernán Ibarra y Patricio Icaza (Comps.), *Formación y pensamiento de la CTE* (pp. 99-105). Quito: CEDIME.

Vega, Silvia. (2014). *La Gloriosa: de la revolución del 28 de mayo de 1944 a la contrarrevolución velasquista*. Quito: Ediciones La Tierra.

Velasco Abad, Fernando. (1979). *Reforma agraria y movimiento campesino indígena de la Sierra*. Quito: Editorial el Conejo.

Zambrano, Miguel Angel. (1962). Breve historia del código del trabajo ecuatoriano. *Revista del Instituto de derecho del trabajo y de investigaciones sociales de la Universidad Central de Ecuador*, 4.

Zamosc, León. (1990). Luchas campesinas y reforma agraria: un análisis de la sierra ecuatoriana y la costa atlántica colombiana. *Revista Mexicana de Sociología, 52*(2), 135-145.

POR "UN ÚNICO Y POTENTE PUÑO PROLETARIO" PARA AMÉRICA LATINA
(1936-1938): (IN)FLUJOS TRANSNACIONALES

Patricio Herrera González
UNIVERSIDAD DE VALPARAÍSO

Esta investigación examina algunos antecedentes insuficientemente estudiados en la historiografía obrera de América Latina.[1] En enero de 1936, dos reuniones celebradas en Santiago de Chile con presencia de dirigentes obreros de varios países de América, particularmente del Sur, discutieron los principales problemas laborales, socioeconómicos y políticos que afectaban a la clase trabajadora en el continente. El diagnóstico fue uno, la inexistencia de la unidad obrera en la región no colaboraba en frenar los abusos de los "patrones" y era imposible exigir mejores garantías sociales y laborales a los Estados sin una gran estructura sindical continental. Los obreros reunidos en Santiago firmaron un pacto para hacer conciencia entre los trabajadores del continente sobre la necesidad de unirse. En México, Vicente Lombardo Toledano, reconocido dirigente sindical, también realizó un llamado a la unidad obrera continental, colaborando activamente en promover la instalación de un Congreso Obrero Latinoamericano, con el objeto de hacer cumplir el pacto.

Como resultado del pacto hubo un decidido interés de las organizaciones sindicales del continente y algunas agencias internacionales en informarse y colaborar por la inminente unidad obrera, lo cual proporciona antecedentes importantes para comprender las acciones y perspectivas del movimiento obrero latinoamericano, en un periodo que está definido por una crisis del orden internacional, un cuestionamiento al liberalismo y el ascenso de los totalitarismos.

La información analizada en su conjunto exhibe las conexiones de sur a norte que existieron entre varios dirigentes y sus organizaciones sindicales, donde las fronteras territoriales e ideológicas no fueron un impedimento para alcanzar los objetivos propuestos. Un tópico interesante fue el interés de las organizaciones internacionales, como la Oficina Internacional del Trabajo y la Internacional Sindical Roja, por influir en la planificación del Congreso Obrero Latinoamericano, enviando correspondencia, visitas de funcionarios o emisarios, en algunos casos secretos, con órdenes precisas de facilitar acuerdos entre sindicatos y partidos políticos, específicamente entre los afiliados al comunismo. Así mismo estos antecedentes son primordiales para comprender la instalación de la Confederación de Trabajadores de América Latina (CTAL), en septiembre de 1938, aspectos no contemplados por la historiografía obrera.

Identificar las vinculaciones internacionales del movimiento obrero latinoamericano es un aspecto substancial, considerando la apertura de archivos nacionales y extranjeros, privados y públicos, en la última década. El Archivo de la Oficina Internacional del Trabajo (AOIT), en Ginebra; el Archivo Estatal Ruso de la Historia Social y Política (RGASPI), sección México y América Latina, microfilmado y conservado en la biblioteca "Manuel Orozco y Berra" de la Dirección de Estudios Históricos del Instituto Nacional de Antropología e Historia (INAH); el Fondo Histórico Lombardo Toledano (FHLT), en la Universidad Obrera de México; el Centro de Estudios Filosóficos, Políticos y Sociales Vicente Lombardo Toledano, en México D. F., donde se conserva la biblioteca personal de Lombardo Toledano; el Archivo Histórico Genaro Estrada, de la Secretaría de Relaciones Exteriores de México; el Archivo Nacional de Chile, Siglo XX, Fondo Ministerio de Relaciones Exteriores de Chile; son parte de los acervos que están proporcionando un conocimiento nuevo, que complementarán las descripciones y explicaciones establecidas y ajustarán seguramente nuestros marcos interpretativos. En este trabajo damos cuenta de esas nuevas fuentes disponibles.

El aporte de las historiografías obreras nacionales para interpretar los repertorios de organización y lucha fueron sustanciales en las investigaciones desarrolladas entre los años 1940 y 1990. Las cronologías, las influencias de las corrientes extranjeras, las tendencias políticas, los (des)encuentros con la clase política y gobernante, las confrontaciones con la clase patronal y la formación de su identidad como clase social, entre muchos otros tópicos, han proporcionado un conocimiento de inconmensurable valor. Sin embargo, como resultado de un acentuado contexto histórico de antagonismos, desplegado durante la Guerra Fría, hay que puntualizar que las historiografías obreras se interpretaron considerando los binomios dependencia/desarrollismo, centro-periferia, capitalismo/comunismo, lo que produjo una opacidad sobre numerosos hechos y procesos históricos. El objetivo en este trabajo es proporcionar nuevos antecedentes sobre los ingentes esfuerzos por alcanzar la unidad del movimiento obrero latinoamericano, aún en la diversidad de tendencias políticas, particularmente en las década de 1930. De cara a las investigaciones que seguramente vendrán, habrá que tener muy presente una reflexión sustancial sobre nuestras propias trayectorias históricas como realidades nacionales, pero recordando "que no debemos construir una definición de sociedad restringida por la geografía"(van der Linden, 2005, p. 355) pues, ciertamente, tenemos que prestar atención sobre la influencia innegable de impulsos transnacionales y transcontinentales en la región, como así mismo la contribución de las organizaciones internacionales (Iriye, 2002). Las siguientes páginas manifiestan los vínculos existentes y comúnmente yuxtapuestos entre los planos personal, institucional e internacional, con la intención de descubrir las acciones políticas, técnicas y laborales que acometieron burócratas de gobierno, funcionarios de la Organización Internacional del Trabajo (OIT), delegados de las conferencias internacionales, emisarios internacionales y dirigentes obreros. Pensar desde un ámbito institucional, nacional e internacional las relaciones entre los diversos protagonistas de estas historias, intelectualmente muy activos, nos permitió (re)definir las acciones de cada uno de ellos y sus redes. Con ello se pretende complementar, en parte, las explicaciones exclusivamente nacionales, que identifican las continuidades y rupturas de las historias obreras con las trayectorias políticas y económicas de cada país.

*La Conferencia Americana del Trabajo en Chile*[2]

En el marco de la XIX sesión de la Conferencia Internacional del Trabajo, celebrada en Ginebra en el mes de junio de 1935, Fernando García Oldini, delegado gubernamental de Chile en la OIT, formuló una invitación a los delegados para celebrar una Conferencia Americana del Trabajo en Santiago de Chile. El propósito según lo expresado por García Oldini era "para examinar la posibilidad de que la Conferencia Internacional del Trabajo se reúna en Chile para discutir no sólo las cuestiones de importancia universal, sino que también cuestiones regionales como las condiciones de los trabajadores agrícolas, los usos recreativos de los trabajadores y la aplicación de la seguridad social" (García Oldini, 1935, p. 426). Dicha propuesta generó consenso por parte de todos los representantes americanos, aprobándose su materialización el 21 de junio de 1935 en la sesión número 72 del Consejo de Administración de la Oficina Internacional del Trabajo (BIT).[3] Una vez acordada la realización de la conferencia, el gobierno de Chile y el BIT se encargaron de convocar a todos los países americanos, puntualizando que en dicha reunión continental era fundamental la presencia de delegaciones tripartitas (gobierno, patrones y obreros) y consejeros técnicos, siendo los delegados los únicos con derecho a voto (*Actas*, 1936, p. xv-xvii).

La primera Conferencia del Trabajo de los Estados de América se efectuó entre el 2 y 14 de enero de 1936, en Santiago. A ella asistieron delegados de Argentina, Bolivia, Brasil, Canadá, Colombia, Cuba, Chile, Ecuador, Estados Unidos, Guatemala, Haití, México, Nicaragua, Panamá, Paraguay, Perú, República Dominicana, Uruguay y Venezuela. A pesar de que muchas delegaciones presentaron ausencias de representantes en alguna de la tres partes, ello no fue obstáculo para que, en las catorce sesiones, se presentaran discusiones de importancia en materias de seguridad social; condiciones laborales en las actividades económicas donde participaban mujeres y niños; situación de campesinos e indígenas en relación al salario, las condiciones sociales y sindicalización; como también cuestiones particulares, tales como la alimentación de los obreros, la inspección de autoridades en el cumplimiento de la legislación laboral o la persecución a los dirigentes obreros por organizar sindicatos o federaciones obreras (Herrera, 2013a).

La experiencia de la primera Conferencia Americana del Trabajo resultó ser una oportunidad para aproximar las posiciones patronales y obreras, fortaleciéndose el carácter mediador del Estado. En el caso de la OIT fue la primera ocasión para organizar una Conferencia regional del trabajo y salir del espacio europeo. Ello permitió observar a distintas escalas problemas laborales, económicos y culturales, que en algunos casos particulares se diferenciaban bastante de lo conocido por sus directores, funcionarios y técnicos. Los representantes del BIT comprendieron la relevancia de la reunión en Chile y por eso no dudaron en promover otras conferencias americanas en años posteriores, pues en parte, el continente fue un espejo que les mostró la lejanía ó la cercanía en el cumplimiento de sus objetivos primordiales, como organización internacional, la procuración de justicia social y paz universal para garantizar el entendimiento entre los pueblos.

La dirigencia obrera del continente tuvo conciencia que la postguerra y la aguda crisis económica del año 1929 había transformado sus repertorios de lucha y los mecanismos de presión hacia la clase patronal y el Estado. También advirtió que la negociación y el ascenso escalonado de sus demandas exigían compromisos distintos en sus bases, pues para alcanzar nuevos derechos laborales, y consolidar los garantizados por la legislación, era necesario cumplir las normas y deberes consensuados con los patrones, y arbitrados por funcionarios y técnicos del Estado, prestando sus servicios en los Departamentos u Oficinas del Trabajo.[4] Fue necesario que los obreros se instruyeran y participaran activamente de las discusiones en las asambleas, ya no se podía garantizar la acogida de sus demandas socio-laborales exclusivamente con una numerosa manifestación, o con la confrontación y la agitación. El testimonio de Guillermo Polo Medrano, obrero peruano, nos ofrece con meridiana claridad las nuevas cualidades de la lucha obrera:

> Hay quienes equivocan la posición del obrero en este Certamen del Trabajo. Creen que por el hecho de ser obrero deben esgrimir su arma de combate en forma de agresión. Los que tal piensan se hallan en situación equivocada; la evolución del correr de estos tiempos enseña al obrero a culturizarse, a instruirse ampliamente, para defender sus derechos con amplio conocimiento de causa. Mientras esto no suceda, fracasaremos de hecho; más, opino que sólo así puede conseguir triunfos que plasmen el avance de la civilización. (*Actas*, 1936, p. 137)

Las nuevas condiciones en las posiciones obreras y patronales, favorables para ampliar los derechos y exigir el cumplimiento de los deberes, no estuvo exenta de abusos y excesos hacia la clase trabajadora, a pesar de ello el consenso, la negociación y la colaboración se volvieron una práctica que tuvo cada vez un número mayor de adherentes e interlocutores. Vale recordar que la Internacional Comunista (IC), dentro del mismo período, resolvió en su VII Congreso, de 1935, adoptar todas las medidas necesarias y prácticas para concretar la unidad sindical multiclasista, como una forma de contener el avance del nazismo y fascismo en los continentes. Fue en ese preciso momento que la vía reformista del sindicalismo latinoamericano se yuxtapuso al camino de la revolución y a la lucha de clases frontal, pues creemos que el complejo escenario internacional condicionó a la fuerzas obreras y sociales para garantizar los derechos laborales y sociales conquistados, defenderse de la intromisión de la "quinta columna" en el continente y demandar a los Estados por una protección social ante la inminente Guerra Mundial y la amenaza del potencial monopolio de Estados Unidos. La realidad política exigía responsabilidad de los dirigentes obreros, no había espacio para proclamar la revolución. Bajo estas nuevas coordenadas, la convergencia de las posiciones comunistas, socialistas, radicales y liberales en la región y la formación de una sindical latinoamericana poderosa no era improbable, más cuando al menos desde finales de los años 1920 existió un llamado continental, en varias asam-

bleas y congresos obreros, para unificar a las fuerzas proletarias, sin los tutela-
jes estadounidenses o europeos (Lombardo Toledano, 1927; Melgar, 2006-7;
Kersffeld, 2012; Pita, 2009; Pita y Marichal, 2012).

## El "mensaje al proletariado" de América Latina

Vicente Lombardo Toledano, destacado dirigente del movimiento
obrero mexicano, decidió no participar en la Conferencia regional del Trabajo, con el ánimo de evitar una radicalización en las posiciones de las fuerzas
contrarias al gobierno del general Lázaro Cárdenas. Lombardo Toledano reconoció la importancia de la Conferencia en Chile, pues tal como lo apuntaba
desde 1919 en que se realizó en Washington la primera reunión que instauró
la Organización Internacional del Trabajo no se había vuelto a congregar en el
continente un importante número de delegados para "estudiar los problemas
de la clase trabajadora".[5] Si bien existieron antecedentes en los Congresos
Panamericanos,en Santiago de Chile (1923), La Habana (1928) y Montevideo (1933), donde se promovieron iniciativas para estudiar las condiciones en
que se hallaban los trabajadores y la necesidad de crear organismos particulares para cumplir con estos propósitos, en la práctica no tuvieron resultados
útiles.

Ante la ausencia de representantes obreros mexicanos en la Conferencia Americana del Trabajo, Lombardo Toledano envió una extensa carta
abierta al proletariado del continente, representados por los delegados obreros
que se reunirían a discutir las condiciones laborales, sociales y materiales de
la clase trabajadora del continente. En la misiva valoró la iniciativa de la OIT
para comprometer un mejoramiento en la legislación social de los trabajadores asalariados y las firmas de convenios internacionales. Sin embargo, el
líder mexicano estuvo consciente que el problema primordial a superar para
permitir la garantía de esos derechos laborales y sociales de manera permanente, inclusive ampliándolos, era la unificación del proletariado continental.
Al respecto puntualizaba que la "lucha apoyada en la ley es más fácil y más
eficaz que la lucha al margen de la ley. La unificación de la legislación obrera
servirá también para la unificación en la acción sindical y en la acción política".[6] Continuando con este planteamiento, señaló en un medio de circulación
nacional:

> El problema más importante para la clase trabajadora no es el de la legisla-
> ción social, sino el de su unificación eficaz y urgente [...]. No es preciso que
> los trabajadores todos piensen del mismo modo, que todos sustenten la mis-

ma doctrina política, que todos opinen igual respecto de las características de la sociedad futura; no es menester un común denominador ideológico para intentar la defensa colectiva de sus intereses: basta con un programa mínimo de acción, con un programa igual para todos, que garantice sus derechos fundamentales. Libertad de asociación profesional; libertad de reunión y de manifestación públicas; libertad de la expresión de las ideas, libertad de prensa, derecho de huelga; derecho a la tierra para los campesinos; salarios humanos; seguros contra el paro y contra los riesgos profesionales; [...] respeto para los partidos políticos de la clase obrera y campesina; mantenimiento del régimen político del sufragio universal y del voto secreto.[7]

El dirigente mexicano consideró que ese programa común y mínimo debía procurar asegurar las libertades fundamentales de los individuos y sus organizaciones sindicales y políticas. A nuestro entender por esa razón Lombardo Toledano se preocupó de la política internacional antes que de la legislación social, pues si Occidente hacia los años 1930 tuvo la amenaza de una ideología que quebró la libertad y la equidad en el trabajo, entonces esa suerte la podían correr todos. De ahí que en primer lugar estuviese la unidad obrera regional, para impedir la amenaza totalitaria del fascismo, sólo así se conseguiría, a ojos de él, una mejor sociedad de derechos sociales, políticos y económicos.

Al analizar con mayor atención el mensaje de Lombardo Toledano, creemos que su posición política estableció que la legislación laboral y social fue importante ratificarla a nivel continental, pero que sólo se garantizaba su aplicabilidad en la medida que los obreros dispusieran de organizaciones sindicales nacionales fuertes, coordinadas por una confederación de alcance regional, conocedoras de su derechos y libres para manifestarse en contra de los abusos de patrones y gobernantes. El enfoque de Lombardo Toledano fue otra forma de entender el universalismo de la "justicia social", defendido por la OIT. Para el dirigente obrero mexicano en la región se había impuesto el universalismo de la explotación y el sometimiento.[8]

Al igual que Lombardo Toledano, otros dirigentes obreros de la región, en el marco de las sesiones de la Conferencia Americana del Trabajo, manifestaron coincidencia con sus planteamientos. Al respecto, Rosendo Naula obrero ecuatoriano, llamó a la unidad obrera, puntualizando que los enemigos, internos y externos, de la clase obrera sólo se derrotarían si existía "la fuerza de un único y potente puño proletario"(Actas, 1936:, pp. 112-113). El dirigente José Cosío, delegado obrero de Cuba e integrante de la Unión de Rezagadores de La Habana, manifestó su intención de trabajar junto a los obreros del continente en cooperación junto al Estado y a los industriales para alcanzar el progreso moral, social y económico del proletariado. Al finalizar su intervención, en la sexta sesión de la primera Conferencia Americana del Trabajo, Cosío señaló: "Termino formulando sinceros votos por la solidificación de las organizaciones obreras de este Continente y por el preciso acercamiento que permitan al íntimo conocimiento de nuestros problemas en el aspecto común que estos posean" (*Actas*, 1936, p. 121). Luis Yepes, delegado obrero venezolano, manifestó su compromiso con la unidad obrera de la región, puntualizando que los obreros de Venezuela cooperarían e intervendrían "con su voto o con sus sugestiones en todos los propósitos que tiendan a favorecer y elevar la vida y el espíritu de los trabajadores de América" (*Actas*, 1936, p. 142). El dirigente obrero chileno Luis Solís realizó el llamado más entusiasta para lograr la unidad del proletariado latinoamericano, promoviendo que los trabajadores latinoamericanos estaban llamados a "impulsar el movimiento obrero internacional [...] de franco combate por un régimen social y económico superior, basado en la socialización de los medios de producción, y hacia una democracia efectiva, una democracia proletaria" (*Actas*, 1936, p. 67).

Como se puede advertir, el lenguaje de los delegados obreros fue equivalente en forma y contenido, de ahí que las expectativas sobre la unidad proletaria continental hayan concitado un consenso unánime, tanto en la urgencia como en los principios, entre los representantes obreros presentes en la Conferencia Americana del Trabajo.

### El "pacto por la unidad de los trabajadores de América"

Vicente Lombardo Toledano, al igual que otros dirigentes del movimiento obrero del continente, recibió un telegrama de la Confederación Sindical Latinoamericana (CSLA) para asistir a una reunión de dirigentes, particularmente del Cono Sur, a realizarse en Santiago de Chile aprovechando la presencia de los delegados obreros que concurrirían a la Conferencia Americana del Trabajo.[9] La convocatoria de la CSLA tuvo como objetivo discutir la situación laboral y económico-social de los trabajadores del continente y establecer las primeras iniciativas para organizar un congreso obrero latinoamericano.[10] De hecho la CSLA realizó un informe sobre la Conferencia del Trabajo organizada por el BIT, identificando una serie de problemas laborales, sindicales y sociales, que a juicio de los observadores enviados por la CSLA eran el resultado de una falta de aplicación por parte del poder ejecutivo de los Convenios suministrados por la OIT, además de no disponer de una apropiada organización administrativa y los medios necesarios para ejecutar sus funciones, pasando por alto los excesos de los "capitalistas" (Confederación Sindical Latinoamericana, 1936, p. 58).[11]

Elías Laferttemiembro del Partido Comunista de Chile (PCCh), en su autobiografía puntualizó que a consecuencia de la persecución política en su país partió en el mes de febrero de 1935 a Buenos Aires (Lafertte, 1971, pp. 276-277). Ahí colaboró activamente con otros dirigentes obreros de Argentina, Uruguay, Paraguay y Chile en el organismo directivo de la CSLA. En diciembre de ese año, según el testimonio de Lafertte, la CSLA resolvió enviar a tres observadores, un argentino (Miguel Contreras), un uruguayo de apellido Martínez (en realidad se trató del venezolano Ricardo Martínez) y a él, a la Conferencia Americana del Trabajo, convocada por la OIT para enero de 1936.[12] Lafertte reconoce que la participación de varios dirigentes obreros en la Conferencia motivó la presencia de ellos en Chile, pues la CSLA quería denunciar la "real situación existente en América" y contribuir a mejorar la "suerte de los trabajadores de toda la América Latina"(Confederación Sindical Latinoamericana, 1936: 4). Además, el objetivo fue hacer converger las posiciones de las fuerzas obreras del continente para acordar los procedimientos que permitiesen alcanzar la unidad de los trabajadores en una gran organización sindical.

Lombardo Toledano, ante la planificación del Congreso Nacional de Unificación Proletaria (CNUP), que tuvo como objetivo formar un Frente Popular y la unidad sindical mexicana, y considerando la oposición abierta del grupo de Fernando Amilpa a su liderazgo, decidió permanecer en el país para controlar la situación.[13]

En Santiago de Chile, según las referencias indicadas por Vicente Lombardo, al margen de las sesiones oficiales de la Conferencia del Trabajo, el 14 de enero de 1936, un grupo de obreros, particularmente de Sudamérica, seguramente los convocados por la CSLA, comprometieron sus esfuerzos en la misma dirección del mensaje abierto que envió el dirigente mexicano a los delegados obreros presentes en dicha instancia internacional. Este "pacto por la unidad de los trabajadores de América",fue signada por los dirigentes obreros: Francisco Pérez Leirós, Pedro Chiarante y Antonio Sánchez, (Argentina); Elías Lafertte, Luis Solís Solís, Juan Díaz Martínez e Isidoro Godoy (Chile); Felipe Ortiz (Bolivia); Rafael Burgos (Colombia); Mario Masi (Paraguay); Arturo Freire y José Lazarraga (Uruguay); y Rosendo Naula (Ecuador); quienes decidieron reunirse con el firme propósito de luchar por la unidad de los trabajadores de América Latina.[14]

El pacto firmado por los delegados obreros tuvo un contenido simple y definitorio: "1° – Defensa de las libertades democráticas (libertad de palabra, de reunión, de asociación, de prensa, derecho de huelga, etcétera); 2° – Jornada máxima de 40 horas semanales, sin disminución de salario; 3° – Elevación de los salarios; 4° – Estricto cumplimiento y ampliación de las leyes nacionales y convenios internacionales del trabajo. Por un seguro que proteja al obrero contra los riesgos del trabajo, enfermedad, invalidez, vejez, desocupación y muerte; 5° – Por la libertad de todos los presos políticos y sociales; 6° – Contra el fascismo y la guerra".[15] El diagnóstico de la realidad que experimentaban los trabajadores fue unánime, según los dirigentes no existían condiciones laborales y socioeconómicas dignas. Los contratos de trabajo en la mayoría de los países eran arbitrarios. La legislación laboral en varios países se podía considerar avanzada, pero la falta de regulación y control por parte de la autoridad pública la convirtió inoperante en las relaciones laborales que se desarrollaban cotidianamente en fábricas, talleres o en las diversas actividades económicas realizadas por los trabajadores para procurarse el sustento, tal como lo describieron con detalle, durante las sesiones de la Conferencia Americana del Trabajo, los delegados obreros, entre ellos Naula, Solís, Burgos, Yepes, Medrano, y otros. El compromiso de los dirigentes, firmantes del pacto, acentuó la necesidad de concretar una organización sindical continental única y fuerte, capaz de contrarrestar las decisiones económicas de la clase patronal y de sensibilizar a los administradores de los Estados para planificar políticas públicas que proporcionaran soluciones estructurales ante las precarias condiciones laborales, sociales y sindicales de los trabajadores del continente. También se acusaba la falta de conciencia por parte de los propios trabajadores, que estaban entregados, no en pocos casos, al sometimiento, la explotación y la persecución.

La firma de este pacto, por la unidad de los trabajadores del continente, proporciona nuevos antecedentes para comprender las orientaciones y acciones que emprendieron dirigentes y organizaciones obreras en el continente, en un período de crispación política internacional, señalamientos sobre la incapacidad del liberalismo para sostener y garantizar el progreso y el ascenso inexorable del fascismo y nazismo. El contenido del pacto exhibe un reconocimiento explícito de las frágiles condiciones laborales y sociales de los obreros y campesinos. Aunque existió un avance en materia de legislación laboral en el continente, reconocido por los delegados obreros y la propia OIT, no fue suficiente para garantizar mejores condiciones en el trabajo y en los salarios. El diagnóstico de los representantes obreros reunidos en Santiago ante los conflictos geopolíticos en Europa hicieron temer un retroceso de las conquistas laborales, incluso se pensó en un deterioro de las condiciones sociales del proletariado, de ahí que los delegados comprometieran un pacto de unidad sindical, política y antifascista a nivel continental (Herrera, 2013b). Al concluir la reunión, con la firma del pacto de unidad, el 14 de enero de 1936, los dirigentes obreros volvieron a sus respectivos países con la misión de promover entre las organizaciones obreras la preparación de un congreso obrero latinoamericano, con el propósito de alcanzar la unidad obrera continental. Una situación particular fue la que experimentó Elías Lafertte, detenido en el mes de febrero de 1936 cuando participaba de la huelga de los ferrocarrileros, lo que derivó en una fuerte represión del gobierno de Alessandri Palma.

La detención de Lafertte se complicó dado su ingreso al país en forma ilegal, esto le significó una pena de extrañamiento a México. El traslado a tierras mexicanas demoró un par de días por la icteria que le diagnosticaron cuando se encontraba en el puerto de Antofagasta.[16] A finales del mes mayo de 1936 llegó al puerto de Mazatlán. Ahí fue recibido por un delegado obrero de la Confederación de Trabajadores de México (CTM) para posteriormente continuar su viaje a la capital.[17] En la Ciudad de México fueron a su encuentro Vicente Lombardo Toledano, Secretario General de la CTM, y los dirigentes del Partido Comunista mexicano (PCM) Valentín Campa y Miguel Ángel Velasco.

Elías Lafertte estuvo hasta marzo de 1937 en México, en todo ese tiempo colaboró activamente al interior de la CTM, promoviendo la unidad de los trabajadores mexicanos y dado sus contactos con dirigentes de América del Sur, particularmente de la CSLA y los partidos de izquierda, cooperó junto a Vicente Lombardo Toledano en la convocatoria del Congreso Obrero Latinoamericano. Asistió como invitado de primera fila a las celebraciones del aniversario de la Revolución mexicana, el 20 de noviembre, transmitiendo el saludo de los trabajadores chilenos al pueblo mexicano. Una vez de regreso en Chile, en abril de 1937, asumió su cargo de senador por la Primera Agrupación Provincial Tarapacá y Antofagasta, pero siguió prestando su ayuda para la difusión del Congreso obrero.

### La convocatoria al Congreso Obrero y los intereses políticos del OIT y la ISR

Luego de las reuniones en Chile, Vicente Lombardo Toledano fue quien lideró las comunicaciones con las dirigencias sindicales de América Latina. Incluso mantuvo contactos con dirigentes de Estados Unidos y Canadá, para convocar el máximo número de delegaciones al congreso obrero continental, aludiendo en cada carta, telegrama o mensaje al compromiso signado en Chile, tal como lo realizara contemporáneamente la CSLA.[18] ¿Por qué Lombardo Toledano, que no fue a Chile, se convirtió precisamente en el líder protagónico de la unidad obrera continental? Creemos, que son varios los aspectos que convergen para garantizar su preeminencia por sobre otros dirigentes de la región. Seguramente fundar y presidir la CTM, en febrero de 1936, con un número superior al millón de obreros afiliados (Poblete, 1946, p. 269); disponer del patrocinio del gobierno de Lázaro Cárdenas para fortalecer la unidad de la clase obrera y campesina; contar con la aprobación de los jerarcas del Comunismo Internacional, Dimitrov y Losovsky, para que el dirigente mexicano articulara a las fuerzas obreras del continente, dado su reconocimiento como militante del marxismo internacional;[19] poseer una reconocida trayectoria como intelectual y dirigente sindical, que se manifestó en una amplia red de amistades a nivel americano e internacional que forjó en sus viajes a naciones de Europa, la Unión Soviética y por gran parte de América; y por último, la política del *New Deal*, que buscó bloquear la penetración del fascismo en el continente. La fórmula de la unidad obrera continental fue aprobada tácitamente por el gobierno Franklin D. Roosevelt, lo que permitió los desplazamientos del dirigente mexicano por América, como así también sus comunicaciones para celebrar un Congreso Obrero Latinoamericano, con el objetivo de consagrar la unidad obrera pactada en Chile.

En la medida que fueron pasando las semanas la preparación de la reunión obrera fue concitando el interés de numerosas organizaciones sindicales de la región, particularmente de Argentina, Uruguay, Chile, Cuba, Colombia y Ecuador, pero también de organizaciones internacionales, como la Oficina Internacional del Trabajo (Herrera, 2012), la CSLA y la Federación Sindical Internacional (FSI). El pacto fue aludido en cada comunicación, telegrama y carta que sostuvieron los dirigentes, incluso contribuyó a superar las diferencias dogmáticas, acentuando que la unidad obrera continental no podía postergarse. Los acontecimientos sociales y políticos en México fueron facilitando las gestiones para alcanzar los objetivos de la unidad de los trabajadores. La fundación de la Universidad Obrera, los primeros días de febrero de 1936, fue un primer paso para consolidar la unidad y defensa del proletariado mexicano. Desde sus aulas se proyectó la formación de una vanguardia de los trabajadores, portadores de las "ideas que han de presidir el mundo futuro" (*C.T.M. 1936-1941*, 1941, p. 83).

Al constituirse el CNUP, la semana del 19 al 26 de febrero de 1936, su asamblea discutió y enfatizó la necesidad de concretar la unidad obrera continental. Fue evidente que las condiciones internacionales y las demandas obreras de cada uno de los países latinoamericanos estaban acumulando descontento y un poder de convocatoria como nunca antes se había experimentado. Los autoritarismos advertidos en Brasil, Paraguay, Bolivia, Argentina, Nicaragua, Guatemala, fueron motivo de preocupación en los dirigentes obreros mexicanos. Se comentaba el "fascismo de Vargas" en Brasil, la amenaza de la sedición y el anticomunismo en Argentina, Chile y Perú. Eran tiempos inciertos y por eso los llamados desde el CNUP no se hicieron esperar: "Creada la central sindical única de México es preciso que este poderoso número de trabajadores inicie los trabajos necesarios para procurar la unificación de los trabajadores sindicalizados de la América Latina" (Lombardo Toledano, 1996, p. 61).

Al quedar formada la Confederación de Trabajadores de México, su asamblea constituyente acordó convocar a un congreso donde estuviesen representados todos los obreros de América Latina, con el propósito de alcanzar la unidad internacional del movimiento del proletariado organizado, eliminando todos los obstáculos que estorben la obtención de sus objetivos (*C.T.M. 1936-1941*, 1941, p. 66-80).

Los preparativos del Congreso Obrero despertó tempranamente el interés continental, pero también en las organizaciones internacionales, como la Oficina Internacional del Trabajo y la Internacional Sindical Roja (ISR). En el caso de la primera organización, se puede puntualizar que el conocimiento que tuvo sobre la trayectoria de Vicente Lombardo Toledano facilitó los contactos y las solicitudes de información en relación a la organización del Congreso Obrero. Lombardo Toledano al menos desde 1926 mantuvo una correspondencia fluida con altos funcionarios del BIT, incluso mucho antes que México oficializara su ingreso a la OIT, en septiembre de 1931 (Lombardo Toledano, 1926; Herrera León, 2011). El dirigente sindical mexicano fue considerado una persona sobresaliente, dado su conocimiento en materias de legislación laboral, cuestiones sindicales y su liderazgo, por parte de los directivos del BIT, quienes le confiaron misiones importantes para dar a conocer la situación sindical de México y aceptaron su "diplomacia" para que el país se integrara oficialmente a la OIT.[20] Sus contactos con Edgar Milhaud, Fernand Maurette, Robert Boisnier, Antonio Fabra Ribas y Moisés Poblete,[21] dan cuenta de una relación que superó el ámbito técnico, lo que explica que años más tarde otros altos funcionarios le solicitaran información específica sobre la situación de la unidad obrera en el continente.

Un ejemplo de la relación fraternal con altos funcionarios del BIT quedó plasmada en la amistad que estableció con muchos de ellos, como la que sostuvo con el chileno Moisés Poblete o con el holandés Adolf Staal. Con ambos tuvo una correspondencia regular, intercambiando información y literatura sobre la situación laboral y sindical, lo que permitió a Lombardo Toledano adquirir un conocimiento cabal sobre las tareas del BIT y estrechar los contactos con muchos de sus altos funcionarios, situándolo como mediador entre el movimiento obrero de América Latina y la OIT. Por esto no resultó fuera de lugar que Adolf Staal, jefe de Servicio de Relaciones Obreras del BIT, presente en la Conferencia regional del trabajo realizada en Chile, manifestara su interés por establecer un trabajo conjunto con los obreros del continente. De hecho Staal reconoció en su reporte anual que la reunión en Santiago permitió "contactos con las organizaciones obreras, valiosas para ambas partes".[22]

A fines de 1936 ya se comentaba en algunos círculos sindicales, intelectuales y organizaciones internacionales la iniciativa de instalar un Congreso Obrero Latinoamericano, sin tener aún la certeza de la fecha y lugar donde se reunirían las delegaciones obreras. En ese contexto, no fue inusual que Adolf Staal les escribiera a los dirigentes sindicales mexicanos Vicente Lombardo Toledano y Rodolfo Piña Soria, solicitándoles información sobre los preparativos para "un Congreso Obrero Continental [que] vienen realizando desde el Comité Ejecutivo Nacional de la Confederación de Trabajadores Mexicanos (C.T.M.) hace meses", y que para el jefe de Servicio de Relaciones Obreras del BIT supuso "el más alto interés en estar cabalmente informado a tiempo de todos los detalles relativos a tan importante proyecto". De ahí su insistencia para que los dirigentes mexicanos le hicieran llegar toda la "documentación eventual y respectiva, así como cuantas informaciones complementarias o aclaraciones personales"[23] sea oportuno remitir. El conocimiento de la reunión obrera continental generó tanta expectativa en la OIT que fue el mismo Vicente Lombardo quien le escribió a Harold Butler, Director del BIT, para reafirmar que la CTM estaba luchando "por todos los medios a su alcance a efecto de que los países de la América Latina sigan vinculados a Ginebra, porque ello significa el entendimiento internacional de todos los pueblos".[24]

La correspondencia permanente de Vicente Lombardo Toledano con funcionarios del BIT permitió que en Ginebra conocieran los detalles precisos de la organización del Congreso Obrero Latinoamericano. Esto quedó de manifiesto cuando el principal órgano de difusión de las actividades del BIT informaba que en "diciembre de 1937 o enero de 1938 se celebrará en México un Congreso de todas las organizaciones obreras de la América Latina. El 20 de septiembre [1937], el comité nacional de la Confederación mexicana de trabajadores ha dirigido una invitación a las organizaciones obreras más importantes".[25] Para el BIT fue imprescindible estar informado sobre el carácter de la convocatoria, dado el complejo panorama internacional, que estaba flanqueado por una polarización ideológica inminente entre el fascismo y el comunismo. Por tanto, las acciones que emprendieran los obreros del continente americano no les fueron indiferentes a los directivos y funcionarios del BIT, pues consideraban que América representaba una oportunidad para reafirmar los principios de la justicia y la paz universal.

El organismo internacional de Ginebra no fue el único interesado en la preparación del Congreso obrero. La Internacional Sindical Roja, a través de Partido Comunista Mexicano (PCM) y la CSLA, siguió muy de cerca cada movimiento y tratativa que mantuvo Lombardo Toledano. La fundación de la CTM acentuó el compromiso por obtener la unidad obrera en la región. El PCM estaba convencido que había una oportunidad histórica de establecer un gran movimiento popular en México y la región, dado el interés que concitaba en América Latina el proyecto "revolucionario nacionalista" del presidente Lázaro Cárdenas. A esto se sumó el reconocimiento al liderazgo de Lombardo Toledano, considerado un dirigente de una importante trayectoria e innegable habilidad para establecer consensos entre fuerzas sociales ideológicamente opuestas.[26]

Tempranamente el PCM, a través de emisarios internacionales, inició entrevistas con el dirigente de la CTM para informarse, y tratar de incidir, sobre la planificación del Congreso obrero. A finales del mes de abril de 1936, en vísperas del primero de mayo, Witold Antonovich Lovsky, representante de la CSLA, tuvo una larga conversación con Lombardo Toledano para precisar detalles de los pasos a seguir al convocar a distintas organizaciones obreras del continente participantes del congreso unitario. Lovsky estaba particularmente interesado en el proyecto de Lombardo Toledano, pues de acuerdo con los lineamientos del VII congreso de la IC era necesario formar los frentes populares, antiimperialistas y antifascistas. Aunque Lombardo Toledano apoyó con entusiasmo la nueva táctica de Dimitrov, no tuvo plena coincidencia con la IC porque su interés fue, inicialmente, establecer confederaciones obreras nacionales, con un proyecto de clase, capaz de garantizar derechos laborales y políticos que en muchos de los países de la región aún no se definían del todo, lo que se prestaba para abusos en la incipiente legislación laboral tanto a nivel de la clase patronal, como de los capitalistas foráneos. En ese contexto Lombardo Toledano envío su primer mensaje al proletariado de la región, consensuado con Lovsky, en nombre de la CTM, a los "siguientes lugares: CSLA, CGT [Confederación General del Trabajo] Argent[ina], FOCH [Federación Obrera de Chile], [Sindicatos] Legales, CGTU [Confederación General del Trabajo del Uruguay], USU [Unión Sindical Uruguaya], FORU [Federación Obrera Regional Uruguaya], Nueva Central de Paraguay, Colombia y Cuba".[27]

El pacto de algunos dirigentes obreros, firmado en Santiago de Chile, aunque fue el primer paso para lograr convocar a las organizaciones del proletariado de la región, no fue desestimado para reafirmar la unidad sindical continental. Lovsky insistía, en varias de sus cartas a sus camaradas del Cono Sur,[28] en la importancia de ese pacto, señalando que "es algo que se puede aprovechar y hay que insistir en que el Pacto no fue una simple cosa de etiqueta".[29] Lombardo Toledano se dejaba apoyar por los miembros del PCM y la CSLA para convocar al Congreso de unidad obrera latinoamericana, pero también sabía que no podía comprometer su independencia como dirigente de la CTM. Hernán Laborde, dirigente del PCM, y Lovsky comprendieron esa situación y explícitamente manifestaron a sus camaradas que era perjudicial "denunciar las simpatías y las manos que tenían en este trabajo". El PCM o la CSLA no podían aparecer estar "empujando" a Lombardo Toledano, porque las fuerzas opositoras a su liderazgo y al gobierno de Cárdenas podían aprovechar estos vínculos para cuestionar las estrategias en la conformación de un Frente Popular proletario antiimperialista. Para tales fines era mejor "aprovechar a [Rosendo] Naula de Ecuador [destacado militante comunista] que él interroga a las partes pactantes para que se declaren prestos de seguir actuando a favor de la Unidad".[30]

En los meses siguientes, Lombardo Toledano prosiguió con su interés por convocar a un congreso obrero continental. Envío telegramas, cartas, mensajes personales a connotados líderes del continente y a las organizaciones sindicales. El dirigente mexicano intentó atraer la solidaridad del movimiento obrero de su país vecino. Su interpelación buscó conmover al proletariado estadounidense con el firme propósito de conseguir la unidad del proletariado de todo el continente. El mensaje no escondió sus convicciones: "podéis prestar a la causa de la emancipación del proletariado servicios incomparables [...] Podéis también ayudar a las naciones semicoloniales de la América Latina, cuya vanguardia geográfica y moral la constituye mi país".[31]

La colaboración internacional para concretar la unidad sindical latinoamericana recibió un fuerte respaldo con la incorporación de la CTM a las filas de la Federación Sindical Internacional (FSI), fundada en 1901, y refundiéndose luego del término de la Primera Guerra Mundial, siendo la contraparte de la IC. Entre sus líderes estuvo León Jouhaux, sindicalista socialdemócrata francés, amigo de Lombardo Toledano, quien asistió como delegado fraternal al Congreso Obrero Latinoamericano, en 1938. El ingreso de la CTM a las filas de FSI fue un paso más en la concreción de un proyecto que sumó adeptos con el correr de los meses. Existió la convicción de que el proletariado latinoamericano estaba próximo a inaugurar su asamblea continental, por eso fue recibida con beneplácito en la CTM la propuesta de sumar fuerzas con los trabajadores de otras latitudes: "su ingreso en la Federación

Sindical Internacional será, sin duda alguna, una aportación importante [...] especialmente para los trabajadores latinoamericanos [...] que se identifican siempre con la causa de la libertad nacional, dada su estructura de pueblos semicoloniales y de escaso desarrollo económico".[32]

Considerada la CTM como la principal fuerza obrera del continente, aproximadamente con 600 mil miembros, Lombardo Toledano reiteró la invitación en septiembre de 1936, a través de una extensa carta a las agrupaciones obreras del continente para convocar a reunirse a la brevedad en un Congreso Obrero. Al respecto, el Secretario General de la CTM escribió:

> Mientras tanto, hay una tarea que debemos acometer con entusiasmo y sin pérdida de tiempo: la unificación del proletariado [...] todas las reivindicaciones fundamentales de la clase asalariada, dependen, pues, en cada uno de los países latinoamericanos, tanto de la unificación interior del proletariado como de su unidad internacional frente a la fuerza que a todos oprime [...]. Nuestra tarea en consecuencia, es clara: convocar sin pérdida de tiempo a un congreso obrero latinoamericano, que establezca las bases y lo objetivos de una lucha continental a favor de los derechos fundamentales del proletariado y de la verdadera autonomía de las veinte naciones ligadas por el mismo destino histórico.[33]

La Confederación General del Trabajo (CGT) de la República Argentina comunicó su apoyo definitivo a la CTM en marzo de 1937 para reunir a las organizaciones sindicales del continente en un Congreso Obrero Latinoamericano. La CGT fue uno de los núcleos más importante de las sindicales existentes en la América del Sur, por esa razón fue esperanzador su explícito apoyo en materializar un comité organizador del congreso internacional. Incluso, la realización del encuentro se planificó para el fin de año de 1937, a realizarse originalmente en Panamá, por ser una localización intermedia que facilitaría la participación de los delegados obreros. La reunión, a juicio de Lombardo Toledano, que congregaría al mayor contingente de representantes obreros de la región, fue calificada como "el baluarte más eficaz con que cuente el proletariado de la América Latina en contra de sus enemigos domésticos y en contra del imperialismo" (*C.T.M. 1936-1941*, 1941, p. 366).Cada una de las organizaciones obreras del continente comprendió que sin un entendimiento verdadero, sin una alianza eficaz, la lucha por la autonomía económica de cada país era una confrontación estéril. Para Lombardo Toledano, la unidad obrera sólo representó el primer paso, pues luego se asomaba en el horizonte "La lucha por la segunda independencia de los pueblos latinoamericanos [...] una lucha común y simultánea".[34]

*La consumación de la unidad obrera latinoamericana*

La CTM, en el mes de agosto de 1938, cursó la convocatoria definitiva para realizar el Congreso Obrero Latinoamericano en la Ciudad de México, entre el 5 y 8 de septiembre de ese año. La voz de los trabajadores de América Latina, por intermedio de sus delegados, junto a la de los grandes líderes del proletariado mundial, expresó en las diversas asambleas de aquel Congreso las inquietudes, las esperanzas y los intereses de la clase obrera y campesina (Herrera, 2014).

Al inaugurar el Congreso, el 5 de septiembre, Vicente Lombardo destacó la significación histórica de reunir al proletariado latinoamericano e internacional para dar vida por vez primera a una organización obrera conformada por la mayoría de los países del continente. El dirigente puntualizó que la unidad de los trabajadores de América Latina era una realidad inaplazable, que se imponía por la fuerza de los hechos: "o de México salen unidos los trabajadores de la América Latina, o el fascismo podrá ser una fuerza victoriosa en este continente" (Madero, 1938, p. 36). En su discurso también se refirió a la participación de los comunistas, mexicanos y extranjeros, en la coordinación y planificación del Congreso Obrero. Se desligó de cualquier subordinación de partidos, ideologías o liderazgos, nacionales o internacionales. Si bien sabemos que hubo conversaciones con líderes comunistas, tales como W. A. Lovsky, A. Lozovsky, Earl Browder, Elías Lafertte, Miguel Contreras, Hernán Laborde, Valentín Campa o Dionisio Encinas, es claro que éstos no incidieron en el trabajo de organización que emprendió Lombardo Toledano. Sí pueden haber facilitado contactos con dirigentes obreros del continente, principalmente de Argentina, Chile, Perú, Ecuador, Colombia y Cuba, pero el dirigente mexicano siempre procuró mantener una relación abierta con sus aliados.

Las organizaciones obreras que estuvieron presentes en el Congreso Obrero Latinoamericano, fueron: la Confederación General del Trabajo de Argentina; la Confederación Sindical de Bolivia; la Confederación de Trabajadores Colombianos; la Confederación de Trabajadores de Chile; diez organizaciones obreras de Cuba; el Congreso Nacional Obrero del Ecuador; la Confederación Nacional de Trabajadores del Paraguay; la Central Obrera Peruana; Obrerismo Organizado de Nicaragua; la Confederación Venezolana del Trabajo; dos Agrupaciones de obreros de Costa Rica; el Comité de Organización y de Unificación Obrera del Uruguay, y la Confederación de Trabajadores de México. Asistieron también delegaciones fraternales; León Jouhaux, Secretario General de la Confederación General del Trabajo de

Francia; Ramón González Peña, presidente de la Unión General de Trabajadores de España; Eduardo Fimmen, presidente de la Federación Internacional de Obreros del Transporte; Ragnar Casparsson, delegado de la Confederación de Trabajadores de Suecia; S. Guruswami, delegado de los Obreros Ferrocarrileros de la India; Adolf Staal, delegado de la OIT; y John Lewis, presidente del Congress of Industrial Organizations.

Ramón González Peña, León Jouhaux y Eduardo Fimmen, en su saludo a los trabajadores de América Latina, durante la inauguración del Congreso, aplaudieron la convocatoria por la unidad obrera del continente, reconociendo el liderazgo de Lombardo Toledano y el compromiso de la CTM para garantizar la presencia de los delegados obreros de los países de la región. El líder sindical ferrocarrilero de la India, S. Guruswami, fue escuchado con interés por los delegados. Su saludo a la audiencia fue un empuje para alcanzar los objetivos del Congreso. Brevemente realizó una descripción de la "más brutal explotación" que enfrentaban los trabajadores en su país y en las colonias británicas, ejemplificando con la experiencia de sus camaradas "exportados" a "la Trinidad y Jamaica". Finalmente, afirmó que venía al Congreso a aprender de los obreros de América Latina, para poder enfrentar más "eficazmente" a sus enemigos al interior y fuera de la India. (*La CTCh y el proletariado*, 1939, pp. 23-24).

Bernardo Ibáñez, delegado chileno, recordó en su alocución el compromiso establecido por los obreros reunidos en Santiago, en el mes de enero de 1936, al margen de la Conferencia regional del trabajo, para conquistar la unidad y transformar al movimiento obrero continental en una "formidable" fuerza de solidaridad internacional. Ibáñez confiaba que el Congreso Obrero cumpliera los "anhelos y las esperanzas del proletariado de [los] países latinoamericanos para alcanzar el bienestar material a que tiene derecho; para alcanzar la libertad y la cultura de sus masas"(*La CTch y el proletariado*, 1939, p. 17).

El 8 de septiembre de 1938, reunidos en el Salón Verde del Palacio de Bellas Artes, en la Ciudad de México, los delegados obreros del continente resolvieron constituir la Confederación de Trabajadores de América Latina (CTAL). Vicente Lombardo Toledano fue elegido su presidente, en retribución a sus esfuerzos por concretar la unidad obrera continental. Fue un acto sencillo, breve y resolutorio. Las discusiones previas fueron allanando el camino y quedó asentado que éste fue sólo el primer paso para iniciar la lucha en favor de una "patria grande" para los trabajadores. El primer comité central de la CTAL quedo integrado por: Vicente Lombardo Toledano (mexicano), Presidente; Francisco Pérez Leirós (argentino), Primer Vicepresidente; Guillermo

Rodríguez (colombiano), Segundo Vicepresidente; Fidel Velázquez (mexicano), Secretario General y Secretario de la región del Norte; José María Argaña (argentino), Secretario de la región Sur; en 1940 se designó a Jorge Regueros (colombiano) como Secretario interino de la región Centro.

Esta fue la culminación de un largo proceso que se inició en enero de 1936, cuando los delegados obreros y observadores presentes en la primera Conferencia Americana del Trabajo al margen de las sesiones oficiales decidieron comprometer su dedicación, con apoyo de la CSLA e interés del BIT y la ISR, por conquistar la unidad obrera continental, la cual se vio materializada en 1938, cuando los delegados obreros que asistieron al Congreso Obrero Latinoamericano decidieron en forma unánime fundar la CTAL (Herrera, 2013c).

La CTAL constituyó el intento más acabado de unificación del movimiento obrero de la región a mediados del siglo XX, compartiendo estrategias con las confederaciones obreras nacionales para solventar las contradicciones estructurales, confiadas en desarrollar su propia "vía revolucionaria" en el continente.

La organización sindical continental representó a siete millones de trabajadores, hacia 1946.[35] Hoy sabemos que la CTAL colaboró, activamente, en la formación de al menos una decena de confederaciones obreras de la región, en cuyos congresos constituyentes estuvo presente su dirigente Vicente Lombardo Toledano e integrantes del comité central; elaboró informes técnicos sobre la situación laboral de los trabajadores del continente y redactó numerosos estudios sobre la situación económica de la región como consecuencia de la Segunda Guerra Mundial; también presentó un proyecto fundamentado sobre la industrialización del continente, con la intención de conseguir la autonomía económica y sacudirse definitivamente del colonialismo e imperialismo; se preocupó por la situación política de cada país, pero su atención estuvo acentuada en lo sucedido en Argentina, Bolivia, Brasil y Centroamérica; no vaciló en estrechar la mano a los "enemigos de la democracia" en el continente o de los "dilapidadores de las riquezas nacionales", pues el fortalecimiento de la unidad obrera y su bienestar fueron la prioridad de sus consignas; comprometió alianzas con la OIT, con los trabajadores de Estados Unidos y Europa; y finalmente concluyó su "misión histórica", en diciembre de 1963, como resultado de la Guerra Fría ya que el Departamento de Estado del gobierno de Harry S. Truman, desde 1946, se dispuso a congelar sus relaciones continentales e internacionales, infiltrando a miembros de la American Federation of Labor (AFL) en las confederaciones obreras nacionales, pues la influencia de la CTAL se veía como una amenaza para el reordenamiento de las fuerzas del capitalismo mundial.

La CTAL tuvo una historia que se entrelazó con escenarios nacionales, continentales e intercontinentales, todo lo cual ha quedado desplazado en la historiografía del movimiento obrero local y regional, pues los estudios históricos siguen elaborando el conocimiento desde el acontecer nacional, además existe un profundo desconocimiento, por parte de los especialistas, del rol sindical y político emprendido por los dirigentes de la CTAL en las naciones de América Latina y el Caribe.

Una aproximación a las fuentes de primera mano, como memoranda, resoluciones y comunicaciones entre los países; los estudios sociales, laborales, económicos y políticos; los viajes de Lombardo Toledano y sus dirigentes por el continente; la vinculación con la OIT, la Federación Sindical Mundial (FSM) y la Internacional Sindical Roja (ISR), nos ha permitido identificar el impacto que tuvo la CTAL en el continente, realidad histórica que exhibe importantes distorsiones en las escasas investigaciones desarrolladas entre los años 1946-2009 (Herrera, 2013d).

## Notas

1   Una versión anterior de este trabajo fue publicada en la *Revista Cuadernos de Historia*. (2013). 9. Universidad de Chile, pp. 61-91.

2   El desarrollo de la Conferencia tuvo una amplia difusión en los periódicos de Chile, entre los cuales cabe mencionar: *La Opinión, La Protesta, La Nación, El Mercurio*. En México también se difundió el alcance de la reunión en los periódicos *El Universal, Excélsior* y la revista *Futuro*.

3   En el texto utilizaremos el acrónimo BIT (Bureau International du Travail) para referirnos a la Oficina Internacional del Trabajo, organismo técnico, para diferenciarla de la Organización Internacional del Trabajo (OIT), integrada por los países miembros.

4   Sobre los departamentos u oficinas del trabajo y sus funciones técnicas, económicas, sociales y políticas existen escasos estudios en América Latina. Sus aportes fueron fundamentales para aproximar las particularidades de la realidad laboral a los poderes ejecutivo y legislativo, como también a los sectores patronales y universitarios. Al respecto para el caso de Argentina y Chile véase Lobato y Suriano (2014) y Yáñez (2008).

5   Vicente Lombardo Toledano, "La Conferencia Internacional del Trabajo de Santiago de Chile", México, 25-XII-1935, Fondo Histórico Lombardo Toledano (en adelante FHLT), Id.16231, legajo 270.

6    FHLT, Id.16231, legajo 270

7    "Mensaje al proletariado de la América Latina", *El Universal*, México D.F, 1 de enero de 1936, pp. 3-4.

8    "Mensaje al proletariado de la América Latina", *El Universal*, México D. F, 1 de enero de 1936, pp. 3-4.

9    Miguel Contreras fue el firmante del telegrama en el que se puntualizaba que la Conferencia Americana del Trabajo podía "ser aprovechada ampliamente lucha por legislación obrera y para pasos decisivos unidas stop", Montevideo, noviembre de 1935, FHLT, Id. 15913, legajo 269.

10   Lovsky, alias Godoy, a la Confederación Sindical Latinoamericana, México, 10 de febrero de 1936, RGASPI, fondo 495, serie 10, exp. 327. El nombre de Witold Antonovich Lovsky fue Mendel Nusenovich Mijrovsky (1894-1938), véase Jeifets (2004), p. 184.

11   Según el informe se privilegió la realidad Argentina para ejemplificar la aplicación de las Convenciones de Ginebra, considerando el desarrollo industrial y la organización sindical, visiblemente mejor estructuradas que los otros países del continente.

12   Los observadores fueron: M. Conteras, Secretario General CSLA; E. Lafertte, Secretario de la Federación Obrera de Chile (FOCh); R. Martínez, miembro del Secretariado del Caribe y Dr. Faustino E. Jorge, como asesor técnico.

13   Lovsky, alias Godoy, a la Confederación Sindical Latinoamericana, México, 10 de febrero de 1936, RGASPI, fondo 495, serie 10, exp. 327.

14   El "pacto por la unidad de los trabajadores de América" y sus firmantes no había sido dado a conocer por las investigaciones del movimiento obrero latinoamericano. M. Garcés (1985) y R. Melgar (1988) son los únicos investigadores que presentaron algunas referencias al pacto. Al respecto véase M. Garcés (1985) y R. Melgar (1988). El pacto se dio a conocer originalmente en el diario *La Opinión*, Santiago de Chile, 15 de enero de 1936 y posteriormente se publicó en Pérez Leirós (1941), pp. 55-56).

15   "Por la unidad de los trabajadores de América", *La Opinión*, Santiago de Chile, 15 de enero de 1936.

16   Carta de Lovsky, alias Juan, probablemente a la CSLA, México 15 de mayo 1936, RGASPI Fondo 495, serie 10, exp. 327, MP-48-1.

17   Carta de Lovsky, alias Godoy, a Tómbola, México, 1 de junio de 1936, RGASPI, Fondo 495, serie 17, exp. 3, MP-48.1.

18   En el año 1936 fueron varias las comunicaciones que hubo entre Vicente Lombardo Toledano y dirigentes obreros y políticos, incluso de posiciones ideológicas contrapuestas, para iniciar una colaboración mutua con el objetivo de organizar el Congreso Obrero Latinoamericano. Entre ello se cuentan, Lovsky, Miguel

Contreras, Nicolás Repetto, Enrique Dickmann, Benito Marianetti, Francisco Pérez Leirós (argentinos), Elías Lafertte, Salvador Ocampo, Bernardo Ibáñez, Bernardo Araya, Juan Vargas Puebla (chilenos), entre la documentación que da cuenta de estas comunicaciones podemos señalar: Lovsky, alias Henry, México, 5 de mayo de 1936., RGASPI, fondo 495, serie 10, exp. 357. (carta dirigida probablemente a la CSLA); Lovsky, alias Henry, a Tómbola, México, 26 de mayo de 1936, RGASPI, fondo 495, serie 17, exp. 3; Lovsky, alias Godoy, a Tómbola, México, 8 de mayo de 1936, RGASPI, fondo 495, serie 17, exp. 3; Lombardo Toledano, Vicente, "Mensaje al proletariado de los Estados Unidos de Norteamérica", revista *Futuro*, mayo de 1936; Vicente Lombardo Toledano, "Carta de la C.T.M. a las centrales sindicales de América Latina", FHLT, Id. 18096, legajo 314.

19 Hay que acentuar que Vicente Lombardo Toledano entre los meses de Julio y octubre de 1935 visitó varias naciones de Europa y la Unión Soviética, justo en momentos que se realizaba el VII Congreso de la IC. Durante las sesiones del Congreso se entrevistó con Dimitrov, Losovsky y otros dirigentes del comunismo internacional. También tuvo reuniones con Hernán Laborde (PCM) para planificar el CNUP en México. Para aproximarse a su experiencia en la Unión Soviética véase FHLT, legajo 265 y 267; V. Lombardo Toledano y V. Villaseñor (1936); D. Spenser (2010).

20 Archivo de la Organización Internacional del Trabajo (en adelante AOIT), Vicente Lombardo Toledano a Robert Boisiner, Exp. RL 41/3/2: "Relations with the Confederacion de Trabajadores de Mexico", Ciudad de México, 15 de agosto de 1925; Fernand Maurette a Vicente Lombardo Toledano, Ginebra, 25 de junio de 1926, Exp. RL 41/3/2..

21 AOIT, Exp. I-B12; Exp. RL 41/3/2.

22 AOIT, Adolf Staal, Reporte anual de funciones, Ginebra, 24 de septiembre de 1936, Exp. P 2310: "A. Staal du service du personnel".

23 AOIT, Adolfo Staal a Rodolfo Piña Soria, Ginebra, 26 de noviembre de 1936, Exp. RL 41/3/2: Relations with the Confederacion de Trabajadores de Mexico". La respuesta de Piña Soria a Staal se realizó unos meses después señalando que respecto "al Congreso Latinoamericano, estamos haciendo una activa labor de propaganda y sobre este asunto le enviaré los informes necesarios con la oportunidad debida" en AOIT, Rodolfo Piña Soria a Adolf Staal, México, 11 de febrero de 1937, Exp. RL 41/3/2: Relations with the Confederacion de Trabajadores de Mexico".

24 AOIT, Vicente Lombardo Toledano a Harold Butler, México, 26 de marzo de 1937, Exp. RL 41/3/2: Relations with the Confederacion de Trabajadores de Mexico".

25    "Congreso de Trabajadores de la América Latina" (1937, diciembre), *Revista Internacional del Trabajo*, VI(6), 548-549.

26    Informe [posiblemente escrito por Hernán Laborde] sobre la fundación de la Confederación de Trabajadores de México, la política de Lázaro Cárdenas y sus consecuencias para México y América Latina, enviado al Comintern, 2 de junio de 1936, RGASPI, fondo 495, serie 108, exp. 185.

27    Lovsky, alias Henri, México, 5 de mayo de 1936, RGASPI, fondo 495, serie 10, exp. 357. (carta dirigida probablemente a la CSLA)

28    Rosendo Naula, militante comunista ecuatoriano; Elías Lafertte, Salvador Ocampo, miembros del PC de Chile y Bernardo Ibáñez militante del Partido Socialista de Chile; Miguel Contreras, miembro del PC argentino y Francisco Pérez Leirós, militante del Partido Socialista argentino, fueron los colaboradores en el Cono Sur para motivar a la convocatoria del Congreso Obrero en América Latina.

29    Lovsky, alias Henry, a Tómbola, México, 26 de mayo de 1936, RGASPI, fondo 495, serie 17, exp. 3.

30    Lovsky, alias Godoy, a Tómbola, México, 8 de mayo de 1936, RGASPI, fondo 495, serie 17, exp. 3.

31    "Mensaje al proletariado de los Estados Unidos de Norteamérica", revista *Futuro*, mayo de 1936, p. 5.

32    "Se adhiere la C.T.M. a la Federación Sindical Internacional", *Excélsior*, México, D. F., 10 de julio de 1936.

33    FHLT, Id. 19383, legajo 343.

34    Vicente Lombardo Toledano, "¿Puede ser considerado México como el molde revolucionario para todos los países de América Latina?", *UO Revista de Cultura Moderna*. (julio-septiembre de 1937), 15, México, D. F., Universidad Obrera de México.

35    *Noticiero de la CTAL*. (10 de diciembre de 1945). México, D. F.; *Revista Internacional del Trabajo*. (2 de febrero de 1945), *2*(31). Ginebra.

*Referencias*

Garcés, Mario. (1985). *Movimiento obrero en la década del treinta y el Frente Popular* (Tesis para optar al grado de Licenciatura en Historia). Santiago: Instituto de Historia, Pontificia Universidad Católica de Chile.

Herrera González, Patricio. (2012). Vicente Lombardo Toledano: nexo entre los obreros latinoamericanos y la OIT. *Trabajadores*, 91, 23-28.

Herrera González, Patricio. (2013a). La primera conferencia regional del trabajo en América: su influencia en el movimiento obrero, 1936. En

Fabián Herrera León y Patricio Herrera González (Coords.), *América Latina y la Organización Internacional del Trabajo. Redes, cooperación técnica e institucionalidad social, 1919-1950* (pp. 199-242). Morelia (México): Instituto de Investigaciones Históricas, Universidad Michoacana de San Nicolás de Hidalgo.

Herrera González, Patricio. (2013b). El pacto por la unidad obrera continental: sus antecedentes en Chile y México, 1936. *Estudios de Historia Moderna y Contemporánea de México*, 45, 87-119.

Herrera González, Patricio. (2013c). La Confederación de Trabajadores de América Latina. Una historia por (re)significar, 1938-1963. *Secuencia*, 86, 195-218.

Herrera González, Patricio. (2013d). *"En favor de una patria de los trabajadores". La Confederación de Trabajadores de América Latina y su lucha por la emancipación del continente, 1938-1953.* (Tesis de doctor en historia). Centro de Estudios Históricos, El Colegio de Michoacán, Zamora, México.

Herrera González, Patricio. (2014). Vicente Lombardo Toledano y el Congreso Obrero Latinoamericano (1935-1938). *Relaciones*, 138, 109-150.

Herrera León, Fabián. (2011). México y la Organización Internacional del Trabajo: los orígenes de una relación, 1919-1931. *Foro Internacional*, 204, 336-355.

Iriye, Akira. (2002). *Global Community. The Role of International Organizations in the Making of the Contemporary World.* Oakland: University of California Press.

Jeifets, Lazar; Jeifets, Víctor y Huber, Peter. (2004). *La Internacional Comunista y América Latina, 1919-1943. Diccionario biográfico.* Ginebra: Instituto de Latinoamérica de la Academia de las Ciencias (Moscú) e Institut pour l'histoire du communisme (Ginebra).

Kersffeld, Daniel. (2012). *Contra el Imperio. Historia de la Liga Antimperialista de las Américas.* Buenos Aires: Siglo XXI.

Lafertte, Elías. (1971). *Vida de un comunista (1957).* Santiago: Austral.

Linden, Marcel van der. (2005). "La "globalización" de la historia del trabajo y de la clase obrera y sus consecuencias". En Vicent Sanz y José Piqueras (Eds.), *En el nombre del oficio* (pp. 345-369). Madrid: Editorial Biblioteca Nueva.

Lobato, Mirta y Suriano, Juan. (Comps.). (2014), *La sociedad del trabajo. Las instituciones laborales en la argentina (1900-1955).* Buenos Aires: Edhasa.

Melgar, Ricardo. (1988). *El movimiento obrero latinoamericano. Historia de una clase subalterna*. Madrid: Alianza Editorial.

Pita Gonzáles, Alexandra. (2009). *La Unión Latino Americana y el* Boletín Renovación. *Redesintelectuales y revistas culturales en la década de 1920*. México: El Colegio de México y Universidad de Colima.

Pita Gonzáles, Alexandra y Marichal, Carlos. (Coord.). (2012). *Pensar el Antiimperialismo. Ensayos de historia intelectual latinoamericana, 1900-1930*. México: El Colegio de México y Universidad de Colima.

Poblete, Moisés. (1946). *El movimiento obrero latinoamericano*. México: Fondo de Cultura Económica.

Spenser, Daniela. (2010). El viaje de Vicente Lombardo Toledano al mundo del porvenir. *Desacatos*, 34, 77-96.

Tarcus, Horacio. (2007). *Diccionario biográfico de la izquierda Argentina: de los anarquistas a la nueva izquierda, 1870-1976*. Buenos Aires: Emece.

Ulianova Olga y Riquelme, Alfredo. (Eds.). (2009). *Chile en los archivos soviéticos, 1922-1991* (Vol. II). Santiago: Dibam.

Yáñez Andrade, Juan Carlos. (2008). *La intervención social en Chile 1907-1932*. Santiago: RIL editores / PEDCH.

*Fuentes de archivo*

*C.T.M. 1936-1941*. (1941). México: Confederación de Trabajadores de México.

Confederación Sindical Latinoamericana. (1936). *El cumplimiento de la legislación en la República Argentina: en relación con la aplicación de los convenios y recomendaciones aprobadas por la Oficina Internacional del Trabajo*. Santiago: CSLA / Imp. Gutenberg.

Conferencia del Trabajo de los Estados de América miembros de la Organización Internacional del Trabajo. (1936). *Actas de las sesiones*. Ginebra: Oficina Internacional del Trabajo.

García Oldini, Fernando. (24 juin 1935). Discussion du rapport du Directeur. *Informations Sociales*, 13, 426-429.

*La CTCh y el proletariado de América Latina*. (1939). Santiago: Editorial Antares.

Lombardo Toledano, Vicente. (1927). *La Doctrina Monroe y el Movimiento Obrero*. México: Talleres Linotipográficos La Lucha.

Lombardo Toledano, Vicente y Víctor Villaseñor. (1936). *Un viaje al mundo del porvenir. Seis conferencias sobre la URSS.* México: Universidad Obrera.

Madero, Ernesto. (1938). *México, tribuna de la paz.* México. s.e.

*Noticiero de la CTAL.* (1945). Ciudad de México.

Pérez Leirós, Francisco. (1941). *El movimiento sindical de América Latina.* Buenos Aires: Imprenta La Vanguardia.*Revista Internacional del Trabajo.* (1945). Ginebra.

Hernán Camarero (Argentina) Doctor de la Universidad de Buenos Aires (Área Historia), Magíster en Historia por la Universidad Torcuato Di Tella y Profesor en Historia por la Facultad de Filosofía y Letras (UBA). Investigador Independiente del CONICET en el Instituto de Historia Argentina y Americana "Dr. Emilio Ravignani" (FFyL-UBA). Profesor Regular Asociado de Historia Argentina III en la Facultad de Filosofía y Letras, UBA. Posee un centenar de publicaciones, entre libros, capítulos de libros y artículos en revistas especializadas del país y del exterior, en especial, acerca de la historia del movimiento obrero y de las izquierdas. Algunos de sus libros son: *A la conquista de la clase obrera. Los comunistas y el mundo del trabajo en la Argentina, 1920-1935* (Siglo XXI, 2007) y, en coedición, *El Partido Socialista en Argentina. Sociedad, política e ideas a través de un siglo* (Prometeo, 2005) y *De la Revolución Libertadora al menemismo. Historia social y política argentina* (Imago Mundi, 2000). Director de la revista académica *Archivos de historia del movimiento obrero y la izquierda*.

Martín Mangiantini (Argentina) Profesor (ISP Joaquín V. González), magister (Universidad Torcuato Di Tella) y doctorando en Historia (Universidad de Buenos Aires). Es autor del libro *El trotskismo y el debate en torno a la lucha armada. Moreno, Santucho y la ruptura del PRT* de la Editorial El Topo Blindado y de numerosos artículos sobre la militancia revolucionaria de los años sesenta y setenta publicados en diversas revistas académicas. Se desempeña como docente en diversas instituciones de nivel superior y medio (entre ellas, el ISP Joaquín V. González y UBA). Es miembro del Comité Editor de la Revista *Archivos de historia del movimiento obrero y la izquierda*. Es becario del Consejo Nacional de Investigaciones Científicas y Técnicas (CONICET).

SERGIO GREZ TOSO (Chile) Doctor en Historia de la Escuela de Ciencias Sociales y académico de la Universidad de Chile. Su obra está centrada en el estudio de la "cuestión social" y del movimiento obrero y popular en Chile. Publicó los libros *Historia del comunismo en Chile. La era de Recabarren (1912-1924)*; *Los anarquistas y el movimiento obrero. La alborada de "la Idea" en Chile., 1893-1915*; *De la "regeneración del pueblo" a la huelga general. Génesis y evolución histórica del movimiento popular en Chile (1810-1910)*; y *La "cuestión social" en Chile. Ideas y debates precursores (1804-1902)*.

KAUAN WILLIAN DOS SANTOS (Brasil) Licenciado y Doctorando en História pela Universidade de São Paulo (USP). Becario por el Consejo Nacional de Desarrollo Científico y Tecnológico y miembro del grupo de investigación "História, Memória e Patrimônio do Trabalho" por la Universidad Federal de São Paulo. Publicó diversos artículos sobre anarquismo, sindicalismo y movimientos sociales durante la Primera República de Brasil.

RODOLFO PORRINI (Uruguay) Doctor en Historia por la Universidad de Buenos Aires, Magister en Estudios Latinoamericanos y Licenciado en Historia por la Facultad de Humanidades y Ciencias de la Educación (FHCE), Universidad de la República, Uruguay. Director del Departamento de Historia Americana, Instituto Ciencias Históricas de la Facultad de la FHCE. Especialista en temas de historia del trabajo y las clases trabajadoras. Autor del libro *La nueva clase trabajadora uruguaya (1940-1950)*, y de la Tesis de Doctorado *Izquierdas uruguayas y culturas obreras en el tiempo libre. Montevideo 1920-1950* (primer premio en categoría "Ensayo de Historia" en los Premios Anuales de Literatura 2014 del Ministerio de Educación y Cultura, Uruguay).

RENÁN VEGA CANTOR (Colombia) Doctor de la Universidad de París 8. Autor de libros y ensayos sobre historia de Colombia y crítica social. En la actualidad es profesor titular del Departamento de Ciencias Sociales de la Universidad Pedagógica Nacional en Bogotá (Colombia). Autor y compilador de los libros *Marx y el siglo XXI* (2 volúmenes); *El caos planetario*; *Neoliberalismo: mito y realidad*. Entre sus obras recientes sobre la historia de Colombia se destacan: *Gente muy Rebelde* (4 volúmenes), *Petróleo y protesta obrera* (2 volúmenes) y *Sangre y cemento*.

BARRY CARR (Inglaterra) Cursó la licenciatura y doctorado en la Universidad de Oxford. A partir de 1972, forma parte del profesorado de La Trobe University en Melbourne, Australia, donde fundó y dirigió el Institute of Latin American Studies. Es autor o coeditor de siete libros y más de 50 artículos y capítulos de libros sobre historia moderna y contemporánea de México y Cuba. Entre sus libros se encuentran *El movimiento obrero y la po-*

*lítica en México, 1910-1929* (1979); *La izquierda mexicana a través del siglo XX* (1996); *The Cuba Reader* (2004); y *The New Latin American Left: Cracks in the Empire* (2012).

DIEGO CERUSO (Argentina) Profesor, Licenciado y Doctor en Historia egresado de la Facultad de Filosofía y Letras de la Universidad de Buenos Aires. Forma parte del comité editor de la revista *Archivos de historia del movimiento obrero y la izquierda*. Autor de los libros *Comisiones internas de fábrica: desde la huelga de la construcción de 1935 hasta el golpe de estado de 1943* (2010) y *La izquierda en la fábrica* (2015). Publicó numerosos artículos sobre el sindicalismo, la organización de los obreros en el lugar de trabajo y su relación con las corrientes políticas de izquierda en las décadas de 1920 y 1930 en Argentina. Es becario posdoctoral del Consejo Nacional de Investigaciones Científicas y Técnicas (CONICET).

VALERIA CORONEL (Ecuador) Obtuvo un Ph.D. en Historia por New York University (2011). Actualmente es profesora-investigadora Titular en FLACSO, sede Quito en el Departamento de Sociología y Estudios de Genero. Su especialización es la sociología histórica y comparativa, La formación de los estados en América Latina y la Teoría Critica. Entre sus publicaciones cuenta con estudios sobre religión y capitalismo, lo nacional popular en la región andina, y estudios críticos sobre política, teoría y cultura en el neoliberalismo. Ha sido investigadora invitada de la Universidad de Colonia, Alemania por la Kompetenznetz Lateinamerika red de investigación sobre enticidad, ciudadanía y pertenencia.

PATRICIO HERRERA GONZÁLEZ (Chile) Doctor en Historia por El Colegio de Michoacán, México. Es profesor-investigador en la Facultad de Ciencias Económicas y Administrativas y en el programa de Doctorado en Estudios Interdisciplinarios sobre Pensamiento, Cultura y Sociedad en la Universidad de Valparaíso (Chile). Sus áreas de investigación son: historia laboral y obrera de América Latina y el Caribe; historia transnacional y organizaciones internacionales, particularmente la OIT, y su impacto en la institucionalidad laboral de América Latina. Es autor de numerosos artículos y capítulos en libros.

www.ingramcontent.com/pod-product-compliance
Lightning Source LLC
Chambersburg PA
CBHW020345270326
41926CB00007B/322

9 780990 919179